ARMBRUSTER
IM JET UNTERWEGS

JÜRGEN ARMBRUSTER

IM JET UNTERWEGS

EIN BLICK HINTER DIE KULISSEN

MOTORBUCH VERLAG
STUTTGART

IMPRESSUM

Einbandgestaltung: Johann Walentek, unter Verwendung eines Fotos aus dem Archiv des Autors.

Bildnachweis: Associated Press GmbH, Archiv Armbruster, Deutsche Aerospace Airbus GmbH, Deutsche Flugsicherung GmbH, Flughafen Frankfurt/Main AG, Lufthansa, Swissair, Wetterdienst Singapur.

Bei allen Mitarbeitern der Swissair, der Lufthansa sowie der Flughäfen Zürich und Frankfurt, die mich in freundlicher und engagierter Weise unterstützt haben, möchte ich mich an dieser Stelle recht herzlich bedanken. Ohne eine solche tatkräftige Unterstützung hätte das vorliegende Buch nicht geschrieben werden können.

Jürgen Armbruster

ISBN 3-613-01579-X

1. Auflage 1994
Copyright © by Motorbuch Verlag, Postfach 10 37 43, 70032 Stuttgart.
Ein Unternehmen der Paul Pietsch-Verlage GmbH & Co.
Sämtliche Rechte der Speicherung, Vervielfältigung und Verbreitung sind vorbehalten.
Satz: Fotosatz Schönthaler, 71638 Ludwigsburg.
Druck: Rung-Druck, 73033 Göppingen.
Bindung: E. Riethmüller, 70176 Stuttgart.

Printed in Germany.

INHALT

1 DER SONNE ENTGEGEN

Vorbereitungen für den Start

Beim Briefing sind diese beiden Piloten gerade dabei, letzte Einzelheiten des Fluges zu besprechen. Die Wetterunterlagen haben sie inzwischen schon erhalten.

Briefing, die Vorbereitung auf den Flug

Spätestens eineinhalb Stunden vor dem Abflug finden sich die Besatzungsmitglieder auf dem Flughafen in Zürich ein. In einem eigenem Gebäude im Bereich des *Terminal* A melden sich die Mitarbeiter der Swissair zum Dienst. Ist jemand überraschend krank geworden, oder erscheint ein Besatzungsmitglied nicht rechtzeitig, muß die Bereitschaft entsprechend informiert werden. Die zum Bereitschaftsdienst eingeteilten Personen haben zwar frei, müssen aber zu Hause erreichbar sein. Innerhalb einer Stunde müssen sie auf dem Flughafen sein können.

Nachdem sich als letztes Besatzungsmitglied auch der Pilot zum Dienstantritt gemeldet hat, können die Vorbereitungen für den Flug beginnen. Heute handelt es sich um den Swissair-Flug SR 182 nach Singapur mit einer Zwischenlandung in Bangkok. SR ist der international gültige Buchstabencode für die Schweizer Fluggesellschaft, und die aus drei Ziffern bestehende Zahlenkombination stellt die Flugnummer dar. Da die Flugstrecke mit über 9000 Kilometern ziemlich lang ist, teilen sich heute zwei Cockpitbesatzungen die Arbeit.

Die vier Piloten beginnen jetzt gleich mit dem *Briefing*, also einer kurzen Besprechung vor dem Flug. Als erstes steht dabei ein Besuch beim Wetterdienst auf dem Programm. Hier erfahren sie genau, wie das Wetter auf der voraussichtlichen Flugroute ist. Gebannt schauen sie sich die aktuelle Wetterkarte an, die an der Wand hängt. Ein bißchen verwirrend sind die vielen Pfeile, Zahlen und Striche schon, und

die Umrisse der Kontinente sind kaum mehr zu erkennen. Der Mitarbeiter vom Wetterdienst erläutert die heutige Situation ganz genau und schlägt vor, die Standardroute zu fliegen, um die dort herrschenden günstigen Rückenwinde ausnutzen zu können. Weiterhin bemerkt er, daß über Nordindien ein Starkwindfeld zu überfliegen ist. Ansonsten ist über den Wüsten Irans und Pakistans örtlich mit einzelnen Turbulenzen zu rechnen. Auf dem Satellitenbild sind außerdem die Gebiete mit Bewölkung gut zu erkennen. Besonders entlang des Himalajas sind recht große Gewitterfronten auszumachen, was aber für diese Jahreszeit keine Seltenheit ist.

Die *Cockpit-Crew* erhält eine Kopie der Wetterkarte mit der gesamten Wettersituation von Europa bis nach Asien. In diese Karte sind alle Starkwindfelder ebenso eingezeichnet wie Windrichtungen, Turbulenzen und Außentemperaturen. Zusätzlich bekommt die Crew noch eine Computerliste mit sämtlichen aktuellen Wettervorhersagen aller wichtigen Flugplätze entlang der geplanten Flugroute.

Nachdem der Wetterspezialist somit alles Wichtige erläutert hat, schauen sich die Piloten die Unterlagen nochmals genau an und kommen zu dem Ergebnis, daß in der Tat die Standardroute nach Fernost heute am günstigsten ist. Da die Flugstrecken über dem europäischen Festland und Asien genau vorgeschrieben sind, besitzt die *Cockpit-Crew* nur wenige Möglichkeiten, selber die für sie beste Route auszusuchen. Und selbst da ist noch lange nicht gesagt, daß eine abweichende Streckenführung von den jeweiligen Flugsicherungs-Stellen auch genehmigt wird.

Es gibt Luftstraßen, die bereits heute so

stark überlastet sind, daß von bestimmten Flughäfen aus täglich nur eine begrenzte Anzahl von Jets in die Hauptabflugstrekken »eingefädelt« werden können. Auf der vielbeflogenen Nordatlantik-Strecke gibt es dagegen richtige Einflugslots, also Zeitfenster. Innerhalb einer festgelegten Zeitspanne müssen die Flugzeuge dabei einen bestimmten Punkt erreicht haben, um die geplante Route überhaupt fliegen zu können.

Heute gibt es jedoch keine Verkehrsprobleme. Lediglich über Kalkutta könnte es eng werden, da hier zahlreiche Flugrouten zusammentreffen und an diesem Nadelöhr viele Flugzeuge gleichzeitig unterwegs sind.

Die vier Piloten beschließen deshalb, die Hauptroute über Ungarn, Rumänien und Bulgarien zu nehmen. Dann möchten sie weiter über Istanbul, Teheran und Esfahan nach Pakistan fliegen. Danach soll der Flug über Delhi und entlang des Himalajas nach Kalkutta führen. Von dort aus geht es über den Golf von Bengalen nach Yangon in Myanmar und schließlich nach Bangkok. Nach einem kurzen Zwischenstopp, bei dem dann eine andere Besatzung das Flugzeug übernehmen wird, soll es gleich in Richtung Singapur weitergehen.

Während der Flugkapitän die geplante Flugroute in die Wetterkarte einzeichnet, sieht der Copilot die lange Liste mit Wetterdaten durch, die er vom Wetterdienst erhalten hat. Hinter den Flughafencodes stehen ganze Schlangen von Zahlen und Buchstaben, die der Copilot nun in die jeweiligen Windrichtungen, Windstärken, Temperaturen und eine Menge sonstiger Wetterdaten aufschlüsselt. Dabei erfährt er, daß es in Südostasien wie gewohnt ziemlich warm ist. In Bangkok wurden 29

Grad Celsius und in Singapur sogar 32 Grad Celsius gemessen. Er unterstreicht noch die entlang der Flugroute für eine eventuelle Ausweichlandung in Frage kommenden Flughäfen, um in einem solchen Fall die nötigen Informationen schnell zu finden.

Nach all den Informationen über die Streckenführung und die Wetterverhältnisse ist es für die Cockpit-Crew jetzt höchste Zeit, den sogenannten *Flight-Dispatch* aufzusuchen, wie der Flugdienstberater im Flughafenjargon genannt wird. Alle aus technischer Sicht wichtigen Details sowie Einzelheiten über die Betankung und den Spritverbrauch bespricht der *Flight-Dispatch* nun mit der Crew. Für seine Berechnungen hat er die Wettersituation entlang der voraussichtlichen Flugroute zugrunde gelegt.

Als erstes erfahren die Piloten nun, welches Flugzeug ihnen anvertraut wird. Für den heutigen Flug ist es die McDonnell Douglas MD-11 mit dem Rufzeichen HB-IWF. Es handelt sich also um das Nachfolgemodell der DC-10 mit längerem Rumpf und völlig neugestaltetem Zwei-Mann-Cockpit.

In die umweltfreundlichen und wirtschaftlichen Triebwerke sind Tausende speziell gefertigte Luftschaufeln eingebaut. Gegenüber älteren Triebwerkstypen können die drei Antriebsaggregate der MD-11 jährlich einige Millionen Schweizer Franken an Kerosinkosten einsparen, da das Flugzeug gegenüber dem Vorgängermodell etwa 20 Prozent weniger Kraftstoff benötigt. Doch Flugzeuge mit neuester Technologie sind nicht gerade billig. Immerhin kostet eine nagelneue MD-11 stattliche 164 Millionen Schweizer Franken.

Die HB-IWF ist übrigens ein reines Passagierflugzeug. Je nach Bedarf können Flugzeuge aber auch in einer Combi-Ausführung eingesetzt werden. Diese Großraumflugzeuge werden vorwiegend auf Langstrecken mit großem Passagieraufkommen wie beispielsweise nach Nordamerika und Fernost eingesetzt. Die MD-11 nimmt im Unterdeck ebenfalls noch Fracht mit, wobei ein zweites großes Frachttor hinter dem Flügel die Beladung erleichtert. So können auf sechs Paletten und 14 Containern selbst bei vollbesetzter Kabine spielend noch bis zu 19 Tonnen Fracht extra mitgenommen werden. Vollgeladen kann dieses Flugzeug noch 9500 Kilometer weit fliegen.

Nach der technischen Vorabinformation erhalten die vier Piloten das »TOI«, wie die *Transitory Operation Information* kurz genannt wird. Es enthält neben dem Bericht für Flugzeugführer (NOTAM) auch Informationen über den technischen Zustand des Flugzeuges und die Beladungssituation. Der *Flight-Dispatch* gibt kurze Erklärungen dazu. Danach erläutert der Flugdienst-Berater erst einmal die aktuelle Buchungslage:

»Für den heutigen Trip nach Südostasien haben bis Bangkok genau 137 Passagiere gebucht. Von ihnen werden zwei in der *First-Class* und 21 in der *Business-Class* Platz nehmen. Die restlichen *Paxe* (so werden die Passagiere in der Luftfahrtsprache genannt) haben die *Economy-Class* gebucht«. Von den 137 Passagieren möchten nur insgesamt 40 Fluggäste bis zum Zielflughafen Singapur an Bord bleiben, denn ein Großteil von ihnen wird bereits in Bangkok das Flugzeug verlassen. Allerdings werden dort zahlreiche Passagiere einsteigen, und so wird der Jet für den letzten Streckenabschnitt fast voll besetzt sein.

Als nächstes nimmt der *Flight-Dispatch* den *Operational Flight Plan,* wie der Betriebsflugplan genannt wird, zur Hand, und fährt mit den flugtechnischen Einzelheiten fort. Der Flugdienstberater erklärt, daß von den 165 Tonnen Gewicht ohne Treibstoff immerhin rund 137 Tonnen auf das Leergewicht der MD-11 entfallen. Die Zuladung von 28 Tonnen teilt sich wieder auf in das Gewicht der Passagiere, des Gepäcks sowie der Fracht, die alleine schon knapp zwölf Tonnen auf die Waage bringt. Der *Flight-Dispatch* fährt fort: »Ganz wichtig ist noch, daß in Bangkok einige Rollwege wegen Bauarbeiten geschlossen sind, die Einzelheiten hierzu können Sie aus den Flughafeninformationen entnehmen«.

Der *Operational-Flight-Plan* enthält außerdem eine Auflistung aller Navigations- und Streckenpunkte, die während des Fluges angesteuert werden. Zu jedem einzelnen Navigationspunkt ist die bis dahin voraussichtlich verbrauchte Kraftstoffmenge angegeben, damit die Piloten etwaige Abweichungen sofort registrieren können.

Ganz zum Schluß der Besprechung macht der Flugdienstberater noch auf technische Änderungen und Besonderheiten bei der HB-IWF aufmerksam.

Nachdem die Piloten noch einmal die Computerlisten durchgesehen und die wichtigsten Informationen gekennzeichnet haben, kommen sie noch einmal auf die Betankung zu sprechen.

Auf dem Betriebsflugplan ist aufgrund des voraussichtlichen Gewichts von 165 Tonnen bereits die Menge an Treibstoff ausgerechnet, die für die Flugstrecke benötigt wird. Exakt 81,6 Tonnen Kraftstoff sind auf dem Plan ausgedruckt. Die Piloten wissen natürlich, daß dies nur die Menge ist, die das Flugzeug für den eigentli-

Bei der Flugdienstberatung betrachtet der Pilot noch einmal genau die Wetterkarte, vielleicht gibt es ja doch noch eine günstigere Route.

chen Flug benötigt. Doch bis der Jet überhaupt die Startbahn erreicht hat, werden schon etwa 700 Kilogramm Sprit verbraucht sein. Doch damit nicht genug: 3,2 Tonnen werden zusätzlich als Sicherheitsreserve für ein eventuelles Durchstartmanöver und unvorhersehbares Kreisen vor der Landung und weitere 3,4 Tonnen Kerosin zum Anfliegen eines Ausweichflughafens – dies reicht für eine Flugzeit von ca. 25 Minuten – eingeplant. Als Reserve für mögliche Ungenauigkeiten der Anzeigen und für unerwartete Windänderungen hat der *Flight Dispatch* zusätzlich noch 3,2 Tonnen Treibstoff angesetzt. Der Pilot schlägt vor, die zu tankende Menge an Kerosin großzügig auf 94 Tonnen aufzurun-

den und unterschreibt den Auftrag zum Betanken des Flugzeuges. Eine Berechnung, nach der das Flugzeug für jeden Notfall mit genügend Treibstoff ausgestattet ist.

Bei einem spezifischen Gewicht von ungefähr 790 Gramm je Liter bei der derzeitigen Außentemperatur, müssen demnach 119 000 Liter Treibstoff getankt werden. Diese riesige Menge an Kraftstoff würde einem Pkw-Fahrer bestimmt sein ganzes Leben über vollkommen ausreichen. Und doch sind diese 119 000 Liter Kraftstoff für eine MD-11 nicht sehr viel, wenn man bedenkt, daß in ihren Tanks knapp 147 000 Liter Platz finden. Selbst bei einer maximalen Passagierauslastung könnte der Jet mit einer Tankfüllung noch 12 000 Kilometer weit fliegen. Die 9600 Kilometer lange Nonstop-Strecke von Zürich nach Tokyo bewältigt dieses Flugzeug also noch spielend.

Zum Abschluß des *Flight-Dispatch* stellt der Flugdienstberater noch fest, daß die Flugzeit für die Teilstrecke von Zürich nach Bangkok mit zehn Stunden und 46 Minuten berechnet worden ist. Dank der zu erwartenden günstigen Rückenwinde doch immerhin fast 25 Minuten weniger, als im Flugplan angegeben. Zudem bemerkt er noch, daß das voraussichtliche Abfluggewicht nach Abzug von 700 Kilogramm Kerosin, welches ja bereits am Boden verbraucht wird, exakt 258,3 Tonnen betragen wird.

Nachdem die *Cockpit-Crew* alle wichtigen Informationen für den Flug zusammen hat, sind die Flugvorbereitungen nach fast einer Stunde abgeschlossen. Die Unterlagen werden sorgfältig in der Pilotentasche verstaut. Nach einer kleinen Pause begeben sich die vier in den Ausgangsbereich des Gebäudes, wo sie schon von der übrigen Besatzung, dem Kabinenpersonal, erwartet werden.

Die Kabinencrew besteht heute aus elf Flugbegleitern und einem Chef der Kabine, dem sogenannten *Maître de Cabine.* Auch für sie hat vor wenigen Minuten ein *Briefing* geendet. Der *Maître de Cabine* hatte ebenfalls eine Checkliste mit speziellen Informationen für die Kabine erhalten und diese mit seinen Mitarbeitern besprochen. Er hat bekanntgegeben, wo wichtige Fluggäste sitzen, und wie die Raucher- und Nichtraucherzonen in den jeweiligen Klassen aufgeteilt sind, welcher Film auf dem Flug gezeigt wird, und welche Besonderheiten bei der HB-IWF zu beachten sind. Entgegen der Regelung für die *Cockpit-Crew,* die ja nur einen bestimmten Flugzeugtyp fliegen darf, können die Flugbegleiter nach einem Einweisungskurs auf bis zu vier verschiedenen Typen eingesetzt werden.

Ein wichtiger Teil des Kabinen-*Briefings* stellt deshalb stets das sogenannte *Emergency-Briefing* dar. Dabei fragt der *Maître de Cabine* kurz die Notverfahren beim ent-

Schnell noch ein Gruppenfoto bevor es losgeht. Viele fleißige Hände sind notwendig, um den Passagieren den Aufenthalt an Bord so angenehm wie möglich zu machen. Je nach Buchungslage sind deshalb neben den Piloten bis zu 16 Flugbegleiter an Bord.

sprechenden Flugzeugtyp ab. Bei so wichtigen Dingen wie zum Beispiel Evakuieren nach einem Startabbruch, müssen sich die Flugbegleiter ganz sicher sein.

Für die *Cockpit-Crew* der MD-11 beträgt die monatliche Arbeitszeit ungefähr 85 Stunden. Mit Vorbereitungszeiten macht also diese Crew höchstens vier Langstreckenflüge im Monat, weil sonst die Belastung einfach zu groß wäre.

Soeben ist der Mannschaftsbus eingetroffen, der die Besatzung nun zum Flugzeug bringt. An der Parkposition A 71 angekommen, steigen sie über eine Wendeltreppe die *Gangway* empor und gelangen so direkt in den Jet. Jeder weiß, was er zu tun hat, und begibt sich sofort in seinen Arbeitsbereich.

Die Trimmung muß stimmen

Wer schon einmal beobachtet hat, wie ein Flugzeug beladen wird, hat sich vielleicht gewundert, was da so alles in den riesigen Jets verschwindet. Bei Frachtmaschinen sind es ja nur irgendwelche Güter, doch bei Passagierflugzeugen, die in den Unterflur-Laderäumen auch Fracht mitführen, müssen noch tonnenweise Lebensmittel an Bord genommen werden. Hinzu kommen noch die Koffer der Passagiere und vieles mehr. Alles zusammen erhöht das Flugzeuggewicht um viele Tonnen.

Keineswegs darf man jetzt die Gegenstände einfach dorthin packen, wo noch Stauraum frei ist, sondern die Verteilung muß sehr gut überlegt werden. Das Flugzeug muß, um richtig fliegen zu können, in der Luft im Gleichgewicht sein; und entscheidend dabei ist, wo der Schwerpunkt

liegt. Ist dieser zu weit vorne, hat man also schwere Zuladung im vorderen Flugzeugteil untergebracht, ist der Jet kopflastig. Schwanzlastig ist er dagegen, wenn der Schwerpunkt zu weit hinten liegt. In beiden Fällen sind die Flugeigenschaften sehr schlecht, vorausgesetzt, das Flugzeug kommt überhaupt in die Luft. Beim Start einer stark kopflastigen Maschine würde der Pilot wohl die Steuersäule vergeblich zu sich heranziehen, der Jet würde die Nase einfach nicht hochbekommen.

Daß dies nicht passiert, dafür trägt der Pilot die Verantwortung, denn er muß vor dem Start kontrollieren, ob der Ladechef die Schwerpunktlage seines Flugzeuges richtig ermittelt hat. Durch das Gewicht der Zuladung läßt sich ja das Gesamtgewicht und somit auch die Schwerpunktlage ganz leicht ermitteln, und diese darf eben bestimmte Grenzen nicht überschreiten.

Optimal kann aber der Schwerpunkt fast nie sein, das wäre schon Zufall. Kleinere Abweichungen stellen jedoch kein Problem dar, der Pilot kann sie über die Trimmung ausgleichen. Durch Trimmräder im Cockpit läßt sich zu diesem Zweck die Höhenflosse, also der vordere Teil des Höhenruders, verstellen. Liegt der Schwerpunkt nun zu weit hinten, würde das Flugzeug in der Luft ständig dazu neigen, die Nase zu heben. Die Höhenflosse wird deshalb einfach so eingestellt, daß durch das Ausschlagen am Heck gerade soviel Auftrieb erzeugt wird, um dem entgegenzuwirken. So wird das Heck etwas nach oben gedrückt, wodurch wieder eine stabile Fluglage erreicht wird. Genau umgekehrt wird es gemacht, wenn das Flugzeug kopflastig ist. Liegt der Schwerpunkt des Flugzeuges ziemlich weit hinten, hat dies zwar eine positive Auswirkung auf den

Treibstoffverbrauch, andererseits erzeugt natürlich jeder Ausschlag der Höhenflosse einen Widerstand, und das kostet Leistung und Geld.

Während des Fluges muß der Pilot ab und zu die Höhenrudertrimmung ändern, um den Treibstoffverbrauch auszugleichen. Das hängt damit zusammen, daß der in den Flügeln untergebrachte Kraftstoff ständig abnimmt und die Flügel nach hinten gepfeilt sind, wodurch sich die Schwerpunktlage ständig etwas verschiebt.

Bei so modernen Flugzeugen wie der MD-11, dem Airbus A340 oder der Boeing 747-400 hat man übrigens in die Höhenflosse einen Treibstofftank eingebaut, der wie ein Gegengewicht wirkt. Ein spezieller Computer berechnet nun selbständig, wo der Schwerpunkt gerade liegt, und pumpt den Treibstoff, wenn nötig, gleich so um, daß wieder ein ausgeglichenes Verhältnis entsteht. Diese Technik hilft mit, den Widerstand zu verringern und Energie zu sparen.

Wie wichtig auch eine richtige Balance noch auf dem Boden ist, zeigte einmal ein Unfall auf dem Flughafen Frankfurt. Beim Beschleunigen eines Fracht-Jumbos einer amerikanischen Fluggesellschaft machte sich die nicht ausreichend gesicherte Ladung kurzerhand selbständig. Unglücklicherweise war gerade dieser Jet nicht voll beladen, und die Container rutschten nach hinten. Das brachte das Flugzeug so aus dem Gleichgewicht, daß es sich regelrecht auf den »Hintern« setzte. Obwohl sich das Bugrad deshalb in der Luft befand, konnte der geistesgegenwärtige Pilot sein Flugzeug noch sicher zum Stehen bringen. Allerdings neben der Startbahn, denn lenken konnte er ja nicht mehr.

Die Passagiere treffen ein

Noch während sich die Flugzeugbesatzung auf den Flug vorbereitet, treffen nach und nach auch die Passagiere auf dem Flughafen ein. Die einen kommen mit dem PKW und andere mit der Bahn. Ein Großteil allerdings reist bereits mit dem Flugzeug an und nimmt die zahlreichen Zubringerdienste auf dem Luftweg in Anspruch.

Diese Art der Anreise hat ihre Vorteile. Zum einen befindet man sich nach der Ankunft auf dem Flughafen gleich im Transitbereich, braucht also nicht noch einmal *einzuchecken,* und zum anderen wird das Gepäck meistens gleich durch-abgefertigt. Das heißt, daß Gepäckstücke, die am Ausgangsflughafen aufgegeben werden, automatisch in das neue Flugzeug umgeladen werden, ohne daß sich der Passagier nochmals um sein Gepäck kümmern muß. Dieser Service trägt wesentlich dazu bei, daß in Zürich ebenso wie beispielsweise in Frankfurt oder Wien eine nur 45minütige Umsteigezeit garantiert wird. Das bedeutet, daß ein Passagier, welcher mit dem Flug SR 6577 aus Stuttgart um 19.45 Uhr in Zürich landet, bereits um 20.30 Uhr zu seinem Weiterflug starten kann.

Für den Flug von Zürich über Bangkok nach Singapur kommen von den insgesamt 137 Passagieren immerhin 96 Fluggäste mit Anschlußflügen nach Zürich. Hier wird deutlich, wie wichtig es ist, auf einen so großen Umsteigeranteil gut vorbereitet zu sein. Die Transitpassagiere treffen mit nicht weniger als zwölf verschiedenen Anschlußflügen aus zahlreichen europäischen Ländern in Zürich ein. Aus Stockholm sind 21 Passagiere mit dem

Flug SK 607 um 18.25 Uhr angekommen. Weitere zwölf Fluggäste waren an Bord des Airbus A310 aus Lissabon.

In der Zwischenzeit haben auch die auf dem Landweg angereisten Passagiere einen Parkplatz in einem der Parkhäuser gefunden. Die mit der Bahn angereisten Personen verlassen gerade den unterirdischen Bahnhof unter dem Flughafenvorplatz und gelangen nun über Rolltreppen auf die Abflugebene. Vielfliegern genügt jetzt ein kurzer Blick auf die großen Anzeigetafeln, auf der alle Abflüge in den nächsten Stunden aufgelistet sind, um zu wissen, an welchem *Abfluggate* sie sich einfinden müssen.

Um die Orientierung auch für die mit den örtlichen Gegebenheiten nicht so vertrauten Fluggäste zu erleichtern, sind gleich am Ausgang der beiden Parkhäuser Monitore angebracht. Dort kann jeder nach-

schauen, wo er hin muß. Für die Passagiere, die den Flug SR 182 nach Bangkok und Singapur gebucht haben, leuchtet hinter der Abflugzeit 20.45 Uhr schon die Buchstaben-Zahlenkombination A 71 auf. Daraus läßt sich erkennen, daß der Flug im *Terminal* A, und zwar am *Gate* 71 abgefertigt wird.

In der Abflughalle des *Terminals* A angekommen, wird es nun höchste Zeit, die Koffer aufzugeben und sich *einzuchecken*. Passagiere, die zwar gebucht, aber noch nicht im Besitz eines *Tickets* sind, eilen davor schnell noch zu einem der zahlreichen Buchungsschalter, um ihre Flugkarte abzuholen. In der Abflughalle befinden sich zahlreiche sogenannte *Check-in-Schalter,* die in die jeweiligen Flugklassen aufgeteilt sind. Je nach gebuchter Klasse begeben sich die Passagiere nun zu einem dieser Schalter. Da meistens mehrere *Check-in-*

Schalter einer Flugklasse besetzt sind, kann man sich einfach dort anstellen, wo bisher die wenigsten Passagiere warten. Die *Bodenhostess* nimmt jetzt das *Ticket* des Fluggastes entgegen und tippt die Flugnummer SR 182 in ihren Computer ein. Als erstes überprüft sie, ob die Buchung richtig erfolgt ist und ob der Flug bezahlt wurde. Gibt der Computer dazu sein »O.K.«, fragt sie den Passagier, wo er denn gerne sitzen möchte: »Hätten Sie gerne einen Fensterplatz, oder möchten Sie lieber in der Mitte sitzen? Sind Sie Raucher?« Der sichtlich überraschte Fluggast wird nachdenklich.

Ein guter Sitzplatz macht das Fliegen zum Genuß

Gewiß, mit dem Sitzplatz ist es so eine Sache. Für viele Passagiere ist das Fliegen ja immer noch etwas Besonderes, und jeder einzelne Fluggast kommt da mit seinen ganz speziellen Wünschen und Vor-stellungen auf den Flughafen. Der Urlaubsreisende möchte etwas erleben und bereits auf dem Flug in den Urlaub viel Spaß haben. Anders dagegen die Geschäftsreisenden, viele möchten während des Fluges noch arbeiten; andere wollen sich ausruhen.

Kaum auf dem Flughafen angekommen, fragt sich wohl so mancher Passagier: »Bekomme ich im Flugzeug auch einen guten Sitzplatz«? Nun ja, es bekommt zwar wirklich jeder einen Sitzplatz, doch ein guter Platz ist meist nur durch Zufall oder mit viel Glück zu bekommen. Was viele nicht wissen, diesem Glück kann mit einfachen Mitteln nachgeholfen werden. Sitz ist nicht gleich Sitz, da gibt es zum Teil recht erhebliche Unterschiede im Komfort, und das unabhängig von der gebuchten Klasse. Warum also nicht den bestmöglichen Platz beanspruchen?

Mit ein paar wenigen Informationen kann man schon viel erreichen. Am besten, man besorgt sich vor dem Flug bei der betreffenden Fluggesellschaft oder in

Ein gediegenes Ambiente zeichnet die Business-Class dieser MD-11 aus. Neben den Fußstützen kann man auch die in die Armlehnen eingebaute Tastatur für die Bordunterhaltung erkennen.

einem Reisebüro den Flugplan. Bei den meisten *Airlines* kann man die Sitzplatzanordnung in ihren Flugzeugen aus Schemazeichnungen entnehmen, die im Flugplan abgedruckt sind. In diese Schemata sind Nichtraucher- und Raucherzonen ebenso eingezeichnet wie Notausgänge oder besondere Sitze mit verstellbaren Armlehnen. Außerdem sind jene Plätze besonders markiert, von denen aus auf Langstreckenflügen das Filmprogramm nicht zu sehen ist. Um diese und andere interessante Informationen zu bekommen, lohnt sich also ein Blick in den Flugplan auf alle Fälle.

Beim *Einchecken* kann man jetzt gleich seinen Lieblingsplatz nennen, wobei die genaue Kenntnis nicht selten Verwunderung bei der Dame hinter dem Tresen hervorruft. Wenn irgend möglich, erfüllt sie aber gerne den Sitzplatzwunsch. Eine nur schwach besetzte Maschine ist natürlich der Traum eines jeden Flugreisenden, denn das garantiert sehr viel Platz. Allerdings kommt es eher selten vor, daß man eine ganze Sitzreihe für sich alleine hat, da von der Kalkulation her natürlich unrentable Flüge meist schon bei der nächsten Flugplanänderung gestrichen werden.

Doch nun ein paar Tips für besonders gute Plätze im Flugzeug. Hauptsächlich Gelegenheitsflieger und Urlaubsreisende möchten gerne an einem Fensterplatz sitzen. Fensterplatz ist jedoch nicht gleich Fensterplatz, nicht von überall kann man die vorbeiziehende Landschaft oder das beeindruckende Wolkenmeer unter der Maschine gleichermaßen gut sehen. Befindet sich der Platz über dem Flügel, so wird die Sicht nach unten verwehrt. Möchte man fotografieren, ist ein Platz hinter dem Flügel ebenfalls nicht zu empfehlen.

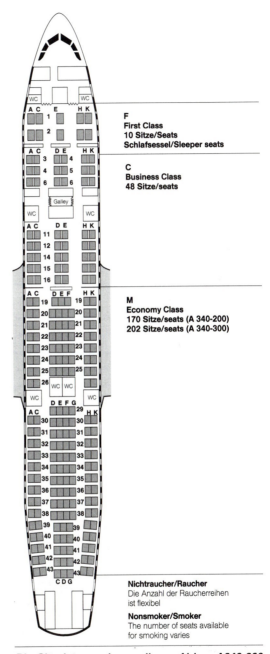

Airbus A340-200

F
First Class
10 Sitze/Seats
Schlafsessel/Sleeper seats

C
Business Class
48 Sitze/seats

M
Economy Class
170 Sitze/seats (A 340-200)
202 Sitze/seats (A 340-300)

Nichtraucher/Raucher
Die Anzahl der Raucherreihen ist flexibel

Nonsmoker/Smoker
The number of seats available for smoking varies

Die Sitzplatzanordnung dieses Airbus A340-200 zeigt den Fluggästen auch die Lage der Flügel, der Fenster und der Toiletten.

Mit Ausnahme der Boeing 727, MD-80 oder auch der Fokker 100 sind die Triebwerke unter dem Flügel angebracht, und der heiße Abgasstrahl läßt die Landschaft unter einem flimmern.

Nicht so tragisch ist das bei den Großraumflugzeugen wie der Boeing 747, MD-11 oder dem Airbus A310, da man in diesen Jets ziemlich hoch über den Triebwerken sitzt. Außerdem macht es keinen allzu großen Spaß, ständig in die grelle Sonne zu schauen, besonders dann, wenn man fotografieren möchte. Mit einer kleinen Streckenplanung läßt sich aber schon vor dem Flug ganz leicht feststellen, welche Seite des Flugzeuges voraussichtlich von der Sonne beschienen wird. Dementsprechend kann man dann seinen Sitzplatz aussuchen.

Besonders begehrt sind die Sitzplätze an den Notausgängen, und das nicht nur, wie man vielleicht vermuten könnte, bei Passagieren, die beim Fliegen Angst haben, sondern ganz einfach deshalb, da hier die Beinfreiheit größer ist. Für Kinder unter zwölf Jahren sind diese Plätze aber tabu. Für sie und ihre Eltern haben viele *Airlines* die erste Reihe in der *Economy-Class* reserviert. Hier gibt es keine Sicherheitsbedenken, und außerdem hat es hier ebenfalls viel Platz für Babykörbe, Spielsachen und was man für die Kleinen sonst noch so braucht. Bleibt diese Reihe einmal von Familien mit Kindern ungenutzt, darf sie selbstverständlich auch von anderen Passagieren belegt werden.

Vielflieger und Geschäftsreisende bevorzugen vorwiegend Plätze am Gang. Hier können sie die Beine ebenfalls gut ausstrecken und, was bei Anschlußflügen wichtig ist, schneller aussteigen. Geschäftsleute sind bekanntlich fast ständig unter Zeitdruck und kalkulieren knapp. Beim Großraumjet DC-10 sind beispielsweise in der ersten Reihen der Business-Class oft noch Plätze frei. Der Geschäftsmann hat hier die Möglichkeit, seinen eigenen Arbeitsbereich einzurichten.

Bei Geschäftsreisenden sind in der Boeing 747-400 außerdem die Sitzreihen 1 bis 6 besonders beliebt. Dieser Teil der *Business-Class* befindet sich in der Regel ganz vorne im Flugzeug und ist zudem noch extra abgetrennt. In einer ruhigen Atmosphäre läßt es sich hier besonders gut ruhen oder arbeiten. Weiterhin sind in der Boeing 747-300 die Plätze 16K und 17K zu empfehlen, da in diesen beiden Reihen auf der rechten Flugzeugseite nur jeweils ein Flugsessel installiert ist. Zum einen hat man hier sehr viel Platz, und zum anderen befinden sich neben den Sitzen Behälter, in denen bequem Akten und anderes Arbeitsmaterial verstaut werden können. Für denjenigen, den die Gerüche aus der nahen Bordküche nicht stören und der keinen Film sehen möchte also der optimale Arbeitsplatz.

Das Oberdeck der Boeing 747 gilt bei vielen Passagieren als Ruhezone schlechthin, bleibt jedoch bei den meisten *Airlines* den *First-Class*-Passagieren vorbehalten. Direkt hinter dem Cockpit gelegen, bietet dieser, mit bis zu 20 luxuriösen *Slumberettes* (Flugsessel) ausgestattete Kabinenteil, allen erdenklichen Komfort. Das Fliegen macht hier besonders viel Spaß und der Ausblick ist einfach großartig.

Wer selbst in der Touristenklasse auf eine große Beinfreiheit nicht verzichten möchte, sollte versuchen, einen der Plätze in den Reihen 31 oder 41 zu ergattern. Im Raucherabteil der Boeing 747 bevorzugen dagegen immer mehr Fluggäste wegen des großzügigen Platzangebotes und der guten Aussicht die Fensterplätze in den beiden letzten Sitzreihen.

Jede Fluggesellschaft hat ihre Flugzeuge natürlich etwas anders eingerichtet, ein Blick auf die Schemazeichnung schafft jedoch schnell Klarheit, und man kann sich leicht vorstellen, wie es in dem Jet aussieht. Alle Fluggäste, ob groß oder klein, ob Urlaubs- oder Geschäftsreisende, können also ohne weiteres mit etwas Kenntnis der örtlichen Gegebenheiten ihren speziellen Sitzplatz bekommen und mit Freude ihrem Ziel entgegensteuern.

Der Weg durch die Fluggastabfertigung

Der Fluggast kann also aus einem vielseitigen Angebot an Sitzplätzen wählen. Nach längerem Überlegen entschließt er sich für einen Fensterplatz in der Nichtraucherzone. Die *Bodenhostess* tippt diesen Wunsch in ihren Computer ein, und nach zwei, drei Sekunden erscheinen noch alle verfügbaren Plätze in der gebuchten Klasse. Der Passagier hat gerade noch einmal Glück gehabt, er bekommt den letzten freien Fensterplatz im Nichtraucherabteil der *Economy-Class,* den die Mitarbeiterin der Fluggesellschaft auch gleich reserviert.

Auf einen Knopfdruck hin druckt der Computer die Bordkarte aus. Auf ihr stehen alle für den Passagier wichtigen Daten wie Flugnummer, Einsteigezeit, *Abfluggate* und Sitzplatz. Den für den Hinflug benötigten Coupon entnimmt die Dame gleich dem *Ticket* und steckt ihn in die Bordkarte hinein.

Jetzt ist das Gepäck an der Reihe.

»Stellen Sie Ihren Koffer doch bitte auf das kleine Förderband hier neben mir«, fordert die *Bodenhostess* den Passagier auf, der das gleich befolgt. Am Anfang des Förderbandes ist eine elektronische Waage eingebaut. Das Gewicht wird automatisch registriert und dem Flug SR 182 zugeordnet. Dazu wird neben dem Adreßanhänger noch ein sogenannter Gepäckabschnitt am Koffer befestigt. Neben der Flugnummer sind darauf die Buchstaben SIN aufgedruckt, welche den international gültigen Flughafencode für Singapur darstellen.

Die Gepäckstücke der *First-Class*- Passagiere versieht die *Bodenhostess* zusätzlich mit einem speziellen Aufkleber. Dieser gilt am Zielflughafen als Kennung, damit diese Koffer besonders schnell ausgeladen und befördert werden. Für den Flug nach Fernost sind, je nach gebuchter Klasse, pro Passagier zwischen 20 und 40 kg Freigepäck erlaubt. Wer dagegen in die USA fliegt, kann zwei Gepäckstücke mitnehmen, wobei jedes Stück nicht schwerer als 32 kg sein darf. Natürlich kann jeder noch ein Handgepäckstück mit zu sich in die Fluggastkabine nehmen, das jedoch nicht schwerer als 10 kg und nicht größer als ein normaler Aktenkoffer sein sollte. Allerdings sind die Fluggesellschaften hier großzügig und drücken schon einmal ein Auge zu.

Das Gewicht des aufgegebenen Koffers wird geschwind in das Ticket eingetragen, und die »Abfertigung«, besser gesagt die »Bedienung« ist beendet. Die Dame hinter dem Tresen wünscht allen Reisenden einen angenehmen Flug und händigt die Bordkarte nebst Flugkarte aus. Vom Gepäck befreit und mit der Gewißheit, einen guten Sitzplatz bekommen zu haben, kön-

Bevor die Fluggäste den Warteraum am Gate betreten dürfen, müssen sie eine Sicherheitskontrolle passieren. Während das Handgepäck ein Röntgengerät durchläuft, werden die Passagiere abgetastet, oder wie hier, mit einem Handsuchgerät unter die »Lupe« genommen.

nen es viele schon gar nicht mehr erwarten, bis es endlich losgeht. So verlieren die meisten Fluggäste keine Zeit mehr und steuern gleich der Paßkontrolle entgegen.

Hier überprüft ein Beamter den Paß und legt ihn in ein Lesegerät. Nur wenige Sekunden dauert es, bis der Beamte weiß, ob die Person vielleicht gesucht wird oder nicht. Weiter geht es jetzt zur Sicherheitskontrolle. Kaum hat man das Handgepäck auf ein kleines Laufband gelegt, verschwindet es in einem Röntgengerät. Um Filme braucht man sich dabei keine Sorgen zu machen, denn die Röntgenstrahlen sind unschädlich und können auch den empfindlichsten Filmen nichts antun. Zur Beruhigung und um unnötiges Fragen zu vermeiden, ist fast überall auf den Rönt-

gengeräten die Aufschrift *»Film safe«* angebracht worden.

Wer jedoch in afrikanische oder asiatische Länder reist, sollte da auf jeden Fall vorsichtiger sein. Oftmals sind hier noch ältere Geräte im Einsatz, die den Filmen durchaus Schaden zufügen können. Auch in solchen Fällen kann man ganz leicht vorbeugen. Es empfiehlt sich, vor Reisebeginn für nur wenig Geld eine filmsichere Tasche zu kaufen, um die Filme mit Urlaubserinnerungen sicher nach Hause bringen zu können.

Noch während das Handgepäck den Röntgenapparat durchläuft, erscheinen die Bilder auf einem Monitor. Besonders ausgebildetes Personal durchforstet die Röntgenbilder auf Waffen, Sprengstoff und andere gefährliche Gegenstände. Taucht plötzlich ein verdächtiger Gegenstand auf, kann dieser noch vergrößert oder in der Helligkeit verändert werden. Von all dem merken die Fluggäste jedoch kaum etwas. In der Zwischenzeit sind sie auch schon durch eine Art Türe gegangen, und vielleicht ohne es zu bemerken, auf Metallgegenstände hin untersucht worden. Sobald es aber piepst, wird das Aufsichtspersonal sofort aufmerksam und bittet den Passagier, doch etwas näher zu treten. Da der Metalldetektor angesprochen hat, wird der Passagier nun von Kopf bis Fuß abgetastet, bis der betreffende Gegenstand, der den Piepston auslöste, zu Tage gefördert wird. Bei dieser Tätigkeit hilft manchmal auch ein kleines Handmetallsuchgerät. Es braucht aber niemanden angst und bange werden, so unangenehm die ganze Sache auch ist. Schließlich dient diese Kontrolle ja auch der Sicherheit jedes einzelnen. Auf der anderen Seite der Kontrolleinrichtung angekommen, liegt hier auch schon das Handgepäck bereit, das auf einem kleinen Förderband hierher gelangt ist.

Nun ein kurzer Blick auf die Anzeigetafeln, die den weiteren Weg zum *Gate* 71 zeigen. Dort entnimmt eine *Bodenhostess* den Flugcoupon aus der Einsteigekarte und meint:»Es wird wohl noch etwas dauern, bis wir zum Einsteigen bereit sind, nehmen sie doch so lange noch im Warteraum Platz«. Diese Stelle des Flughafens gehört zollrechtlich schon zum Ausland, weshalb jeder Fluggast im sogenannten *Duty-free-Shop* noch schnell etwas einkaufen kann. Für die *First- und Business-Class*-Passagiere gibt es außerdem jeweils besondere Aufenthaltsräume, *Lounges* genannt. Fluggäste, die diese Klassen gebucht haben, können hier schon vor dem Flug Getränke, kleine Imbisse und Erfrischungen zu sich nehmen, die selbstverständlich im Flugpreis enthalten sind. Die verbleibende Zeit bis zum Abflug läßt sich in diesen erstklassig und gemütlich eingerichteten Räumen viel angenehmer verbringen als im Warteraum direkt am *Gate*.

Mittlerweile ist es 20.15 Uhr geworden, also nur noch eine halbe Stunde bis zum Abflug. Gleich beginnt das *Boarding,* wie das Einsteigen der Passagiere genannt wird. Als erste dürfen die *Economy-Class*-Passagiere einsteigen. Jetzt geht es also los. Die *Bodenhostess* greift zum Mikrofon, und aus dem Lautsprecher tönt es:»Unser Flug Swissair 182 nach Bangkok und Singapur ist nun zum Einsteigen bereit. Passagiere, die die Touristenklasse gebucht haben, bitte zum Ausgang 71. Wir wünschen allen einen angenehmen Flug«. Am Ausgang des Warteraums steht eine weitere Mitarbeiterin der Fluggesellschaft bereit und reißt die Bordkarten in zwei Teile. Einen kleinen Abschnitt mit dem Sitzplatzvermerk darf jeder Passagier behalten.

Endlich, so werden viele denken, der Weg ins Flugzeug ist frei. Durch die lange Fluggastbrücke, *Gangway* genannt, gelangen alle nach und nach in den Jet. An der Türe des Flugzeuges angekommen, werden sie vom Chef der Kabine empfangen, der jedem auch gleich den Weg zu seinem Platz zeigt. Zum guten Service einer *Airline* gehört auch, daß *First-Class*-Passagiere persönlich zu ihrem Platz geleitet werden.

Kurz vor dem Abflug zählt die *Bodenhostess* noch einmal die Bordkarten, um sicherzustellen, daß auch tatsächlich alle

Personen den Weg zum richtigen *Gate* gefunden haben. Ist dies nicht der Fall, greift sie sofort zum Mikrofon und ruft den Flug über Lautsprecher im ganzen *Terminal* aus. »Letzter Aufruf für Flug Swissair 182 nach Bangkok und Singapur, bitte begeben sie sich umgehend zu *Gate* A 71«. Wer jetzt nicht binnen wenigen Minuten am *Gate* erscheint, kann vielleicht gerade noch beobachten, wie der Jet zur Abrollposition geschoben wird. Er hat das Flugzeug versäumt.

Flug 182 freigegeben zum Start

Um 20.40 Uhr ist es soweit. Alle Passagiere sind an Bord, die Türen werden geschlossen und gleich gesichert. Wenig später wird die *Gangway* weggefahren und in ihre Ausgangsposition zurückgebracht. Im Flugzeug beginnt nun auch ein emsiges Treiben. Die Flugbegleiter verlieren keine Zeit. Das Essen wird vorbereitet, und das Bordbuch, die sogenannte *Gazette,* wird an die Fluggäste verteilt. Diese Zeitschrift enthält neben allerlei Unterhaltsamen aus der ganzen Welt auch Daten über die Flugzeugflotte und die Streckenführung. Für den heutigen Langstreckenflug bekommen die Passagiere außerdem noch Kopfhörer, ein Erfrischungsset sowie die Speisekarte für die Menüwahl. Mit einem kleinen Kissen und einer Decke kann man es sich in seinem Sitz nun richtig bequem machen. Während sich die Fluggäste in ihrer neuen Umgebung einrichten und einige gleich die elektrodynamischen Kopfhörer ausprobieren, geht es im Cockpit ebenfalls recht geschäftig zu.

Die beiden Piloten, die den ersten Streckenabschnitt übernommen haben, bereiten das Flugzeug nun für den Flug vor. Nachdem alle Systeme gestartet sind und ordnungsgemäß arbeiten, geht der Copilot gleich dazu über, den Bordcomputer mit den für den Flug wichtigen Navigationsdaten zu füttern. Aus dem *Operational Flight Plan* entnimmt er dazu die Codes der einzelnen Streckenpunkte und tippt sie über eine Tastatur in den Computer ein. Die dazugehörigen geographischen Längen- und Breitengrade sind bereits im Computer abgespeichert.

Um die genaue Position des Abflugortes zu überprüfen, genügt ein Blick aus dem Cockpitfenster. Auf einer großen blauen Tafel mit der Bezeichnung des *Gates* stehen nämlich die geographischen Daten. Der Zürcher Flughafen liegt demnach auf 8,33 Grad östlicher Länge und 47,27 Grad nördlicher Breite. Nachdem nun die Navigationsarbeiten abgeschlossen sind und die Steuerung eingestellt ist, hat der Pilot ein wenig Zeit für eine erste Durchsage an die Passagiere: »Guten Tag, meine Damen und Herrn, *Captain* Schmid und seine *Crew* begrüßen Sie an Bord unserer MD-11 für den Flug nach Bangkok und Singapur. Da zur Zeit sehr viel Verkehr herrscht, wird sich unser Abflug um etwa 30 Minuten verzögern. Unsere Flugroute wird uns zunächst über Graz und Istanbul führen. Der Zeitunterschied für Bangkok beträgt fünf Stunden und für Singapur sechs Stunden. Ich wünsche allen einen recht angenehmen Aufenthalt an Bord und einen guten Flug.« Für Fluggäste, die kein Deutsch verstehen, wiederholt der Pilot nun seine Ansage noch einmal auf Englisch und Französisch. Viele Fluggäste stellen schon jetzt ihre Uhr auf die Ortszeit von Bangkok oder Singapur um.

Da der Flug nach Asien, also nach

Osten führt, müssen sie ihre Uhren vordrehen. Kurz darauf begrüßt auch der Chef der Kabine die Passagiere und macht auf den in wenigen Minuten beginnenden Film über die Sicherheitseinrichtungen an Bord aufmerksam. In dem kurzen Trickfilm werden in lustiger Weise die Sicherheitseinrichtungen vorgestellt und deren Funktion sowie Gebrauch erklärt. So erfahren die Fluggäste, daß sie sich nun anschnallen müssen und daß selbst in der Raucherzone das Rauchen nicht mehr erlaubt ist. Sofort leuchten überall an der Deckenkonsole kleine Anzeigen mit der Aufschrift »Fasten seat belts« und »Do not smoke« auf. Der Film weist auch darauf hin, daß im Fall eines plötzlichen Druckabfalls in der Kabine automatisch Sauerstoffmasken von der Decke herabfallen und sich unter jedem Sitz eine Schwimmweste befindet. Zum Schluß noch ein kleiner Hinweis auf das Merkblatt an jedem Flugsessel, in dem unter anderem die Notausgänge eingezeichnet sind. Für weitere Fragen steht das Begleitpersonal dann gerne zur Verfügung.

Im Cockpit sind die beiden Piloten unterdessen damit beschäftigt, technische Einzelheiten sowie wichtige Instrumente anhand von Checklisten zu überprüfen. Soeben nimmt der Copilot das kleine Büchlein mit den Listen zur Hand und beginnt mit dem Check vor dem Anlassen der Triebwerke. Während er Punkt für Punkt vorliest, überprüft sein Kollege diese Checkpunkte und bestätigt jeweils die Überprüfung. Dabei wird auch kontrolliert, ob alle Türen geschlossen sind und die Anschnallzeichen in der Kabine angeschaltet sind.

Unverzüglich meldet sich der Pilot jetzt zum sogenannten Pushback bereit. Plötzlich ein sanfter Ruck, und ein Flugzeugschlepper schiebt den riesigen Jet ganz vorsichtig so weit zurück, bis er aus eigener Kraft anrollen kann. Diese Methode muß immer dann angewendet werden, wenn das Flugzeug in einer »Nose-in«-Position abgestellt ist, also bis auf wenige Meter an das Terminalgebäude herangefahren ist. Flugzeuge haben keinen Rückwärtsgang. Jetzt könnte natürlich ein Pilot auf die Idee kommen, dazu den Gegenschub der Triebwerke zu benutzen, doch das ist strengstens verboten.

Noch während das Flugzeug rückwärts rollt, bittet der Pilot um die Erlaubnis, die Triebwerke starten zu dürfen. Kaum hat er diese erhalten, schaltet er die Zündungen der Triebwerke ein. Druckluft bringt jetzt zunächst einmal die mächtigen Triebwerksschaufeln in Gang, bis diese so schnell rotieren, daß das Triebwerk genug Luft bekommt und selbständig arbeiten kann. Ein Techniker auf dem Boden überwacht dabei genau, ob sie danach auch richtig zünden. Explosionsartig schließt die heiße Luft jetzt aus dem Triebwerk. So beruht also die ganze Vorwärtsbewegung von Flugzeugen auf dem Rückstoßprinzip. Nach einer genau festgelegten Reihenfolge werden die Triebwerke so nach und nach angelassen.

Der Bodentechniker steht immer noch bereit und schaut, ob der Flugzeugschlepper auch richtig abgekoppelt wird. Über Kopfhörer und Telefonkabel ist er dabei ständig mit der Cockpitbesatzung verbunden. Alles verläuft jedoch ordnungsgemäß, und so löst der Techniker die Verbindung und nimmt Kabel und Kopfhörer mit. Da die Abrollbahn gerade frei ist, tritt er zur Seite und streckt den Daumen in die Höhe, das Zeichen, daß alles klar ist und das Flugzeug jetzt abrollen kann.

Bis zu 280 Tonnen erheben sich in die Luft, wenn eine MD-11 startet.

Unterdessen haben die Piloten von der Platzkontrolle noch Informationen darüber bekommen, über welche *Taxiways,* also Rollbahnen, sie die Startbahn 34 ansteuern sollen. Doch jetzt nur keine Zeit mehr verlieren, und so löst der Pilot sofort die Radbremsen und drückt die drei Leistungshebel für die Triebwerke ein wenig nach vorne. Ein leichtes Vibrieren geht durch das Flugzeug, bis sich die 258 Tonnen der MD-11 in Bewegung setzen. Über einen Hebel an der linken Cockpitseite steuert der Pilot das Bugrad. Ganz genau paßt er nun auf, daß er nicht von der gelben Bodenmarkierung abkommt und anderen Jets nicht zu nahe kommt. Natürlich muß er auch die von der Platzkontrolle zugewiesenen Rollwege peinlich genau einhalten und darf keineswegs irgendwelche Abkürzungen benutzen.

Während der Kapitän nun das Flugzeug in die Schlange der zur Startbahn rollenden Flugzeuge einfädelt, macht der Copilot den »*Taxi Check*«. Dabei überprüft er unter anderem auch, ob sich das mächtige Seitenleitwerk anstandslos bewegen läßt. Von der Zuschauerterrasse aus kann man besonders gut beobachten, wie das Leitwerk plötzlich hin und her schwenkt. Es hat fast den Anschein, als winke das Flugzeug den Zurückgebliebenen noch einmal zu.

Gleich danach sind die Startklappen an der Reihe, die auf einen Knopfdruck hin surrend ausfahren und beim Start für einen größeren Auftrieb sorgen. Mittlerweile ist die Startbahn erreicht. Da es inzwischen schon fast dunkel geworden ist, und es auch zu regnen beginnt, schaltet der Pilot jetzt noch schnell die Lichter und die Scheibenwischer ein. Auch das Wetterradar wird noch aktiviert, und die Gebiete mit starkem Niederschlag werden sofort als rote Bereiche auf dem Bildschirm sichtbar.

Gerade schwenk eine MD-80 der Austrian Airlines auf die Bahn ein und donnert in einer kleinen Rauchfahne davon. Jetzt ist es soweit, die Bahn ist frei und die MD-11 an der Reihe. Nach einer kurzen Anfrage bei der Flugsicherung im Tower erhalten die Piloten die Erlaubnis, sich zum Start aufzustellen. Ganz langsam schwenkt nun das Flugzeug in einem großen Bogen auf die Startbahn ein und bleibt dort stehen. Unverzüglich meldet sich der Pilot zum Start bereit. Sekunden später tönt auch schon die knappe Antwort des Flugsicherungslotsen aus dem Lautsprecher: »Flug 182 freigegeben zum Start.«

Der Pilot löst die Radbremsen und schiebt die drei Leistungshebel für die Triebwerke langsam ganz nach vorne. Ein Zittern durchzieht das Flugzeug, gedämpft dringt das Aufheulen der Triebwerke in den Jet, der nun ganz langsam zu rollen beginnt.

Sekunden später entfalten die Triebwerke ihre volle Leistung. Das Flugzeug wird immer schneller und schneller. Die ungeheuer große Beschleunigung preßt die Passagiere regelrecht in ihre Sitze. Konzentriert behält der Kapitän die Startbahn im Auge, während der Copilot immer wieder einen kurzen Blick auf die Triebwerksanzeige und den Geschwindigkeitsmesser wirft. Dort hat er drei verschiedene Marken abgespeichert, die jeweils eine unterschiedliche Geschwindigkeit kennzeichnen. In einem kleinen Heftchen hat er unter dem Abfluggewicht von 258 Tonnen nachgeschaut und festgestellt, daß die Entscheidungsgeschwindigkeit V1 154 Knoten beträgt.

Unaufhaltsam nähert sich die Geschwindigkeit dieser ersten Marke. Wieder

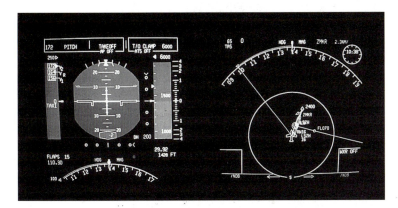

Die Displays für den künstlichen Horizont und den Flugweg sind in der MD-11 ebenfalls direkt vor den Piloten angebracht. Der linke Bildschirm zeigt neben dem künstlichen Horizont auch die Geschwindigkeit sowie die Flughöhe an. Die Marken V1, VR und V2 werden hier zudem eingeblendet. Auf dem Flugwegdisplay ist auch die Kompaßrichtung zu sehen.

wirft der Pilot einen kurzen Blick auf die Anzeige, jetzt weiß er, daß es kein Zurück mehr gibt, da der V1-Zeiger gerade über die aktuelle Geschwindigkeitsanzeige wandert. Die verbleibende Startbahnlänge würde nun nicht mehr ausreichen, um das Flugzeug sicher abbremsen zu können. Der Jet muß also unbedingt in die Luft, selbst wenn jetzt ein Triebwerk ausfallen sollte.

Konzentriert blickt der Flugkapitän nach draußen. Inzwischen hat er auch schon den Steuergriff für das Bugrad losgelassen; er versucht nun, mit Hilfe des Seitenruders die MD-11 genau auf der Startbahn-Mittellinie zu halten. Der Geschwindigkeitsmesser erreicht jetzt die zweite Marke, das Flugzeug ist nun schnell genug zum Abheben.

Der Copilot wirft seinem Kollegen das Wörtchen »*rotate*« zu, und dieser weiß sofort, was zu tun ist. Ganz langsam und gefühlvoll zieht er die Steuersäule zu sich heran, Sekunden darauf löst sich das Bugrad vom Boden. Kurz darauf haben auch die zehn Räder des mächtigen Hauptfahrwerkes den Bodenkontakt verloren, der Jet ist in der Luft. Innerhalb von wenigen Sekunden bringt der Flugzeugführer sein

Flugzeug in einen Anstellwinkel von etwa 20 Grad, der Auftrieb vergrößert sich derart, daß das Flugzeug nun steil in den Himmel steigt. Die dritte Marke V 2 hat den Geschwindigkeitsmesser bereits passiert, und die MD-11 ist schon schneller als die minimale Fluggeschwindigkeit von 169 Knoten.

Die gesamte Schubkraft wird nun dazu benutzt, so schnell wie möglich an Höhe zu gewinnen. Jetzt ist es gleich an der Zeit, das Fahrwerk, welches in der Luft nur unnötig Widerstand erzeugt, einzufahren. Nach der kurzen und klaren Anweisung »*Gear up*« kippt der Copilot sofort den Fahrwerkshebel um. Während die riesigen Federbeine in die Fahrwerksschächte klappen, dringt das typische Geräusch des einfahrenden Fahrwerkes in die Kabine. Die Anzeigelichter im Cockpit wechseln sofort von Grün auf Rot und erlöschen wieder, sobald sich die Klappen der Fahrwerksschächte mit einem leisen Knall geschlossen haben.

Alle Anzeigen arbeiten normal, die MD-11 steigt weiter steil in den Himmel und kommt den tiefhängenden Wolken immer näher. Plötzlich wird es neblig, der Jet fliegt in die Wolken hinein. Der Copilot be-

rotate

VR – Marke

hält daraufhin den künstlichen Horizont, der die Lage zur Erdoberfläche anzeigt, besonders gut im Auge.

Wenig später schaltet er den Autopiloten ein, der von nun an die Steuerung übernimmt. Auf einem Bildschirm werden die einzelnen Navigationspunkte und der geplante Flugweg dargestellt. Inzwischen haben auch die internen Flugzeugsysteme von »ground« auf »flight« umgeschaltet. Jetzt sind schon 500 Meter Höhe erreicht, und der Pilot nimmt die Triebwerksleistung etwas zurück, damit der Lärmteppich und die damit verbundene Belästigung der Bevölkerung nicht zu groß wird.

In der jetzt angebrochenen zweiten Startphase gilt es, vor allen Dingen die Geschwindigkeit zu erhöhen. Ständig ist der Geschwindigkeitsanzeiger in Bewegung, das Flugzeug beschleunigt langsam, aber sicher. Mittlerweile ist es sogar schon so schnell, daß die für die Erhöhung des Auftriebes ausgefahrenen Vorflügel (Slats) und die Startklappen (Flaps) an der Flügelhinterkante nicht mehr gebraucht werden. Stufenweise fährt der Copilot Vorflügel und Startklappen ein, die schließlich surrend in den Flügeln verschwinden.

Auf genau festgelegten Abflugwegen leitet die Flugsicherung nun den Langstrecken-Jet vollends aus dem Flughafenbereich heraus. Dazu wählt der Pilot die Flughöhe immer wieder so vor, daß die MD-11 die maximal freigegebene Höhe nicht überschreitet. Rechtzeitig vor Erreichen dieser Höhe holt der Pilot bei der Flugsicherung die Freigabe zum weiteren Steigen ein. Der Copilot gibt zusätzlich noch eine konstante Steigrate vor, um den Passagierkomfort etwas zu erhöhen. Inzwischen nähert sich der Jet schon Schaffhausen, und immer noch ist nichts zu sehen, draußen ist alles grau in grau. Nun ist es höchste Zeit, den Climb Check zu machen. Dabei überprüft der Copilot, ob alle für die Startphase benötigten Instrumente und Anzeigen wieder ausgeschaltet sind.

Soeben steigt die MD-11 auf Flugfläche 70, also 7000 Fuß, als es plötzlich blitzartig vor den Fenstern ganz hell zuckt. Die Bewölkung reißt auf, Wolkenfetzen huschen vorbei, bis schließlich die Sonne zum Vorschein kommt. Im Westen kann man gerade noch beobachten, wie sie in einem unendlich erscheinenden Meer von feuerrot leuchtenden Wolken versinkt, bis schließlich auch das letzte Abendlicht verblaßt.

Seit dem Start in Zürich sind nun schon 35 Minuten vergangen. Die MD-11 hat bereits auf 895 km/h beschleunigt und fliegt auf 10 600 Metern Höhe Graz entgegen. Der Reiseflug hat begonnen. Die enorme Anspannung der Cockpit-Crew während der Startphase ist vorbei, Ruhe kehrt wieder ein. Erleichtert lösen die zwei ihre Schultergurte, nehmen die Kopfhörer ab und lehnen sich entspannt zurück. Ein Knopfdruck, und die Cockpitlautsprecher sind eingeschaltet, damit der Funkverkehr auch weiterhin verfolgt werden kann. Die Bewölkung nimmt immer mehr ab, bis es schließlich ganz klar ist. Das hat natürlich auch der Pilot bemerkt. Er greift zum Mikrofon und macht eine Durchsage an die Passagiere: »Wir haben nun unsere Reiseflughöhe erreicht und fliegen gerade über Graz, das Sie unten links gut sehen können. Unsere weitere Flugroute wird uns über den Plattensee, Istanbul und Teheran in Richtung Fernost führen«.

In der Fluggastkabine bewegt sich auf dem Monitor unterdessen ein kleines Trickflugzeug auf Ungarn zu. Die Umrisse der einzelnen Länder kann man ebenso-

Auf Bildschirmen, wie hier in der Economy-Class eines Airbus A340-200, markiert ein kleines Trickflugzeug die jeweilige Position und den bisherigen Flugweg. Da die Flughöhe, die Geschwindigkeit und die verbleibende Restflugzeit ebenfalls eingeblendet werden, sind die Passagiere ständig über den Flugverlauf informiert.

gut erkennen wie die eingeblendete Flughöhe und die Geschwindigkeit über Grund. Daneben werden auch Daten wie die verbleibende Restflugzeit, sowie die augenblickliche Außentemperatur angezeigt. Die Informationen dazu kommen direkt vom Bordcomputer, der sie in den Darstellungscomputer einspeist. So kann sich jeder Passagier ganz leicht orientieren und vielleicht die eine oder andere Stadt da unten bestimmen.

Vögel behindern den Flugverkehr

Zu den schwierigsten Momenten eines Fluges zählt zweifellos die Start- und Landephase. Während dieser Zeit sind die Piloten voll darauf konzentriert, ihr Flugzeug sicher in die Luft oder wieder zurück auf den Boden zu bringen. Ausgerechnet in diesen Phasen sind die Flugzeuge aber keineswegs alleine in der Luft.

In diesen niedrigen Höhen sind nämlich eine ganze Menge von gefiederten Freunden unterwegs, die sich natürlich aus der

Flugsicherung überhaupt nichts machen und sich schon gar nicht kontrollieren oder leiten lassen. Da kann es schon mal vorkommen, daß sich die tierischen und die metallischen Vögel ziemlich nahe kommen oder sogar zusammenstoßen.

Die Sicherheit des Luftverkehr ist durch Vögel allerdings weniger gefährdet als gemeinhin angenommen wird. Zwar gibt es immer wieder Zusammenstöße, doch rein statistisch gesehen ereignen sich weltweit nur etwa vier Kollisionen pro 10 000 Flugbewegungen. Die Mehrzahl dieser Unfälle mit Vögeln passieren entweder schon am Boden oder in einer Höhe unter 130 Metern. Das ist verständlich, da Vögel ja vorwiegend in Bodennähe unterwegs sind. Bis zu einer Flughöhe von 300 Metern geschehen immerhin noch etwa 23 Prozent aller Kollisionen, danach nimmt die Anzahl aber drastisch ab.

Auf ihrem Weg in den Süden verirren sich größere Zugvögel manchmal sogar in geradezu schwindelerregende Höhen. Ein Kondor wagte sich einmal bis auf 11 000 Meter und steuerte dort direkt auf ein Flugzeug zu. Dem Piloten blieb nicht die geringste Chance auszuweichen und so war ein Zusammenstoß unvermeidlich. Die Aufprall-Geschwindigkeit war so groß, daß das Flugzeug erheblich beschädigt wurde. Wie man nach der sicheren Notlandung berechnete, belief sich die Aufprallenergie auf mehr als 200 000 Newtonmeter. Eine ungeheuer große Energie also, die etwa dem freien Fall eines 1000 Kilogramm schweren Felsblockes aus der stattlichen Höhe von 20 Metern entspräche. Man kann sich eigentlich nur wundern, wie es Vögel aus eigener Kraft schaffen, solche Höhen überhaupt zu erreichen. Der Höhenrekord liegt übrigens sogar

noch weiter oben. Mit Radargeräten konnte man über Kanada schon ziehende Wildgänse in fast 14 000 Metern Höhe aufspüren. Woher die Gänse in diesen Regionen noch den nötigen Sauerstoff hernehmen, weiß allerdings niemand.

Besonders spektakulär war einmal der Zusammenstoß einer Boeing 727 mit zwei Kranichen. Während des Steigfluges bemerkte der Copilot die beiden Vögel, die direkt auf sein Flugzeug zuflogen. Zu diesem Zeitpunkt war die Maschine 2400 Meter hoch und hatte bereits auf 530 km/h beschleunigt. Geistesgegenwärtig leitete er sofort ein Ausweichmanöver ein. Ihm blieb aber keine Möglichkeit, den Zusammenstoß zu verhindern, da die Kraniche nicht, wie sonst üblich, nach unten flüchteten. Bei der Kollision wurde die Cockpitscheibe durchschlagen und sogar noch einige Instrumente, darunter die Kabinendruckregelung, stark beschädigt. Die Piloten kehrten schleunigst um und machten eine sichere Notlandung.

Um derartige Beschädigungen tunlichst zu vermeiden, werden in die Cockpitfenster besonders widerstandsfähige Spezialscheiben eingebaut. Und um bei den herrschenden Außentemperaturen in großen Höhen die notwendige Elastizität der Scheiben zu gewährleisten, werden die Cockpitfenster beheizt. Sollte die Scheibenheizung einmal nicht funktionieren, müssen sofort Fluggeschwindigkeit und Höhe verringert werden.

Zum Glück kommen Zusammenstöße mit Vögeln, die ein Gewicht von mehr als einem Kilogramm haben, sehr selten vor. Sie machen nicht einmal drei Prozent aller gemeldeten Kollisionen aus. Und nur bei etwa einem Drittel aller Zusammenstöße entstehen überhaupt Schäden an den

Flugzeugen.

Schäden an der Flugzeugaußenhaut sind meistens noch das kleinere Übel. Vogelschäden an den Triebwerken dagegen wirken sich viel unangenehmer aus und sind außerdem mit hohen Reparaturkosten verbunden. Wenn die großen Luftschaufeln am Triebwerkseinlaß beschädigt werden, sind oft Schubverluste der Triebwerke oder gar deren Totalausfall die Folge. Ist dann gleich ein ganzer Schwarm von Vögeln auf Kollisionskurs unterwegs, kommt es bei solchen Unfällen gar nicht selten vor, daß gleich mehrere Triebwerke davon betroffen sind. Besonders im Herbst, wenn sehr viele Zugvögel in ihre Winterquartiere reisen, müssen Piloten, Fluglotsen und die Flughafengesellschaften die gefiederte Konkurrenz am Himmel genau im Auge behalten, um vielleicht andere Flugzeuge noch rechtzeitig warnen zu können.

Der Flug

Das fliegende Restaurant

Kaum hat die MD-11 ihre Reiseflughöhe erreicht, kann der Service in der Fluggastkabine beginnen. Nachdem die Passagiere ihr Menü gewählt haben, machen sich auch gleich einige Stewardessen auf den Weg, um die Bestellungen aufzunehmen.

Die anderen Flugbegleiter sind unterdessen in den Bordküchen aktiv und bereiten dort das Essen vor. Bis vor kurzem noch waren die Gerichte in gekühlten Behältern untergebracht, doch jetzt brutzelt das Essen schon in den Heißluftöfen der Küchen. Die Speisen werden alle appetitlich zubereitet und der Salat schön garniert. Angesichts der leckeren Menüs fällt die Wahl

Was das Essen angeht, so bleiben in der First-Class wohl keine Wünsche offen.

Erwartungsvolle Blicke. Im Anschluß an den Hauptgang wird in der Business-Class gleich der Nachtisch und die Käseplatte serviert.

nicht gerade leicht, und viele Fluggäste werden sich wohl fragen: »Was esse ich denn heute bloß? Soll ich ein Sirloin-Steak mit Reis wählen oder vielleicht doch lieber Kalbsfrikassee, dazu Gemüse und Kartoffeln? Das Steinbutt-Filet in Knoblauchsoße mit gekochten Kartoffeln und Broccoli wäre aber bestimmt auch nicht zu verachten«. Auf jeden Fall zuerst einmal die Vorspeise. Neben Hummer- und Kalbfleischsalat mit Ananas und Melone werden Salate der Saison serviert. Zum guten Schluß gibt es als Nachspeise noch eine Käseplatte mit Trauben, danach Kaffee und Käsekuchen. Wer jedoch wenig Hunger hat oder lieber bald schlafen möchte, der kann sich auch das sogenannte *Quickmeal* schmecken lassen, das aus einer kalten Platte besteht. Wen wundert es da noch, daß das Essen bei diesen Köstlichkeiten fast zwei Stunden dauert? Einige Passagiere haben, was das Essen betrifft, aber trotzdem ihre eigenen Vorstellungen.

Wann immer möglich, erfüllt die Fluggesellschaft dann auch die ausgefallensten Sonderwünsche. Steht jemand auf vegetarische Kost oder benötigt eine spezielle Diät, braucht er selbstverständlich nicht darauf zu verzichten. Es genügt, wenn er seine Wünsche bei der Buchung oder ein paar Tage vor dem Abflug äußert. Natürlich kann so auch für die kleinsten Passagiere bestens gesorgt werden. Neben den normalen Gerichten wird dann einfach noch Babynahrung mit ins Flugzeug geladen. Was wäre nun aber das beste Essen ohne die Getränke? Angefangen bei den Aperitifs sind von Manhattan, Wodka, Rum, Bacardi bis hin zu Campari und Whisky die unterschiedlichsten Spirituosen mit an Bord. Weiterhin gibt es neben verschiedenen Weinsorten selbstverständlich auch Biere, Liqueure und Brandys. Auf einen übermäßigen Genuß dieser Getränke sollte man während des Fluges aber verzichten. Seinen Durst löscht man

viel besser mit alkoholfreien Getränken, wie Mineralwasser, Orangensaft, Sprudel oder Cola. Daß die Gerichte in Porzellanschalen und mit schwerem Besteck serviert werden, versteht sich schon fast von selbst. Ebenso sind auch bei den Getränken Papp- und Kunststoffbecher tabu. Lediglich in der Touristenklasse werden, was den Service betrifft, gewisse Abstriche gemacht.

Fast schlagartig ist im Flugzeug Ruhe eingekehrt, denn alle sind nun mit dem Essen beschäftigt. Deshalb bemerkt wohl kaum ein Passagier, wie der Mond über dem Balkan aufgeht. Die Dörfer und Städte sind als kleine Lichtpunkte aus über 10 000 Metern jedoch kaum mehr zu erkennen. Um so besser ist wenig später Istanbul zu sehen, das sich wie ein Lichterteppich beiderseits des Bosporus erstreckt. Sogar die zahlreichen Brücken und die alte Stadtmauer des früheren Konstantinopel kann man erkennen. Mittler-

weile ist es 23.45 Uhr geworden, und die MD-11 überfliegt gerade den 40. Breitengrad etwas östlich von Ankara. Kurz darauf fliegt der Jet mit über 900 Kilometern in der Stunde immer tiefer nach Asien hinein.

Inzwischen sind auch die letzten Passagiere mit dem Essen fertig und lehnen sich ganz geschafft in ihren Sitzen zurück, einige versuchen auch ein wenig zu schlafen. Die Stewardessen räumen unterdessen das Geschirr ab und verstauen alles wieder in den Behältern.

Catering, die Verpflegung für den Flug

Essen und Trinken gehören schon lange zu den Annehmlichkeiten während eines Fluges. Aus diesem Grund haben viele größere Fluggesellschaften eine Tochterfirma gegründet, die sich um die Verpflegung sorgt. Doch eine sogenannte *Cate-*

ring-Gesellschaft ist mehr als nur eine riesige Küche, sie liefert auch alles andere, was den Fluggästen den Aufenthalt an Bord angenehm macht. Dazu gehören die vielen Tageszeitungen, Zeitschriften und Kopfhörer ebenso wie Kissen und Decken. Hinzu kommen noch allerlei kleinere Serviceartikel, wie Nähzeug für die unglücklicherweise gerade zerrissene Hose oder die zollfreien Artikel, die mit an Bord sind. Die mit diesen Dingen verbundene Arbeit erledigen in einem *Catering*-Betrieb nicht selten einige tausend Mitarbeiter. In geradezu gigantischen Lagern stapeln sich die vielen Gegenstände und warten auf ihren Einsatz. Ein wenig anders sieht es dagegen bei den Lebensmitteln aus, die kann man eben nicht einfach so lange in ein Regal stellen, bis man sie braucht. Insbesondere Fleisch und Gemüse sowie andere verderbliche Waren werden schnell ungenießbar und müssen deshalb tagtäglich frisch eingekauft werden. Beim Einkauf wird dann gleich richtig zugelangt, denn für die vielen Passagiere, die versorgt werden müssen, ist es mit ein paar Steaks oder Hühnchenschlegel bei weitem nicht getan. Um nun bei einem Tagesbedarf von einigen hundert Kilogramm Fleisch und Gemüse richtig disponieren zu können, haben die Fluggesellschaften schon lange im voraus genau festgelegt, was es wann und auf welchem Flug zu essen gibt. Eine hervorragende Qualität der Lebensmittel ist natürlich die Voraussetzung dafür, daß das, was beispielsweise in Zürich oder Frankfurt gekocht wurde, irgendwo über dem Atlantik den Fluggästen dann auch schmeckt. Ab und zu kommt es sogar vor, daß eine *Airline* die Verpflegung für den Rückflug bereits vom Heimatflughafen mitnimmt, weil am Zielort die Voraussetzungen für einen gleich hohen Qualitätsstandard einfach nicht gegeben sind. Ist das Fleisch einmal ausgewählt und in gleich große Portionen zerlegt, gehen die Köche sofort ans Werk. In überdimensionalen Backöfen und Grillanlagen fängt es

Viele Arbeitsgänge sind notwendig, bis das Essen in einem Catering-Betrieb zubereitet ist. Besondere Aufmerksamkeit schenkt dieser Koch gerade dem Dessert und verfeinert es mit einer Creme.

zu brutzeln an. Bei diesen Düften könnten sogar die Küchenmitarbeiter schon Hunger bekommen. Ein paar Meter weiter schmeckt ein Koch schon die Soße ab, die in einem riesigen Kessel vor sich hin köchelt. In einer anderen Abteilung hat man schon begonnen, die Salate herzurichten. Während in der Konditorei leckere Pralinen und andere Süßigkeiten für den Nachtisch entstehen, geht es in der Bäckerei heiß her. Hier schieben gerade einige Bäcker die Brötchen für ein kaltes Vesper in den Backofen. Damit es auch künftig an Fachkräften nicht fehlt, werden ständig junge Leute ausgebildet, die in einer besonderen Ausbildungsküche ihr Können unter Beweis stellen. Inzwischen sind alle Zutaten fertig und müssen nur noch zu den Menüs zusammengestellt werden. Jetzt ist große Umsicht gefragt. Die Gerichte sollen ja nicht nur einheitlich, sondern auch optisch appetitlich und ansprechend hergerichtet sein.

Auf Laufbändern kommen nun die leeren Tabletts mit den Porzellanschalen an, und das Personal füllt sie nach und nach mit den verschiedenen Zutaten auf. Zum guten Schluß werden auf den Tabletts noch Getränke, Tassen und natürlich das Besteck untergebracht. Schließlich verschwinden die prall gefüllten Tabletts in kleinen fahrbaren Kühlbehältern, auf die vielleicht schon ein Servicefahrzeug wartet, um sie gleich zu dem jeweiligen Flugzeug zu transportieren. Dort angekommen, hebt der Fahrer den Aufbau seines Fahrzeuges so weit nach oben, bis er die Kühlbehälter über eine kleine ausfahrbare Brücke bequem ins Flugzeug hineinfahren und sie in der Bordküche verstauen kann. Neben den üblichen Gerichten bereitet ein solcher Catering-Betrieb selbstverständ-lich auch Speisen nach moslemischen, hinduistischen und jüdischen Vorschriften zu. Manchmal wird auch vegetarisch und fernöstlich gekocht. So verlassen beispielsweise in Frankfurt jeden Tag bis zu 50 000 Mahlzeiten in über 50 verschiedenen Variationen die beiden Großküchen. Bei dieser Vielfalt wird den Köchen schon einiges abverlangt. Aus den großen Catering-Betrieben in Zürich, Wien und Frankfurt beziehen auch viele Fluggesellschaften ihre Bordverpflegung, die keine eigenen Verpflegungsbetriebe unterhalten. Der Frankfurter Betrieb beliefert etwa 80 Fluggesellschaften. Irgendwann kommen die Flugzeuge dann nach ihrem Flug wieder auf den Heimatflughafen zurück und bringen eine Unmenge von leeren Tabletts, schmutzigem Besteck und vieles mehr mit nach Hause. Hier nimmt die Catering-Gesellschaft die Gegenstände wieder entgegen und bringt sie in die Spülanlage. Wenig später strahlen das Besteck, Gläser und Tabletts wieder in neuem Glanz und warten auf ihren nächsten Einsatz. Der Kreislauf hat sich geschlossen.

Rennstrecke Fernost

Während es sich die Passagiere in ihren Sitzen gemütlich gemacht haben, bekommen sie kaum mit, welch starker Flugverkehr heute in Richtung Fernost wieder einmal herrscht. Tag für Tag sind da nicht selten Hunderte von Flugzeugen unterwegs. Dabei sind es aber nicht nur die großen Passagierflugzeuge, die zwischen Europa und Asien hin und her pendeln, auch Privatjets benutzen diese Rennstrecke. Ständig tönen aus dem Cockpitlautsprecher irgendwelche Funksprüche. Der Copilot,

Im abgeschirmten Kabinenteil der Ersten Klasse im Oberdeck einer Boeing 747-400 können während des Fluges auch geschäftliche Besprechungen abgehalten werden.

der nun für die Abwicklung des Funkverkehrs zuständig ist, fängt gerade wieder einen Funkspruch auf. Überrascht stellt er fest, daß dieser ja für ihn bestimmt ist. Der Pilot einer anderen Swissair-Maschine grüßt seine Kollegen und wünscht ihnen auch weiterhin einen angenehmen Flug. Dieses Flugzeug, ebenfalls eine MD-11, kommt aus Hongkong und fliegt auf gleichem Kurs zurück nach Zürich. Etwas höher und wegen der Windströmung bereits leicht seitlich versetzt, ist sogar noch der Kondensstreifen dieses Jets zu erkennen, der im fahlen Mondlicht leuchtet. Kurz darauf kommt schon der nächste Funkspruch, über den der Copilot erfährt, daß auch die Jets aus Bangkok und Manila demnächst entgegenkommen werden. Nicht allzuweit entfernt sind außerdem noch Flugzeuge

der Lufthansa, Alitalia und SABENA unterwegs. Das eingebaute Kollisions-Warnsystem der MD-11 stellt sie als kleine Rauten auf dem Flugweg-*Display* dar. So können die Piloten jederzeit erkennen, wo sich in unmittelbarer Nähe weitere Flugzeuge tummeln.

Die Zeit vergeht, und mittlerweile sind es nur noch wenige Minuten bis zum 60. Längengrad. Der Copilot ist gerade dabei, seine Meldung an die Flugleitstelle im iranischen Zahedan vorzubereiten. Die Kontrolle des Luftverkehrs über Asien ist in zahllose kleine Bereiche aufgeteilt, weshalb hier dem Funkverkehr besonders große Bedeutung zukommt.

Jetzt ist es soweit, der Copilot greift zum Mikrofon, stellt die Funkfrequenz von Zahedan ein und ruft über Kurzwelle die Flugleitzentrale. Nach einem kurzen Knistern und Rauschen meldet sich auch schon der Fluglotse: »*Good morning Swissair 182, here is Zahedan Control*«. Nachdem der Copilot ebenfalls einen guten Tag gewünscht hat, bestätigt er sogleich die gegenwärtige Position des Flugzeuges: »*Here is Swissair 182, we have now reached navigation point Zahedan*«. Der Fluglotse weiß nun, daß an Bord alles o.k. ist, und verabschiedet sich. Gleich danach stellt der Copilot den Kurzwellensender auf eine neue Frequenz um. Nachdem diese Arbeit erledigt ist, fordert der Copilot noch einmal die aktuellen Wettermeldungen von Flughäfen in Pakistan und Indien an, die der bordeigene Drucker wenig später ausspuckt. Zur Zeit weht auch tatsächlich ein Rückenwind mit etwa 30 Knoten, der Mitarbeiter vom Wetterdienst hatte also recht. So ist der Geschwindigkeitsmesser in der Zwischenzeit auch über die 950 km/h-Marke geklettert. Ein kleiner Pfeil und die Zahl 30 machen die Windrichtung sowie die Windstärke auf dem Flugweg-*Display* optisch sichtbar.

Sollte der Rückenwind doch plötzlich nachlassen oder aus einer anderen Richtung wehen, gleicht das der Navigationscomputer ganz von alleine aus. Wie von Geisterhand gesteuert bewegen sich dann die Steuersäulen. Immerhin sind drei Navigationsplattformen unabhängig voneinander damit beschäftigt, die Position des Flugzeuges zu ermitteln. Stimmen die Werte einmal nicht überein, wird dies umgehend angezeigt.

Jetstreams beeinflussen Flugzeit und Flugroute

Wer schon einmal nach Nordamerika geflogen ist, wird sich wohl gewundert haben, warum denn die Flugzeit auf dem Hinflug um bis zu eineinhalb Stunden länger ist als auf dem Rückflug nach Europa. Ganz ähnlich ist die Situation auch auf den Flugstrecken nach Fernost. Schuld daran ist ganz einfach das Wetter, genauer gesagt, der Wind. Der Nordatlantik ist ja als Wetterküche bekannt, und so brauen sich eigentlich das ganze Jahr über bei Neufundland und Island kräftige Tiefdruckgebiete zusammen. Erreicht dann ein solches »Islandtief« Mitteleuropa, sind uns die Auswirkungen gut bekannt.

Auf der nördlichen Erdhalbkugel drehen sich die Tiefdruckgebiete entgegen dem Uhrzeigersinn, auf der Südhalbkugel ist es dagegen umgekehrt. Hauptsächlich kommt das durch die Rotation der Erde. Durch das gleiche Prinzip bildet sich übrigens beim Entleeren der Badewanne ein kleiner Wasserstrudel, der sich – auf der Nordhalbkugel – immer linksherum dreht. So ist es auch bei den Sturmtiefs, bei denen große Luftmassen sehr schnell um einen Kern herumgeschleudert werden. Langsam, aber sicher entstehen hier Höhenwinde und Starkwindfelder, die mit 200 bis 300 km/h um einen Mittelpunkt herumwirbeln und nicht selten sogar Spitzengeschwindigkeiten von bis zu 500 km/h erreichen können. Wegen ihren enorm hohen Geschwindigkeiten nennt man diese extremen Winde auch *Jetstreams*. Sie brausen von der Ostküste der USA in Richtung Osten, direkt auf Irland zu. Dabei treten die *Jetstreams* mit einer solchen Beständig-

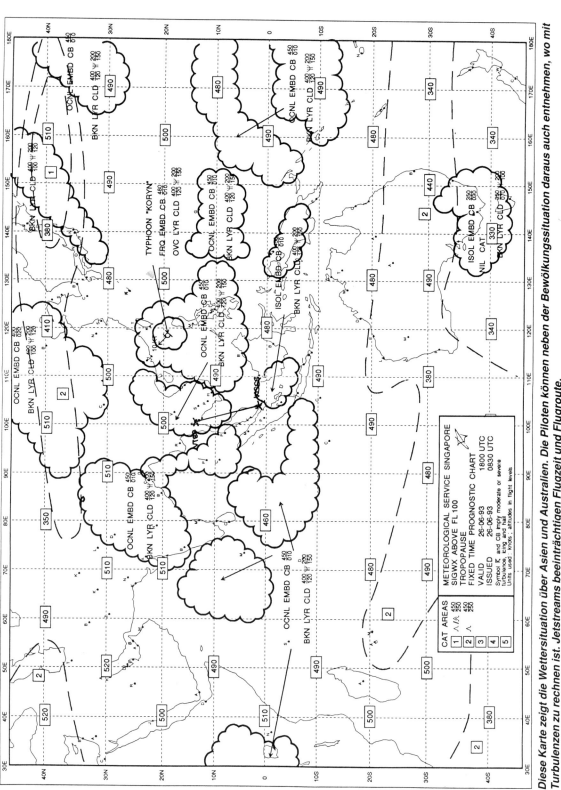

Diese Karte zeigt die Wettersituation über Asien und Australien. Die Piloten können neben der Bewölkungssituation daraus auch entnehmen, wo mit Turbulenzen zu rechnen ist. Jetstreams beeinträchtigen Flugzeit und Flugroute.

keit auf, daß die meisten Fluggesellschaften sie bereits schon fest in ihre Streckenführung mit eingeplant haben. Da die Flugzeuge über dem Atlantik ja nicht an feste Flugwege gebunden sind, fliegen die Piloten gerne in einen *Jetstream* hinein, um schneller ans Ziel zu kommen.

Die Triebwerke einer MD-11 schaffen es, das Flugzeug auf bis zu 980 km/h zu beschleunigen. Um aber berechnen zu können, wie lange ein Flug dauert, muß man die Geschwindigkeit bezogen auf die Erdoberfläche kennen.

Anders als ein Auto oder die Eisenbahn, deren Wege ja festgelegt sind, sind die Flugzeuge in Luftströmen unterwegs, die selber ständig in Bewegung sind. Je schneller nun ein Flugzeug über Grund fliegt, desto kürzer ist die Flugzeit, und das wirkt sich wiederum günstig auf den Spritverbrauch aus. Ein guter Pilot wird also ständig versuchen, so schnell wie möglich ans Ziel zu kommen, um seiner Fluggesellschaft unnötige Treibstoffkosten zu ersparen. Als zusätzlicher »Antrieb« kommen da die *Jetstreams* gerade recht. Fliegt nun ein Flugzeug mit einer Eigengeschwindigkeit von 960 km/h, wobei man die Start- und Landephase einmal außer Betracht läßt, so benötigt es für die etwa 6300 Kilometer lange Strecke von New York nach Zürich gut sechseinhalb Stunden. Spürt der Pilot aber einen 200 km/h schnellen *Jetstream* auf, kommt zur Eigengeschwindigkeit von 960 km/h noch die *Jetstream*-Geschwindigkeit von 200 km/h hinzu. Über Grund legt der Jet jetzt schon 1160 Kilometer in der Stunde zurück. Dieselbe Strecke kann das Flugzeug nun in nur fünfeinhalb Stunden bewältigen. Bei Gegenwind wird die Flugzeit dann entsprechend länger.

Um nun die von West nach Ost über dem Nordatlantik verlaufenden *Jetstreams* optimal nutzen zu können, fliegen die Piloten oft Umwege von einigen hundert Kilometern. So meiden sie Bereiche mit starken Gegenwinden und nutzen die Winde, die in Flugrichtung blasen. Die Höhenwinde sind gewöhnlich sehr beständig. Dennoch können sie sich plötzlich ändern und aus einer anderen Richtung wehen. Wehe der Crew, die dann nicht genügend Treibstoff für die längere Flugzeit mit an Bord hat und eine nichtbeabsichtigte Zwischenlandung zum Tanken machen muß.

Bei einem Rückflug aus Südostasien kann es dagegen auch einmal vorkommen, daß die Flugroute über Moskau umgeplant werden muß, um den teils recht starken Gegenwinden über Pakistan und dem Iran auszuweichen. Obwohl die Route dann erheblich länger ist, kann so meistens ein teurer Tankstop vermieden werden.

37 000 Fuß über der Wüste

Inzwischen ist es 03.00 Uhr geworden, und der MD-11-Jet hat bereits Pakistan erreicht. Die Zuständigkeit der Flugsicherung hat wieder einmal gewechselt, als der Pilot die Erlaubnis bekommt, nun auf eine neue Flughöhe von 37 000 Fuß, etwa 11 300 Meter, zu klettern. Durch den Treibstoffverbrauch ist das Flugzeug außerdem erheblich leichter geworden. Die Schwerpunktlage hat sich dabei derart verschoben, daß der Inhalt des Tanks im Höhenleitwerk nun automatisch umgepumpt wird.

Zwar ist das Fliegen in sehr großen Höhen viel wirtschaftlicher, doch gibt es auch hier Grenzen. Selbst bei nur geringer Zuladung liegt die maximale Flughöhe einer MD-11 bei etwa 43 000 Fuß oder 13 600 Meter. Oberhalb dieser Höhe ist der Flugzustand nicht mehr sehr stabil und das Flugzeug unter Umständen nur schwer steuerbar.

Routinemäßig ist der Pilot gerade dabei, die Leistung der Triebwerke zu überprüfen. So stellt er fest, daß die Triebwerke auch im Reiseflug heute noch zu 87 Prozent ausgelastet sind und jedes von ihnen in der Stunde 2200 Kilogramm, also ca. 2800 Liter Kerosin verbraucht. Das verbrannte Luft-Kerosin-Gemisch ist zur Zeit 450 Grad Celsius heiß und wird mit einer sehr großen Geschwindigkeit am hinteren Teil des Triebwerkes ausgestoßen. Ständig achtet der Pilot darauf, daß sich die Antriebsaggregate nicht überhitzen. Bis zu fünf Minuten lang halten sie auch einmal Temperaturen von bis zu 660 Grad Celsius aus.

Inzwischen ist es an der Zeit, die beiden Cockpit-Kollegen zu wecken, die sich nach dem Essen in die Ruhekabine gelegt haben. Wenig später erscheinen die beiden schon im Cockpit, lassen sich die Verkehrssituation erklären und übernehmen gleich das Flugzeug für den zweiten Streckenabschnitt bis nach Bangkok.

Kaum haben die »neuen« Piloten Platz genommen, rückt der 70. Längengrad unaufhaltsam näher. Eine kurze Eingabe in den Bordcomputer genügt, und schon zeigt dieser an, wieviel Meilen es bis dorthin noch sind.

Die MD-11 fliegt nun ziemlich genau auf Ostkurs Indien entgegen und überquert in einer Stunde etwa 15 Längengrade. Das ist auch der Grund dafür, weshalb die Nacht wie im Zeitraffer vergeht, das Flugzeug fliegt der aufgehenden Sonne entgegen.

Schon seit einiger Zeit ist ein schmaler, orangefarbener Streifen am Horizont sichtbar, der sich von Minute zu Minute vergrößert und bald den halben Himmel bedeckt, ein neuer Tag bricht an. Plötzlich, und noch ganz unerwartet, geht die Sonne über Zentralpakistan auf und taucht die Ausläufer des Salaimangebirges in gleißendes Gegenlicht. Da die Jalousien an den Fenstern heruntergezogen sind und die meisten Fluggäste nun schlafen, bekommt kaum einer dieses Schauspiel mit.

Die Zeit vergeht wirklich wie im Flug, es wird schon 04.00 Uhr. Die MD-11 steuert direkt auf Delhi zu, die Position beträgt 77 Grad Ost und 28 Grad Nord, als plötzlich von der Flugsicherung die Aufforderung kommt, wieder auf 33 000 Fuß zu sinken und die Geschwindigkeit etwas zu verringern, um dem steigenden Verkehrsaufkommen im nordindischen Luftraum Rechnung zu tragen.

Kaum merklich bewegen sich nun die Steuersäulen, und das Flugzeug legt sich in eine langgezogene Rechtskurve. Es ist an der Zeit, den Ostkurs zu verlassen und Richtung Südost zu steuern. Weiter geht es jetzt am Himalaja vorbei, dem Lauf des Ganges entlang.

Plötzlich klopft es an der Türe zum Cockpit. Sofort wirft der Copilot einen Blick auf den kleinen Monitor, auf dem er über eine Videokamera das Geschehen hinter dem Cockpit beobachten kann. Doch kein Grund zur Sorge, es ist der *Maître de Cabine*. Ein junger Mann möchte gerne das Cockpit besichtigen und hat deshalb den Chef der Kabine gebeten, einmal nachzufragen, ob dies gerade möglich sei. Nachdem sich der Pilot über den Passagier erkundigt hat, ist er gerne bereit, den

Wunsch zu erfüllen. Wenig später erscheint auch schon der technisch interessierte Fluggast und legt gleich mit seinen vielen Fragen los.

Wie aus heiterem Himmel fängt das Flugzeug schlagartig an zu »rütteln« und zu »schütteln«, das Flugzeug ist in starke Turbulenzen geraten. Da ist es besser, wenn sich alle Passagiere anschnallen. Der Copilot handelt sofort, und in der Fluggastkabine leuchten schon die Anzeigetäfelchen mit der Aufschrift »*Fasten seat belts*« auf. Auf dem Wetterradar sind jetzt auch schon die ersten Gewitterfronten mit zum Teil heftigem Regen zu erkennen.

Durch »Luftlöcher« dem Ziel entgegen

Wer schon einmal geflogen ist, kennt bestimmt das ungute Gefühl in der Magengegend, wenn das Flugzeug mitten im Flug plötzlich nach unten absackt. Oder jenes Rütteln und Schütteln, als wäre man mit seinem PKW gerade auf einer mit Schlaglöchern übersäten Straße unterwegs. Durch das ständige Auf und Ab fängt manchmal selbst das Geschirr auf den Klapptischchen an zu tanzen. Doch keine Bange, das sind keineswegs »Luftlöcher«, sondern schlicht und einfach Turbulenzen, also unruhige und bewegte Luftmassen. Man ist sich schon lange einig, daß es »Luftlöcher« gar nicht gibt. Wie sollte es auch, es gibt doch in der Atmosphäre keine luftleeren Bereiche. Die heftigen Turbulenzen, die bis in große Höhe vorkommen können, entstehen hauptsächlich durch Thermik und durch die sogenannten *Jetstreams.*

Unter Thermik versteht man ja das Auf-

steigen von erwärmter Luft in größere Höhen. Segelflieger benutzen gerne solche nach oben gerichteten Luftbewegungen und lassen sich mit ihnen hinauftragen. Richtige Warmluftblasen steigen so weit hinauf, bis sie sich irgendwann einmal abkühlen. Fliegt jetzt gerade dort ein Flugzeug, treffen die Blasen an verschiedenen Stellen der Flügelunterseite auf und können den Jet ganz schön ins Schaukeln bringen.

Jetstreams dagegen muß man sich eher als gebündelte Starkwindfelder vorstellen, die besonders über dem Nordatlantik in großen Höhen vorkommen und von Nordamerika aus auf Europa zurasen. In den Höhenwetterkarten der Piloten sind solche extremen Winde als CAT, das heißt »*Clear Air Turbulence*«, gekennzeichnet. Um nun von einer wirklichen CAT sprechen zu können, muß noch etwas anderes hinzukommen. In etwa 12 000 Metern Höhe befindet sich die *Tropopause,* welche die Grenzschicht zur *Stratosphäre* bildet. Unterhalb dieser Grenzschicht spielt sich das gesamte Wettergeschehen ab, weshalb der Wind nach oben hin auch sehr stark abnimmt. Dort herrschen eisige Temperaturen, die mit -55 Grad Celsius nahezu konstant bleiben. Treffen in der *Tropopause* stark bewegte Luft, hervorgerufen durch *Jetstreams,* und ruhige Luftmassen zusammen, bilden sich nicht selten Wellenbewegungen. Fliegt ein Flugzeug nun in ein solches Gebiet mit CAT hinein, so muß es zwangsläufig die Auf- und Abbewegung dieser Wellen mitmachen. Besonders kräftig sind die Turbulenzen manchmal über dem Bergland.

Eine ungeahnte Energie steckt oft auch in den Wolken. Die so herrlich aussehenden, weiß geballten und hochaufragenden

Quellwolken haben es gar nicht selten wirklich in sich. Ein unfreundlicher Ort, wo sich oft Hagel, Blitze und Stürme austoben. Dort können plötzlich auch extreme Vertikalböen auftreten. Kommen solche Wolken in Sicht, nimmt ein Pilot schon gerne einmal einen kleinen Umweg in Kauf, um nicht mit diesen Naturgewalten in Berührung zu kommen.

Kondensstreifen kennzeichnen den Flugweg

Jeder hat sie schon einmal gesehen, die weißen Bänder, die den Himmel oft kreuz und quer durchziehen. Sie stammen von sehr hoch fliegenden Flugzeugen und bleiben manchmal einige Stunden lang sichtbar. Wer sich nun in der Luftfahrt etwas auskennt, kann durch die unterschiedlichen Kondensstreifen erkennen, welcher Flugzeugtyp gerade vorbeifliegt.

Doch wie entstehen nun diese künstlichen Wolken, Kondensstreifen genannt? Ganz einfach durch Kondensation! Die Abgase aus den Flugzeugtriebwerken enthalten neben der heißen Luft auch feine Rußteilchen und Wasserdampf. Da nun die sehr kalte Luft in großen Höhen nur sehr wenig Wasserdampf aufnehmen kann, kondensiert dieser eben an den feinen Rußteilchen. So bilden sich kleine Wassertröpfchen und Eiskristalle. Jetzt kommt es darauf an, wieviel natürliche Feuchtigkeit in der Luft vorhanden ist. Je nachdem bildet sich die künstliche Wolke kurz hinter dem Flugzeug oder erst in einigem Abstand.

Besonders bei den Landschaftsfotografen sind die Kondensstreifen nicht gerade

Aufgrund des Kondensstreifens läßt sich leicht feststellen, daß es sich bei diesem Jet um ein zweimotoriges Großraumflugzeug handelt. Auf dieser seltenen Aufnahme fliegt gerade ein Airbus A300/310 oder eine Boeing 767 über die Wolken.

beliebt. Manchmal bedecken sie fast den ganzen Himmel, und die Sonne scheint kaum mehr durch.

Dieser negativen Nebenerscheinung der modernen Luftfahrt kann man aber trotzdem noch etwas Positives abgewinnen. Für mittelfristige regionale Wettervorhersagen sind die Kondensstreifen deshalb ganz nützlich, da man durch sie Rückschlüsse auf die Beschaffenheit der oberen Luftschichten ziehen kann. Bleiben die weißen Streifen geradlinig am Himmel stehen, bis sie sich langsam auflösen, ist das ein deutliches Zeichen für eine ruhige und beständige Hochdruckwetterlage. Dehnen sich die Kondensstreifen aber schleppenartig von West nach Ost aus und lösen sich kaum mehr auf, kündigt diese Erscheinung mit ziemlicher Sicherheit zunehmende Luftfeuchtigkeit und eine herannahende Tiefdruckstörung an.

Unterhaltung über den Wolken

Soeben bieten die Flugbegleiter den wenigen wach gebliebenen Passagieren Getränke an. Während ein Fluggast, er scheint ein Geschäftsmann zu sein, in seinen Akten wühlt, lauscht sein Nebenmann aufmerksam den Klängen des vielfältigen Musikprogramms. Über eine kleine Tastatur hat er vorher eines der 14 Programme eingestellt.

Schon zu Beginn des Fluges wurden Broschüren ausgeteilt, aus denen das gesamte Unterhaltungsprogramm an Bord ersichtlich ist. Einige Passagiere sind über die Vielfalt der Unterhaltung doch etwas überrascht und wissen nicht so richtig, was sie sich anhören sollen. So gibt es neben Rock- und Popmusik Programme für Klassik, Opern und Jazz. Sogar die Oldie-Fans kommen auf ihre Kosten. Ein jugendlicher Fluggast in der Touristenklasse schaltet gerade ständig zwischen den Programmen hin und her und hört sich Ausschnitte an. Schließlich wird ihm das aber zu dumm, und er entscheidet sich für die Rockshow. Aus dem Kopfhörer tönen nun Stücke aus den Alben der zur Zeit populären Rockgruppen.

Während eines Langstreckenfluges nach Asien gibt es natürlich auch einen Film zu sehen. Da verschiedene Filme zur Auswahl stehen, ist es eigentlich unwahrscheinlich, daß ein Passagier auf seinem Hin- und Rückflug den gleichen Film sieht. Für Abwechslung ist also bestens gesorgt, während auf dem Bildschirm bekannte und beliebte Spielfilme flimmern.

Einige Fluggesellschaften gehen in jüngster Zeit auch dazu über, ihre Langstreckenjets mit einem stationären Videosystem auszustatten. Die Passagiere in der *First-* und in der *Business-Class* haben so die Möglichkeit, ihr Unterhaltungsprogramm individuell zu bestimmen. Ein kleiner Flüssigkristall-Bildschirm, der aus der Konsole der Armlehne herausgeklappt werden kann, macht dies möglich.

Wer jetzt aber dennoch lieber etwas lesen möchte, kann dies trotzdem tun. Per Knopfdruck läßt sich ganz einfach die Leselampe in der Deckenkonsole einschalten. Ihr stark gebündelter Lichtstrahl ist direkt auf das Klapptischchen gerichtet und stört deshalb den Nebensitzer nicht, der gerade über Kopfhörer ganz gespannt die Filmvorführung verfolgt.

Wie finden die Piloten bloß den richtigen Weg?

In Gegenden mit starkem Flugverkehr kann man an schönen Tagen oft ein ganzes Gewirr von Kondensstreifen am Himmel sehen. Da muß man sich schon fast zwangsläufig fragen, wie denn die Piloten eigentlich den richtigen Weg zu ihrem Zielflughafen finden, ohne anderen Jets zu Nahe zu kommen. Über Land ist die Orientierung überhaupt kein Problem, da gibt es ja die Funkfeuer, mit denen sich die genaue Position eines Flugzeuges schnell feststellen läßt.

Zum Großteil dienen UKW-Drehfunkfeuer, die auch VOR *(Very high frequency omnidirectional radio range)* genannt werden, der Orientierung der Flugzeuge. Jedes VOR besitzt eine fest montierte und eine rotierende Antenne, die Funkwellen abstrahlt. Die umlaufende Antenne macht dabei genau 30 Umdrehungen in der Sekunde, wobei die Phasen der beiden Signale so gegeneinander verschoben sind, daß jeder Verschiebung eine bestimmte Kompaßrichtung zugeordnet ist.

Fliegt ein Flugzeug nun im Sendebereich eines solchen Funkfeuers, registriert ein VOR-Empfänger die beiden Signale mit deren Phasenverschiebung und leitet die Daten in das Cockpit weiter. Sofort wird hier angezeigt, in welcher Richtung zum UKW-Drehfunkfeuer der Jet fliegt. Um nun ganz exakt die Position zu bestimmen, braucht der Pilot nur zwei verschiedene VORs anzupeilen.

Fliegt der Jet jedoch direkt auf ein Funkfeuer zu, ist es einfacher, zur genauen Positionsbestimmung ein Entfernungmeßgerät zu aktivieren, das die Distanz zwischen Flugzeug und Funkfeuer mißt. Der Jet strahlt zu diesem Zweck ein kodiertes Funksignal ab, welches von der Bodenstation empfangen wird, die dann ebenfalls ein Signal absendet. Ein Rechner stellt nun den Zeitunterschied zwischen dem gesendeten und empfangenen Signal fest und ermittelt die Entfernung zum Funkfeuer.

Mit diesem Verfahren können die Piloten ziemlich genau den geplanten Flugweg einhalten. In die Streckenkarte sind alle Funkfeuer mit ihren Frequenzen sowie die Pflichtmeldepunkte genau eingezeichnet. Dort, wo es Funkfeuer gibt, ist die Navigation also ganz einfach, ein Flugzeug braucht sich nur von einem VOR zum anderem zu »hangeln«. Die Fluglotsen an ihren Radargeräten sorgen für einen möglichst reibungslosen Ablauf.

So ein ausgeklügeltes Navigationssystem mit Hilfe von Funkfeuern funktioniert natürlich nicht über den Ozeanen und den Wüsten. Doch die Technik macht es auch in diesen Gebieten möglich, sich zurechtzufinden. Dabei hilft das sogenannte Trägheitsnavigationssystem. Diese Anlage zeigt ständig die genauen geographischen Koordinaten an, wo sich das Flugzeug gerade befindet. Eine solche INS-Anlage *(Inertial Navigation System)* bildet auch die Grundlage für den Autopiloten, der das Flugzeug steuert.

Das Herzstück einer INS-Anlage stellt eine kleine Plattform dar, die ihre Position zur Erde nie ändert. Mit Hilfe von Kreiseln und Beschleunigungsmessern rechnet ein Computer ständig die aktuelle Position über der Erdoberfläche aus und zeigt sie im Cockpit an. Damit das funktionieren kann, braucht der Computer aber einen Bezugspunkt, von dem aus er die Berechnungen beginnen soll. Das ist der Grund, weshalb die Piloten vor dem Start in Zürich die geographischen Daten des Zürcher Flughafens, bzw. den Code dafür, in den Computer eingetippt haben. Zahlreiche verschiedene Navigationspunkte kann man in dieser Anlage abspeichern. Kurz nach dem Start schaltet der Pilot dann das INS auf den Autopiloten, welcher nacheinander die abgespeicherten Positionen ansteuert. Das Elektronikgehirn wählt dabei ständig die Route auf dem sogenannten Großkreis, die der kürzesten Entfernung zweier Orte auf der Erdoberfläche entspricht.

Es ist schon erstaunlich, was das INS so alles kann. Die Flugzeugposition zu bestimmen, ist nicht die einzige Fähigkeit dieser modernen Anlage. Sie sorgt auch dafür, daß die Windgeschwindigkeit und die Windrichtung auf einem der Cockpit-Bildschirme dargestellt wird. Außerdem zeigt das INS an, wie weit es bis zum nächsten Navigationspunkt noch ist und wie lange das Flugzeug bei der derzeitigen Geschwindigkeit noch unterwegs ist, um diesen Punkt zu erreichen.

Das ist mit ein Grund dafür, weshalb heute fast ausschließlich die INS-Anlage, auch über Land, zum Navigieren benutzt wird. Ganz erstaunlich ist dabei, wie genau das INS selbst über größere Strecken arbeitet. Nach einem Transatlantikflug von acht Stunden Flugzeit beträgt die Abweichung vom tatsächlichen Standort höchstens wenige Kilometer. Zwar würde, so gesehen, das Flugzeug den Zielflughafen knapp verfehlen, doch über Land stehen ja wieder die Funkfeuer für eine ganz genaue Navigation zur Verfügung. Teilweise überprüft sich das INS sogar von alleine, indem es nun einfach Funkfeuer anpeilt und bei

einer Abweichung selbständig die neue Position übernimmt.

So genau diese Navigationsanlage auch arbeitet – selbst das Rollen am Boden wird registriert –, die Techniker bemühen sich immer weiter um eine Verbesserung des Systems. So wurde bereits ein Satelliten-Navigations-System aufgebaut, mit dessen Hilfe auch Flugzeuge weltweit bis auf nur wenige Meter genau geführt werden können.

Allerdings sind die betreffenden Satelliten größtenteils militärische Objekte und können aus verschiedenen Gründen jederzeit abgeschaltet werden. Die meisten Gesellschaften gehen deshalb auf Nummer Sicher und setzen für die Navigation weiterhin lieber Laserplattformen ein.

Kabinenluft und ihre Aufbereitung

Neben dem Wunsch, einen Fensterplatz zu bekommen, wird für viele Passagiere die Frage immer wichtiger: »Bekomme ich auch noch einen Platz im Nichtraucherabteil«? Dicke und nikotinhaltige Luft im Flugzeug wird immer mehr verpönt. Einige Fluggesellschaften berücksichtigen das und haben auf Kurzstreckenflügen das Rauchen sogar ganz verboten. Besonders stark engagiert sich die Air New Zealand für Nichtraucherflüge, nur auf einigen wenigen Langstreckenflügen ist das Rauchen derzeit noch erlaubt. Ein mutiger Schritt für eine saubere Kabinenluft, der von vielen Passagieren begrüßt wird.

Es ist eigentlich schon etwas verwunderlich, daß es für die Qualität der Kabinenluft noch keine Vorschriften gibt, da doch sonst alle Details, und seien sie auf

Bei dieser Boeing 747-400, die gerade über die Alpen fliegt, sind deutlich die keilförmigen Verkleidungen der Klappensysteme auf der Flügelunterseite zu erkennen.

den ersten Blick noch so unbedeutend, in der Luftfahrt geregelt und genau festgelegt sind. Doch wie gelangt nun die frische Luft in das Flugzeug? Zuerst wird sie an den Triebwerken abgezapft. Das geschieht genau dort, wo die angesaugte Luft zwar schon verdichtet, aber noch nicht mit Treibstoff vermischt ist. Es ist dabei von Vorteil, daß diese Luft bereits auf 400 Grad Celsius erwärmt ist und unter sehr hohem Druck steht. Würde man die Luft einfach durch eine Öffnung ins Flugzeug hereinströmen lassen, müßte man viel Energie aufwenden, um sie überhaupt auf Raumtemperatur zu erwärmen. So kann die heiße Luft aber Energie abgeben, wodurch sie auf etwa 200 Grad Celsius abkühlt. Jetzt strömt sie in die Klimaanlage und in die sogenannten *Air-Conditioning packs,* wo die Menge der gerade benötigten Luft und deren Temperatur endgültig festgelegt wird.

Durch eine Vielzahl von Kanälen verteilt sich nun die Luft und strömt durch eine Unmenge kleiner Öffnungen mit einer Temperatur von 20 bis 24 Grad Celsius in den Fluggastraum. Ist es jemand zu warm geworden, braucht er nur die Frischluftdüse an der Kabinendecke zu öffnen, und schon bläst ihm die erfrischende Luft entgegen. Umgerechnet auf jeden Fluggast, strömen so in der Stunde doch etwa 20, im Raucherabteil sogar 30 Kubikmeter Luft in die Kabine. Da die verschiedenen Abteile natürlich nur selten gleichmäßig besetzt sind, kann der Chef der Kabine in Großraumflugzeugen die Frischluftzufuhr und die Temperatur je nach den Wünschen der Fluggäste individuell regeln.

Jetzt durchströmt zwar eine große Menge Luft das Flugzeug, doch sie muß auch irgendwo abgelassen werden, da sich sonst der Jet wie ein Ballon aufblasen würde. Aus diesem Grund hat jedes Flugzeug im Heck ein Ablaßventil, mit dem sich auch der Kabinendruck regeln läßt. Dieser entspricht meistens einem Wert, wie er in einer Höhe von 2000 Metern herrscht. Bevor die Atemluft endgültig ins Freie gelangt, wird sie aber noch in den Frachtraum geleitet, damit dieser auch etwas klimatisiert wird. Schließlich darf man ja nicht vergessen, daß hier unten des öfteren Tiere mitfliegen, die auch nicht frieren möchten.

Bei der Klimatisierung eines Flugzeuges gibt es nun doch ein Problem, das nicht von der Hand zu weisen ist und in der Natur der Sache liegt. Die kalte Außenluft in großen Höhen ist extrem trocken. Hauptsächlich auf Langstreckenflügen macht sich diese Tatsache bei vielen Passagieren durch einen trockenen Hals und eine trockene Nase bemerkbar. Das ist zwar nicht gerade angenehm, doch die Unpäßlichkeit vergeht schnell wieder, wenn man viel trinkt.

Um nun die wertvolle Luftfeuchtigkeit nicht ganz zu verlieren, muß ein Teil der Kabinenluft aufbereitet und erneut der Kabine zugeleitet werden. Dazu saugt eine Umluftanlage bis zu 30 Prozent der Luft im Bodenbereich wieder an und reinigt sie. Ohne eine solche Anlage würde die Feuchtigkeit der Kabinenluft während eines Langstreckenfluges auf nur etwa zehn Prozent absinken, und das könnte doch zu Problemen führen.

Die Abluft aus den Toiletten und Bordküchen wird natürlich nicht wieder aufbereitet, sie gelangt direkt ins Freie. Trotz dieses Aufwands verhindert auch die Umluftanlage nicht, daß die Luftfeuchtigkeit ständig abnimmt. Man könnte natürlich einen Wassertank für die Luftbefeuchtung mitnehmen, das wäre aber sehr unwirtschaftlich. Weshalb, kann man leicht verstehen, wenn man weiß, daß für einen Transatlantikflug fast eine Tonne Wasser nötig wäre, um die Luftfeuchtigkeit auch nur bei 40 Prozent halten zu können. Um diese Wassermenge zu befördern, müßte entsprechend mehr Kerosin getankt werden, und das kostet Geld. Da nimmt man schon lieber mehr Getränke mit, die sind nämlich billiger.

Landeanflug auf dem Leitstrahl

Es ist bereits 06.00 Uhr, als in der Fluggastkabine plötzlich eine seit dem Start ungewohnte Betriebsamkeit ausbricht. Während der Jet schon Kalkutta passiert hat und nun dem Golf von Bengalen entgegenfliegt, haben die Flugbegleiter die Passagiere geweckt und beginnen nun, heiße Erfrischungstüchlein auszuteilen. Wenig später sind einige Stewardessen auch schon mit ihrem Wägelchen unterwegs und servieren das Frühstück.

Gleich nach dem Frühstück ist es höchste Zeit für den zollfreien Verkauf an Bord. Von Spirituosen, Zigaretten und Parfüm bis hin zu Silberbesteck und Uhren kann man an Bord alles kaufen. In einer Broschüre sind auch Artikel aufgeführt, die aus Platz- und Gewichtsgründen nicht mit an Bord genommen werden konnten. Man kann jedoch Bestellungen dieser Artikel aufgeben. Bei der Bezahlung gibt es kaum Probleme, da man in über 40 Währungen und selbstverständlich auch mit Schecks sowie Kreditkarten zahlen kann. Unterdessen haben die wenigsten Passagiere bemerkt, daß soeben der Landeanflug auf

Bangkok begonnen hat. Es sind nur noch 250 Kilometer bis dorthin.

Auch im Cockpit laufen die Vorbereitungen für die Landung auf Hochtouren. Der Pilot verlangt nun den *Descent Check.* Sogleich macht sich der Copilot ans Werk, nimmt die Checkliste zur Hand und bereitet die für den Landeanflug erforderlichen Flugzeugsysteme Punkt für Punkt vor. Wie für den Start speichert er nun wieder verschiedene Marken am Geschwindigkeitsmesser ab, damit er während der Anflugphase und bei einem eventuellen Durchstartmanöver die erforderlichen Daten gleich parat hat. Mit welchen Werten er die Marken eintippen muß, erfährt er aus einer Tabelle, in der er unter dem voraussichtlichen Landegewicht die notwendigen Daten ablesen kann. Außerdem wird jetzt auch noch der aktuelle Luftdruck am Zielflughafen eingegeben, damit der Kabinendruck langsam auf diesen Wert aufgebaut werden kann.

Heute möchte der Pilot lieber mit einer etwas höheren Geschwindigkeit landen und deswegen die Landeklappen nicht ganz ausfahren. Das verringert den Lärmpegel bei der Landung, worüber sich die Flughafenanrainer bestimmt freuen. Die Landebahn ist ja lang genug für das entsprechende Bremsmanöver.

Nachdem die beiden Piloten noch die Anflugskarte auf ihrem Steuerhorn befestigt haben, kann der Landeanflug beginnen.

Eine kurze Eingabe in den Autopiloten, die Steuersäulen bewegen sich etwas nach vorne, und die Automatik nimmt die Leistungshebel der Triebwerke langsam zurück. Das Flugzeug geht auch gleich in den Sinkflug über und hat fünf Minuten später schon 11 000 Fuß an Höhe verloren. In nur einer Minute sinkt es also um 650 Meter. Aufmerksame Passagiere bemerken das sofort, denn die Wolken sind deutlich näher gerückt und nicht mehr so unnahbar weit weg.

Der Copilot hört über eine extra Funkfrequenz gerade noch einmal das aktuelle Wetter in Bangkok ab. So tönt es aus dem Kopfhörer, den er zwischenzeitlich wieder aufgesetzt hat: »Wind aus Nordost mit 15 Knoten, Wolkenuntergrenze 6000 Fuß, Bodensicht gut, Temperatur 31 Grad Celsius«. Auf einmal geht alles sehr schnell. Die Triebwerksleistung ist inzwischen in den Leerlauf zurückgenommen, und die MD-11 sinkt in nur drei Minuten schon um 2400 Meter. Sicherheitshalber wirft der Pilot noch einmal einen Blick auf die Karte des Flughafens von Bangkok, auf der die Anflugsrouten zu den zwei parallel verlaufenden Bahnen genau eingezeichnet sind. Wichtig sind außerdem auch die Funkfrequenzen des Towers und der Vorfeldkontrolle, die ebenfalls auf der Karte stehen.

Die Cockpit-Crew spricht jetzt alle diese Details durch. Um 07.45 Uhr fliegt der Jet nur noch auf einer Höhe von 14 000 Fuß und taucht in eine dichte Wolkendecke ein, auch die Geschwindigkeit nimmt ständig ab.

Nun ist es an der Zeit, den Funkkontakt mit der Flugsicherung aufzunehmen. Augenblicklich stellt der Copilot die betreffende Frequenz ein und ruft den Fluglotsen: »Here is Swissair 182, can we have runway 21 right?« Auf die kurze Frage, ob die MD-11 die Landebahn 21 rechts benutzen kann, tönt gleich darauf die knappe Antwort des Fluglotsen in der Anflugkontrolle aus dem Kopfhörer: »That's possible«, das ist möglich. Gleichzeitig bekommen die Piloten die Freigabe, auf 6000 Fuß zu

sinken. Kaum ist diese Höhe erreicht, reißen die Wolken auf und geben den Blick auf ausgedehnte Reisfelder frei.

Der Pilot hat sich dazu entschlossen, die Landung heute mit dem Instrumenten-Lande-System (ILS), also größtenteils automatisch, zu machen, und tippt die Anweisung dazu gleich in den Bordcomputer ein, der den Autopiloten steuert. Kaum hat der Copilot die Freigabe zur Fortsetzung des Sinkfluges auf 3000 Fuß bekommen, fährt der Pilot stufenweise die Landeklappen aus. So wird die Flügelfläche noch etwas vergrößert und der Auftrieb dadurch erhöht. Da die Klappen natürlich auch einen Widerstand erzeugen, wirkt der Autopilot dem sofort entgegen und gibt automatisch etwas mehr Schub. Jetzt schnell das Fahrwerk raus, der Boden rückt immer näher. Ein kurzes Rütteln durchzieht das Flugzeug, während sich die mächtigen Federbeine des Fahrwerks entfalten. Von der Flugsicherung kommt überraschend die Anweisung, noch eine leichte Linkskurve zu fliegen um den Kurs etwas zu korrigieren. Vor dem Cockpit kommt daraufhin auch die Landebahn in Sicht. Wie ein kleines Band liegt sie dort unten und rückt langsam, aber sicher immer näher.

Seit dem Ausfahren der Landeklappen sinkt das Flugzeug nun nicht mehr so schnell, und es wird ständig langsamer. Der Jet steuert in nur 800 Metern Höhe der Landebahn entgegen.

Jetzt wirft der Chef der Kabine einen Blick ins Cockpit und meldet, daß die Fluggastkabine klar zur Landung ist. Alle Passagiere haben sich angeschnallt und das Rauchen eingestellt.

Die Landebahn rückt immer näher und näher, die Anflugbefeuerung und die Bahnmarkierungen sind schon gut zu sehen. Konstant sinkt der Jet weiter. Die Autos auf der Autobahn sehen aus wie Spielzeug und werden doch von Sekunde zu Sekunde größer.

Jetzt heißt es aufpassen. Mit der linken Hand hält der Pilot das Steuerhorn, und mit der anderen hat er die Leistungshebel der Triebwerke fest im Griff. Während er zum Fenster hinausschaut und die Landebahn im Auge behält, blickt der Copilot gebannt auf seine Instrumente. Wenige Sekunden später ist der Flughafen erreicht. Aus dem Lautsprecher quakt eine Computerstimme und gibt die aktuellen Höhen bekannt, damit der Pilot genau weiß, wie hoch das Flugzeug noch ist. Noch wenige Sekunden bis zum Aufsetzen. »100 Fuß, 50, 40, 20.« In diesem Augenblick berühren die zehn Räder des mächtigen Hauptfahrwerkes die Landebahn. Durch den Gummiabrieb entsteht eine bläuliche Wolke, die Räder beschleunigen in Sekundenbruchteilen auf die augenblickliche Landegeschwindigkeit. Ungeheure Zentrifugalkräfte zerren nun an den Rädern, während die Federbeine des Hauptfahrwerkes das Landegewicht von 177 Tonnen auffangen.

Kurz darauf drückt der Pilot die Steuersäule ganz nach vorne, der Bug senkt sich, bis auch das Vorderrad sanft auf der Piste aufsetzt. Der Pilot hat alles voll im Griff.

In diesem Augenblick richten sich die Luftbremsen an den Flügeloberseiten automatisch auf und die Leistungshebel der Triebwerke bewegen sich in den Leerlauf zurück. Fast gleichzeitig setzt auch die Schubumkehr ein. Sofort heulen die Triebwerke wieder auf, der Abgasstrahl bläst durch seitliche Schlitze hinaus und bremst das Flugzeug immer mehr ab. Das alles macht der Pilot ganz routiniert und reflexartig, während er die Landebahnmitte wei-

terhin ständig im Auge behält. Mit dem Seitenruder versucht er nun den Jet genau auf der Mittellinie zu halten. Sekunden später nimmt er die Schubumkehr heraus, die MD-11 ist langsam genug, um die Radbremsen einzusetzen. Fast gleichzeitig greift der Pilot den an der linken Seite angebrachten Steuergriff und lenkt das Flugzeug mit Hilfe der Bugradsteuerung.

Kaum ist der Jet abgebremst, kommt auch schon die Anweisung vom Tower: »Verlassen Sie die Landebahn nach rechts und folgen Sie den *Taxiways* (Rollbahnen) C und H bis zum *Gate* 24. Gleich darauf schwenkt der Pilot hinaus und hält an. Wie im Straßenverkehr wirft der Kapitän einen kurzen Blick nach links und rechts und überzeugt sich selber noch einmal, daß die Rollbahn auch wirklich frei ist.

Während der Pilot unter Anleitung der Vorfeldkontrolle dem zugewiesenen *Gate* entgegensteuert, trägt der Copilot die genaue Landezeit, 08.00 Uhr, in seine Flugunterlagen ein. Inzwischen ist die Parkposition 24 erreicht, ganz langsam schwenkt das Flugzeug ein, wobei der Pilot die gelbe Führungslinie und das Gebäude genau im Auge behält. Ein am *Terminal*-Gebäude angebrachtes elektronisches Anzeigegerät unterstützt den Flugkapitän dabei, der nun den riesigen Jet bis auf wenige Zentimeter genau in die Parkbucht dirigiert. Sofort zieht der Kapitän die Parkbremsen an und schaltet die Triebwerke ab.

Auf der linken Seite wird gleich die *Gangway* an das Flugzeug herangefahren. Kaum ist das geschehen, öffnet eine Stewardeß die Türe, an der schon einige besonders eilige Fluggäste warten. Auf die Minute genau ist die MD-11 nach einer Flugzeit von zehn Stunden und 45 Minuten wieder gelandet. Die Blockzeit, das heißt, die Zeit vom Entfernen der Bremsklötze in Zürich bis zu deren Wiederanlegen in Bangkok, beträgt nur 15 Minuten mehr. Der Copilot stellt gerade fest, daß mit 84,2 Tonnen Kerosin doch etwas mehr Treibstoff verbraucht wurde als vorausberechnet. Daran ist hauptsächlich der als Sicherheitsreserve zusätzlich mitgenommene Kraftstoff schuld. Nur um diese zusätzliche Last zu transportieren, wurde bereits wieder ein Teil der Sicherheitsreserve verbraucht.

In den zehn Stunden und 45 Minuten Flugzeit hat der MD-11 Langstreckenjet immerhin 9300 Kilometer zurückgelegt. Das war also doch eine gute Flugroute, sie war nur wenig länger als die kürzeste mögliche Strecke (Großkreisentfernung).

Während die gesamte Besatzung nun das Flugzeug verläßt und wenig später schon auf dem Weg ins Hotel ist, bereitet ein Techniker unterdessen das Flugzeug auf den Weiterflug nach Singapur vor.

Endstation Singapur

Nachdem das Flugzeug kurz gereinigt wurde, kommen auch schon die neuen Passagiere für die Teilstrecke nach Singapur an Bord. Zusammen mit den aus Zürich kommenden Fluggästen, ist die MD-11 jetzt fast voll besetzt.

Die Besatzungsmitglieder, die das Flugzeug bis nach Bangkok geflogen haben, können sich nun auf zwei freie Tage freuen. Danach werden sie die Strecke Bangkok-Singapur und zurück fliegen. Nach zwei weiteren Ruhetagen in der thailändischen Hauptstadt übernehmen sie dann die Langstrecken-Maschine nach Zürich

und sind nach knapp einer Woche wieder zu Hause.

Inzwischen ist es 08.50 Uhr MESZ (Mitteleuropäische Sommerzeit) geworden, alle Türen sind geschlossen, und der Pilot meldet sich fertig zum *Push Back*. Wenig später wirft der Kapitän die Triebwerke an, und die MD-11 rollt zur Startposition.

Kurz darauf ist die Startbahn erreicht, und los geht es zur Endstation Singapur. Der Jet legt sich in eine steile Linkskurve, das ganze Start- und Landebahnsystem des Flughafens Bangkok ist zu sehen. Jetzt führt der zweistündige Flug den Jet über die thailändische Küste auf den Golf von Siam hinaus und weiter direkt zu dem am Südende der malaiischen Halbinsel gelegenen Stadtstaat Singapur.

In der Fluggastkabine geht es schon wieder rege zu. Die Flugbegleiter servieren gerade ein Mittagessen, denn die Uhr in Bangkok hat beim Abflug schon 14.00 Uhr gezeigt. Viele der 40 Passagiere, die bereits seit Zürich an Bord sind, verspüren noch keinen so richtigen Hunger, denn für sie sind seit dem Frühstück gerade mal zwei Stunden vergangen.

Einem aufmerksamen Fluggast fällt soeben auf, daß sich das Flugzeug schon wieder der malaiischen Küste nähert. Wenig später kommen mehrere Flußmündungen ins Blickfeld und es ist sehr gut zu erkennen, wie sich die Wasser der Flüsse und die des Meeres vermischen. Ganz gefesselt beobachtet der Passagier dieses Schauspiel, während die Landschaft langsam vorbeizieht.

Wegen der relativ kurzen Flugzeit wird es für die Stewardessen nun ziemlich stressig. Bedenkt man nämlich, daß für den Service bei diesem Flug nur rund eine Stunde zur Verfügung steht, die Kabine aber fast voll besetzt ist und jeder Fluggast sein Menü auch genießen möchte, haben es die Flugbegleiter heute wirklich nicht leicht.

So sind die meisten von ihnen noch mit dem Abräumen des Geschirrs und dessen sicherer Verstauung beschäftigt, als der Pilot die Reiseflughöhe verläßt und den Landeanflug einleitet. Wenig später schaltet er die Landescheinwerfer ein, denn die Sicht wird zusehends schlechter, bis der Jet schließlich in die zahlreichen Regenwolken eintaucht.

Langsam, aber sicher nähert sich die MD-11 ihrem Ziel. Soeben kommt von der Flugsicherung die Freigabe zur Landung, als das Flugzeug unter den Wolken angelangt ist, und die zugewiesene Landebahn 20 R in Sicht kommt. Um 11.00 Uhr MESZ, also 17.00 Uhr Ortszeit, ist es soweit, die MD-11 setzt sanft auf der Betonpiste auf und rollt von der Bahn ab.

Völlig fremd sind die geographischen Daten von Singapur. Der Bordcomputer zeigt genau 103,59 Grad östliche Länge und 01,21 Grad nördliche Breite an. Nur rund 130 Kilometer trennen Singapur also noch vom Äquator. Von Zürich aus, das auf 8 Grad östlicher Länge liegt, hat die MD-11 während ihres insgesamt fast dreizehnstündigen Fluges rund 96 Längengrade überflogen!

Die MD-11 schlängelt sich nun durch ein unvorstellbares Gewühl von *Taxiways* und Fahrstraßen zum *Terminal*-Gebäude. Kaum sind die Triebwerke abgestellt, fährt schon die Fluggasttreppe heran und die Passagiere verlassen kurz darauf das Flugzeug. 20 Fluggäste möchten gleich wieder mit einem Anschlußflug zu ihrem Endziel irgendwo in Malaysia und Indonesien starten. Alle übrigen Gäste müssen

nun erst einmal die Einreiseformalitäten erledigen. Dazu haben alle Passagiere schon im Flugzeug eine Einreise- und Zollerklärung ausgefüllt. Bei der Einreisekontrolle angekommen, heftet der Beamte jedem Neuankömmling ein kleines Merkblatt in den Paß, wonach derjenige, der mit Rauschgift ertappt wird, mit der Todesstrafe zu rechnen hat. Einige Passagiere, die die englische Sprache nicht so gut beherrschen, haben mit dem Merkblatt ihre liebe Not und sind sichtlich überrascht, als sie erfahren, worum es geht.

Mittlerweile ist auch die Flugzeugbesatzung im *Terminal* angekommen und gönnt sich eine Pause, denn der Rückflug nach Bangkok findet erst in gut vier Stunden statt. Ein paar Flugbegleiter fahren unterdessen für einen kurzen Einkaufsbummel in die Stadt hinein, denn dazu reicht die verbleibende Zeit allemal. Am späten Abend wird die Crew dann wieder in ihrem Hotel in Bangkok sein, wo für sie ein langer und anstrengender Arbeitstag zu Ende geht.

Probleme mit der Zeit

Gewiß, mit der Uhrzeit ist es so eine Sache. Vergleicht man die Uhrzeit an verschiedenen Orten auf der Erde in einem bestimmten Moment, so ist sie an diesen Orten doch überall verschieden, man nennt sie deshalb Ortszeit. Die Flugzeuge, welche kreuz und quer über die Erde fliegen, kommen also nun immer wieder in eine andere Zeitzone. Wie sollen die Piloten da bloß noch wissen, wie lange sie schon unterwegs sind?

Um das Problem zu lösen, fliegen die Piloten überall auf der Erde nach der soge-

Wie hier in Bosten, so reichen auch die Start- und Landebahnen in Singapur bis auf wenige Meter ans Meer heran.

nannten Weltzeit. Als Ausgangspunkt dient dabei der »0. Längengrad«, auch Nullmeridian genannt, der genau durch den Londoner Vorort Greenwich verläuft. Die Weltzeit wird heute *Universal Time Coordinated* oder kurz UTC genannt. Sie entspricht der westeuropäischen Zeit und geht der MEZ um eine Stunde nach.

Um die Zeiten ja nicht zu verwechseln, hat die Cockpit-Crew vor dem Abflug in Zürich ihre Uhren um eine Stunde auf die Weltzeit zurückgestellt. So sind sie dort also um 20.15 Uhr UTC gestartet. Bei der Ankunft in Singapur war es dann 10.00 Uhr Weltzeit.

Im »Jet-lag« um die Erde

Bestimmt hat sich der eine oder andere schon einmal überlegt, was Zeit überhaupt ist. So hat ja jeder Tag 24 Stunden, die man hauptsächlich mit Schlafen, Arbeiten und Freizeit verbringt. In unserem Körper gibt es eine Art »biologische Uhr«, die auf diesen 24-stündigen Rhythmus eingestellt ist. Zu einer bestimmten Zeit werden wir müde oder bekommen Hunger. Der Tages- und Nachtrhythmus sorgt so ganz von alleine für unser Wohlbefinden.

Wer jetzt aber mit dem Flugzeug unterwegs ist, bei dem kann diese »biologische Uhr« ganz leicht aus dem Takt kommen. Fliegt man nach Westen oder Osten, werden in relativ kurzer Zeit viele Zeitzonen überflogen. Startet beispielsweise jemand um 14.00 Uhr von Zürich aus mit einem Flugzeug nach New York, ist es dort zum gleichen Zeitpunkt, bedingt durch den Zeitunterschied von sechs Stunden, erst 8.00 Uhr morgens. Der Jet benötigt nun normalerweise etwa acht Stunden, um

die Strecke zurückzulegen, und erreicht New York so um 22.00 Uhr.

Etwas kann daran aber nicht stimmen, denn dort ist es noch taghell, und die Sonne steht am Himmel. Auch in New York sind inzwischen acht Stunden vergangen, die Uhr auf dem Flughafen zeigt 16.00 Uhr Ortszeit. So kommt es, daß man zwar acht Stunden im Flugzeug gesessen hat, aber bereits zwei Stunden nach dem Abflug schon wieder ankommt. Irgendwie ist man jetzt müde und abgespannt, der Körper verlangt nach Ruhe, aber es ist erst Nachmittag. Das komische Gefühl und vielleicht sogar etwas Unwohlsein aufgrund der Zeitverschiebung nennt man *Jet-lag*. Manche Menschen stecken eine solche Zeitdifferenz mühelos weg, ihnen macht die Zeitumstellung gar nichts aus. Andere dagegen brauchen ein paar Tage, bis sie sich an den neuen Rhythmus gewöhnt haben. Einen Zeitunterschied von bis zu vier Stunden kann übrigens fast jeder ohne größere Probleme bewältigen.

Um sich möglichst schnell an die neue Zeit zu gewöhnen ist es ganz vorteilhaft, wenn man sich überwindet und so lange aufbleibt, bis auch in New York die Zeit zum Schlafen gekommen ist. Auch hilft es, während des Fluges viel zu trinken, auf Alkohol sollte man jedoch verzichten. Am darauffolgenden Tag etwas Bewegung, und man ist schnell wieder fit. Am besten sind aber jene Menschen dran, die schon vor dem Flug ausgeruht und ausgeglichen waren, sie spüren vom *Jet-lag* meist kaum etwas.

Der Zeitunterschied auf dem Rückflug nach Europa läßt sich dagegen meistens nicht so schnell wegstecken. Die Flugzeuge nach Europa starten in New York fast ausschließlich am Abend. Hebt dort bei-

Zeitzonen

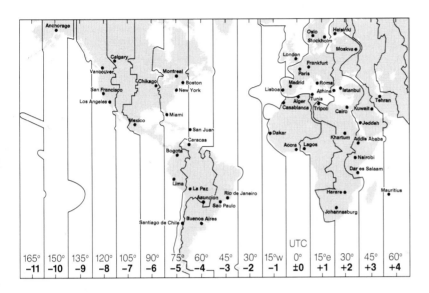

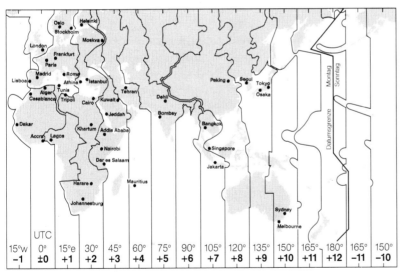

Die Abbildung zeigt die Zeitzonen der Welt sowie deren Standardabweichung von der Universal Time Coordinated (UTC).
In vielen Staaten werden diese Abweichungen im Laufe eines Jahres um eine Stunde verändert (Sommer-/Winterzeit).

57

spielsweise um 22.00 Uhr ein Jumbo-Jet ab, landet er nach einer Flugzeit von sieben Stunden wieder in Frankfurt. Bei der Landung wäre es nach dem Zeitgefühl der Passagiere 5.00 Uhr am darauffolgenden Tag. Allerdings muß man nun die sechs Stunden Zeitdifferenz, die man auf dem Hinflug verbummelt hat, jetzt wieder hereinholen. So vergeht die Zeit wie im Zeitraffer, und bei der Landung in Frankfurt ist es schon 11.00 Uhr Ortszeit.

So ein Flugzeug ist fast wie eine Zeitmaschine. Wer kurz nach dem Start aus dem Fenster schaut, kann dort vielleicht gerade noch das verblassende Abendrot sehen. Kaum ist dann der Film zu Ende, geht auf der anderen Seite des Flugzeuges schon wieder die Sonne auf. Die Nacht ist einfach auf der Strecke geblieben, und von Schlafen konnte keine Rede sein, obwohl doch einige Passagiere müde in ihren Sesseln sitzen.

Komischerweise fühlt man sich nach der Ankunft in Frankfurt trotz durchgemachter Nacht, die eigentlich gar keine war, wieder erstaunlich frisch. Am Abend möchte der eine oder andere gerne noch länger aufbleiben, da es ja nach seiner biologischen Uhr noch nicht so spät ist. Erst am nächsten Morgen zeigt sich dann die Müdigkeit, man sollte sich aber trotzdem zum baldigen Aufstehen überwinden. So paßt man sich am schnellsten wieder an die neue Ortszeit an. Es sei denn, jemand fliegt gleich ans andere Ende der Welt, dann kann die Umstellung von maximal zwölf Stunden schon ein paar Tage dauern.

Besonders interessant wird es, wenn man über die Datumsgrenze fliegt. Von London aus gerechnet, sind es bis zu dieser magischen Linie zwölf Stunden Zeitunterschied, dabei spielt es keine Rolle, ob

man in Ost- oder Westrichtung davonfliegt. Diese Linie verläuft durch den Pazifischen Ozean, ungefähr im Bereich des 180. Längengrades. Ist man dort angelangt, so ist die dortige Ortszeit der Londoner Zeit (UTC) gleichzeitig zwölf Stunden voraus und zwölf Stunden hinterher.

Aus dieser Tatsache ergeben sich phänomenale Folgen. Angenommen, in London ist es Montag mittag, 12.00 Uhr, so ist es westlich der Datumsgrenze schon 24.00 Uhr, östlich davon bricht der Montag erst an, die Uhr zeigt 00.00 Uhr. Sitzt man nun in einem Flugzeug von Hawaii nach Australien, so bricht der Montag gerade an, wenn man die Datumsgrenze erreicht. Hat man sie aber passiert, ist der Montag auch schon vorbei, und der Dienstag hat begonnen. In umgekehrter Flugrichtung erlebt man, so unglaublich das klingen mag, den Montag gleich zweimal. Die Menschen in diesen Jets sind schon fast zu Spielbällen der Zeit geworden.

Chicago O'Hare, der größte Flughafen der Welt

Chicago, die Stadt der Superlative, hat sehr viel zu bieten. Und so wundert es auch nicht, daß vor den Toren dieser Stadt der, gemessen am Passagieraufkommen, größte Flughafen der Welt liegt. In den USA sind eben viele Dinge etwas größer als in Europa. Von den 20 größten Flughäfen der Welt liegen alleine 13 in den Vereinigten Staaten. Mit jährlich über 60 Millionen Passagieren werden in Chicago etwa doppelt so viele gezählt wie beispielsweise in Frankfurt. Sie alle treffen mit nicht weniger als 800 000 Flügen ein. Auf den sechs Start- und Landebahnen herrscht ein ständiges Kommen und Gehen. Während gerade ein Flugzeug startet, schwebt schon das nächste der Bahn entgegen. So stehen nicht selten zehn, 15 Flugzeuge in der Schlange und warten auf die Startfreigabe.

Das Wahrzeichen des Flughafens stellt zweifellos der *Tower* dar. Diese eigenwillige Turmkonstruktion gleicht beinahe einem Minarett und ist schon von weitem zu sehen. Wer mit dem PKW zum *Airport* fährt und auf der siebenspurigen Straße einem der *Terminals* entgegensteuert, erlebt schon bei der Anfahrt die ungeheuren Dimensionen des Flughafens.

Im Unterschied zu den meisten europäischen Flughäfen besitzen in den USA einige große Fluggesellschaften gleich ganze *Terminals,* in denen sie alle ihre Flüge abfertigen. Andererseits gibt es Bereiche, wo nur Flüge zu einem bestimmten Ziel abgefertigt werden. So verwirrend der Flughafen in Chicago auf den ersten Blick auch sein mag, es hat doch alles seine Ordnung, und die großen Anzeigetafeln zeigen jedem, wo es langgeht.

Die meisten *Gates* sind übrigens dem Inlandsflugverkehr vorbehalten, und so ist nur eines der vier *Hauptterminals* für den internationalen Verkehr bestimmt. Das reicht aber trotzdem vollkommen aus, denn nur etwa acht Prozent aller Fluggäste kommen aus dem Ausland an oder fliegen dorthin. So gibt es auch nur im neuen internationalen *Terminal* die entsprechenden Einrichtungen für die Paß- und Zollkontrolle.

Anders ist es dagegen bei den übrigen Flugsteigen. Dort kann eigentlich jeder, nach Passieren der Sicherheitskontrollen, bis zu den Warteräumen vordringen. Hier ist dann allerdings Schluß, eine *Bodenho-*

stess kontolliert an der Fluggasttreppe die Bordkarten. Flughafenbesucher müssen hier natürlich zurückbleiben. Durch die großen Fenster können sie dann zuschauen, wie das Flugzeug abgefertigt wird und wenig später zum Start rollt.

Besonders eindrucksvoll kann man einen Teil der vielen Flugzeugbewegungen vom modernen *Terminal* 1 der United Airlines aus beobachten. Dieses Gebäude strahlt eine ganz besondere Faszination aus und ist nicht zuletzt deshalb einen Besuch wert. Auf einer Fläche von über 35 Hektar stehen hier zwei parallele *Terminal*gebäude, die durch einen Tunnel miteinander verbunden sind.

Über einen riesigen, einige hundert Meter langen Gang, wölbt sich eine halbrunde, kühn geschwungene Stahlkonstruktion. Hier herein fällt besonders viel Licht, und die warmen Farben vermitteln ein Gefühl der Geborgenheit. Selbstverständlich wurde das größte *Terminal* einer einzelnen Fluggesellschaft für die Zukunft ausgelegt. Jährlich können dort bis zu 22 Millionen Passagiere abgefertigt werden.

Das faszinierendste und eindrucksvollste dieses Gebäudekomplexes ist aber zweifellos der Verbindungstunnel zwischen *Concourse B* und *Concourse C*. Was im Disney-World-Park noch als Zukunftsversion vorgestellt wird, ist hier schon Wirklichkeit geworden. Auf Rolltreppen fahren die Passagiere zunächst einmal einige Meter unter den Boden hinab und betreten dort den 250 Meter langen Tunnel.

Ganz überwältigt bleiben hier viele Menschen stehen, denn ein so spektakuläres Spiel von Licht und Schatten haben sie noch nie gesehen. Die Decke und die Wände sind verschalt und werden indirekt beleuchtet. An der Decke sind noch Leuchtröhren installiert, die nacheinander aufleuchten und in den schönsten Spektralfarben vom warmen Orange bis hin zum kühleren Blau strahlen. Als wirkliche Krönung klingt jetzt noch Sphärenmusik aus versteckten Lautsprechern. Es ist ein schönes Klang- und Lichterlebnis, während man auf Laufbändern dem anderen Ende des Tunnels entgegengleitet. Man

wird dabei richtig inspiriert und fühlt sich in eine andere Welt versetzt, sicherlich eine gute Einstimmung auf den kurz bevorstehenden Flug.

Mit dem Bau des »Terminal of tomorrow« sind die Bauarbeiten auf diesem Flughafen aber noch lange nicht abgeschlossen. Laufend wird irgendwo gebaut und zahlreiche Erweiterungen stehen noch für die Zukunft auf dem Programm.

Einrichtungen für den Notfall

Sicherheitseinrichtungen an Bord

Kaum einer, der gerade in einem Flugzeug sitzt, denkt daran, daß beim Fliegen auch einmal etwas passieren könnte. Die Statistik hat der Fluggast ja auf seiner Seite, und warum sollte ausgerechnet diesem Flugzeug etwas zustoßen? Gewiß, was die Unfallzahlen anbelangt, ist das Fliegen nach wie vor eine ziemlich sichere Art des Reisens. Dennoch geschehen Unfälle, und eine Notlandung kann natürlich niemand ganz ausschließen.

Um nun im Falle eines Falles das Flugzeug so schnell wie möglich verlassen zu können, gibt es an Bord zahlreiche Sicherheitseinrichtungen. Vor jedem Flug werden diese Einrichtungen vorgestellt, ihr Gebrauch wird genau erläutert. In modernen Jets geschieht dies meistens durch einen kurzen Trickfilm, und es ist jedem nur zu empfehlen, dabei genau aufzupassen.

(siehe Kapitel: Flug 182 freigegeben zum Start S. 22)

Zahlreiche Notausgänge tragen dazu bei, daß die Passagiere im Ernstfall das Flugzeug schnell verlassen können. Bei den Notausgängen über den Flügeln lassen sich dazu die ganzen Fenster herausheben. Draußen angekommen, braucht man sich vom Flügel aus nur auf den Boden hinabgleiten lassen, um sich schnell in Sicherheit zu bringen. An den normalen Türen dagegen bläst sich sofort eine Kunststoffrutsche auf, mit deren Hilfe man mühelos auf den Boden gelangt.

Viele Passagiere werden sich wohl fragen, zu welchem Zweck es denn unter jedem Sitz eine Schwimmweste gibt, das Flugzeug geht doch in die Luft. Das hat aber einen ganz einfachen Grund. Ein Jet fliegt ja nicht immer über Land, sondern überquert auch Ozeane. Was nun, wenn ein Flugzeug mitten über dem Atlantik eine Notlandung machen muß, es aber weit und breit kein Land gibt? Da hilft nur noch

60

Diese Großflughafen-Löschfahrzeuge »Simba 6 x 6« besitzen eine Motorleistung von 600 kW (816 PS) und erreichen trotz ihres Gewichts von 32 Tonnen eine Höchstgeschwindigkeit von 125 km/h. In nur einer Minute kann der Wasserwerfer bei einer Wurfweite von 80 Metern bis zu 6000 Liter des Wasser-Schaummittelgemisches ausstoßen.

eine Notwasserung. Dabei versucht der Pilot, das Flugzeug so sanft wie möglich auf der Wasseroberfläche aufzusetzen. Schon zuvor haben alle Passagiere ihre Schwimmweste angezogen, und nach der Wasserung springen sie sofort ins Wasser. Jetzt schnell an den beiden Leinen ziehen, bis sich die Schwimmweste automatisch aufbläst. Dann leuchtet auch schon ein kleines Lämpchen auf, sobald es mit Wasser in Berührung kommt. Inzwischen klappt die Besatzung die Deckenverkleidung herab und holt die Schlauchboote heraus.

Bei den Großraumjets sind die Notrutschen so konstruiert, daß sie auch als überdachte Rettungsboote verwendet werden können. Vorausgesetzt, das Flugzeug ist nicht allzusehr beschädigt, kann es sich schon noch einige Zeit über Wasser halten. In einer Notkiste finden sich noch weitere Hilfsmittel, selbst ein Megaphon gehört dazu.

Nicht unbedingt für eine Notwasserung, sehr wohl aber für eine andere Notsituation sind die Sauerstoffmasken gedacht. Diese werden gebraucht, wenn in großer Höhe plötzlich der Druck in der Kabine abfällt. Sobald dabei ein bestimmter Grenzwert erreicht wird, fallen die Atemmasken automatisch aus der Deckenkonsole heraus. Jetzt nur schnell die Zigarette ausmachen, die Maske über Nase und Mund stülpen und mit dem Gummiband fixieren. Ein kurzer Zug an dem Verbindungsschlauch, ein kleines Ventil öffnet sich, und der lebenswichtige Sauerstoff kann in die Maske strömen.

Schon in 8000 Metern Höhe ist die Luft so »dünn«, daß man aufgrund des geringen Sauerstoffanteils nur noch vier Minuten bei vollem Bewußtsein ist. Noch kritischer wird es in Höhen zwischen 10 000 und 12 000 Metern, wo unser Gehirn kaum mehr 30 Sekunden lang arbeitet. Trotzdem besteht zunächst keine Gefahr zu ersticken, da unser Herz durch schnelleres Schlagen versucht, den wenigen Sauerstoff der Atemluft schneller im Körper zu verteilen. Natürlich wird mit der Zeit das Gehirn total unterversorgt, und man wird, ohne es selber zu merken, vollständig handlungsunfähig.

Angesichts dieser Tatsache stellt sich aber doch die Frage, wie es Bergsteiger immer wieder schaffen, ohne künstlichen Sauerstoff auf die höchsten Berge zu steigen. Das liegt jedoch einfach daran, daß sie gut akklimatisiert sind. Bei einem plötzlichen Druckabfall in einer Flugzeugkabine ist das ja nicht möglich, und so ist es, als würde man in wenigen Sekunden Tausende von Metern hochgeschossen.

Selbstverständlich ist es ganz wichtig, sich in allen Notsituationen zunächst einmal anzuschnallen. Trotz aller Sicherheitseinrichtungen an Bord kommt es bei einem Notfall aber vor allem auf das richtige Handeln eines jeden Fluggastes an. Panik dagegen, das haben schon viele Unfälle gezeigt, kann nur noch weitere Opfer fordern.

Flugsicherheit, Abstürze, Unglücke

Immer wenn in der Luftfahrt ein Unfall passiert ist, werden kritische Stimmen laut. Sofort wird dabei in Frage gestellt, ob denn das Fliegen wirklich so sicher ist, wie ständig behauptet wird. Nun, gemessen an der Zahl der Verunglückten, ereignen sich mit anderen Verkehrsmitteln wesentlich mehr tödliche Unfälle. Das Schlimme bei einem Flugzeugabsturz ist, daß gleich so viele Menschen betroffen sind.

Die Sicherheitsstatistik der Weltluftverkehrs-Organisation ICAO wies für das Jahr 1991 bei 25 Unfällen im Passagierverkehr insgesamt 510 Todesopfer aus. Nüchterne Zahlen, doch egal, ob sich das Unglück durch menschliches Versagen, mangelnde Wartung des Flugzeuges, Materialermüdung oder durch einen Terroranschlag ereignet hat, das Leid der betroffenen Angehörigen bleibt gleich.

So war es auch im August 1985, als ein mit 509 Passagieren und 15 Besatzungsmitgliedern besetzter Jumbo-Jet der Japan Airlines bei einem Inlandsflug abstürzte. Noch nie zuvor waren beim Absturz einer einzelnen Verkehrsmaschine so viele Menschen ums Leben gekommen. Wie durch ein Wunder haben vier Insassen das Unglück überlebt. Tage später konnte der Ablauf des Unglücksfluges dann rekonstruiert werden.

Um 18.12 Uhr startete die vollbesetzte Boeing 747 in Tokio und machte sich auf den Weg nach Osaka. Zunächst verlief alles ganz routinemäßig. Wegen der kurzen Entfernung bat der Pilot die Flugsicherung, bereits um 18.25 Uhr die Reiseflughöhe von 7300 Metern verlassen und auf 6700 Meter sinken zu dürfen. Kurz darauf kam auch schon die Antwort des Fluglotsen: »Ja, gehen sie runter und drehen Sie um 90 Grad nach Osten«. Wenige Minuten später meldete der Pilot eine Notsituation: »Der Druck in der Kabine fällt sehr schnell ab, wahrscheinlich ist die Hecktüre defekt, ich kehre nach Tokio um und mache eine Notlandung«. Doch das ging nicht mehr, die Steuerung war blockiert und funktionierte nicht mehr. So beschloß der Pilot, ei-

nen anderen Flughafen in der Nähe von Tokio anzufliegen. Es reichte aber nicht mehr, die letzte registrierte Höhe war knapp 3000 Meter, als der Jet auf den Radarschirmen der Fluglotsen verschwand. Bei der sofort eingeleiteten Suchaktion wurde es bald zur Gewißheit, der Jumbo-Jet war an einem steil aufragenden Gebirgszug zerschellt.

Zuerst gab es Probleme, die Unglücksstelle im dicht bewaldeten und schwer zugänglichen Gelände zu erreichen. Die Trümmer lagen mehrere Kilometer weit auseinander und brannten teilweise sogar noch Stunden nach dem Absturz. Den Bergungstrupps bot sich ein Bild der Verwüstung und des Schreckens.

Am darauffolgenden Tag wurde dann 60 Kilometer südlich von Tokio ein Teil eines Leitwerkes mit dem Emblem der Japan Airlines aus dem Meer gefischt. Offensichtlich stammte es von der Unglücksmaschine. Nur, wie kam dieses Teil hierher, der Jumbo-Jet war ja über 100 Kilometer von diesem Fundort entfernt abgestürzt?

Untersuchungen der Wrackteile ergaben, daß mit großer Wahrscheinlichkeit die Druckabschottung im Heck der Maschine gebrochen war, wodurch sich auch der plötzliche Druckabfall erklären ließ. Umherfliegende Trümmer hatten dann vermutlich das Leitwerk getroffen und einen Teil davon abgerissen. Die beiden Piloten hatten so kaum mehr eine Chance gehabt, ihre Boeing 747 noch zu steuern, und konnten den Absturz nicht mehr verhindern.

Bei solchen Untersuchungsergebnissen stellt sich dann immer die Frage: »Warum ist das nur passiert, hätte das Unglück nicht vermieden werden können, wer ist dafür verantwortlich«? In diesem Fall kommt mit großer Sicherheit Materialermüdung als Unglücksursache in Frage. Aus diesem Unfall konnten die Fluggesellschaften wenigstens das eine lernen: Regelmäßige Sicherheitskontrollen und Überprüfungen der Flugzeugzellen sind für einen sicheren Flugbetrieb unerläßlich.

In einer beispiellosen Aktion haben nach diesem Unglück die meisten Fluggesellschaften der Welt ihre Jumbo-Flotten auf Risse und Materialermüdung, insbesondere an der Druckabschottung, überprüft. Kaum ist eine solche Katastrophe etwas in Vergessenheit geraten, nehmen es einige Fluggesellschaften mit der Wartung ihrer Jets aber schon nicht mehr so genau. Es wird ja schon nichts passieren. Immer neue Unfälle belegen jedoch das Gegenteil.

Manchmal sind es aber nicht die Materialermüdungen, die ein Flugzeug zum Absturz bringen, sondern Terroristen. Mit an Bord geschmuggelten Bomben bringen sie einen Jet zum Absturz und versuchen, dadurch irgendwelche Forderungen durchzusetzen. So war es auch Ende 1988, als eine Boeing 747 der Pan Am auf ihrem Weg von London nach New York in 10 000 Metern Höhe von einer Bombe in Stücke gerissen wurde. Jedem sind wohl die schrecklichen Bilder noch in Erinnerung. Zum Zeitpunkt der Detonation flog der Jumbo-Jet gerade über Schottland.

Einige der größeren Flugzeugtrümmer stürzten auf bewohntes Gebiet und bohrten sich förmlich in die Kleinstadt Lockerbie. Mehrere Dutzend Häuser wurden total zerstört, einige waren überhaupt nicht mehr zu sehen, sie waren in einem riesigen Krater verschwunden. Da der Jet noch fast voll betankt war, ergoß sich eine Unmenge von Kerosin über die Stadt, überall

brannte es. Besonders tragisch war es, daß neben den 258 Flugzeuginsassen auch noch zwölf Einwohner von Lockerbie ums Leben kamen.

Zunächst bekannte sich nach dem Absturz eine islamische Gruppierung zu dem Attentat. Es dauerte aber lange, bis es zur Gewißheit wurde, daß tatsächlich eine Bombe die Katastrophe ausgelöst hatte. Immer wieder kamen Spekulationen auf, ob es sich nicht doch um Materialermüdung handelte, da das Flugzeug ja immerhin schon 19 Jahre alt gewesen war.

Inzwischen ging die fieberhafte Suche nach Spuren von Sprengstoff an den Wrackteilen unvermindert weiter. Schließlich fand man doch einen verdächtigen Koffer, der offensichtlich von Metallsplittern zerfetzt worden war. In ihm mußte also die tödliche Bombe versteckt gewesen sein.

Zwei Monate nach dem Attentat wurden dann die Untersuchungsergebnisse bekanntgegeben. So kam heraus, daß tatsächlich ein mit Sprengstoff präparierter Radio-Kassettenrekorder in dem gefundenen Koffer gewesen war. Sofort taten sich Parallelen zu einem Fund in Frankfurt auf. Dort hatte man schon Monate vor dem »Lockerbie-Anschlag« eine fast identische Bombe entdeckt. Da der Schicksalsflug Pan Am 103 als Zubringerflug bereits in Frankfurt gestartet war, gilt inzwischen als ziemlich sicher, daß der Bombenkoffer dort in das Zubringerflugzeug gelangte und später in London in den Jumbo-Jet umgeladen wurde. Natürlich waren auch jetzt wieder die üblichen Vorwürfe zu hören, ob denn die Sicherheitskontrollen an den Flughäfen ausreichten, so etwas künftig zu verhindern.

Daß auch fabrikneue Flugzeuge von einem Unfall betroffen sein können, hat folgendes Unglück gezeigt. Eine nur wenige Monate alte Boeing 737-400 der British Midland stürzte Anfang 1989 in Mittelengland ab. Kaum zehn Minuten nach dem Start in London meldete der Pilot Probleme mit einem der Triebwerke und stellte es schließlich ab. Kurz darauf streikte auch noch das andere Triebwerk, der Pilot hatte keine Möglichkeit mehr, einen Flughafen für eine Notlandung zu erreichen. Geistesgegenwärtig konnte er seinen Jet gerade noch über ein Dorf hinweg steuern, bis die Maschine an einer Autobahnböschung zerschellte. Von den 118 Passagieren überlebten 46 den Absturz nicht.

Nachher förderte die Auswertung des Flugschreibers, der alle wesentlichen Daten während des Fluges aufzeichnete, ganz Erstaunliches zutage. Offensichtlich hatte der Pilot die Triebwerke verwechselt; ohne es zu bemerken, hatte er das noch intakte abgestellt. Wieder kamen wilde Spekulationen auf, ob nicht vielleicht die Anzeigen im Cockpit mit den Triebwerken falsch verbunden gewesen waren. Später stellte sich heraus, daß menschliches Versagen die Ursache war.

Lediglich 18 Monate alt war auch eine Boeing 767-300 der österreichischen Lauda Air, die im Mai 1991 über Thailand abstürzte und 223 Menschen mit in den Tod riß. Nach dem Start in Bangkok befand sich die Maschine noch im Steigflug, als plötzlich bei einem Triebwerk die Schubumkehr einsetzte. Bis dahin hatte man geglaubt, daß ein Flugzeug, bei dem die Schubumkehr ausfährt, in jeder Höhe noch kontrollierbar ist. Dies war jedoch ein folgenschwerer Irrtum. Man hatte der Technik einfach zuviel zugetraut.

Glücklicherweise werden nicht bei jedem Unfall mit einem Flugzeug Menschen getötet, manchmal kommen die Passagiere mit dem Schrecken davon. So war es auch bei einer Boeing 747 der China Airlines, die von Taipeh nach Los Angeles unterwegs war, als plötzlich ein Triebwerk ausfiel. Das wäre ja weiter nicht so schlimm gewesen, wenn nicht auch noch die anderen Triebwerke urplötzlich gestreikt hätten. Unglücklicherweise war das Flugzeug gerade zu dieser Zeit in heftige Turbulenzen und Scherwinde geraten, die den Jet durchschüttelten. Der Auftrieb brach total zusammen, und die Boeing ging in den Sturzflug über.

In nicht einmal zwei Minuten raste der Jet von 12 500 Meter auf nur 2700 Meter hinunter. Das Meer kam immer näher, doch den Piloten gelang es, das Flugzeug gerade noch abzufangen und sogar die Triebwerke wieder zu starten. Danach steuerten sie gleich den nächsten Flughafen in San Franzisko an und konnten sicher notlanden. Das nach der Statistik eigentlich Unmögliche war eingetroffen – alle vier Triebwerke waren gleichzeitig ausgefallen!

Ein anderes Mal lautete die Schlagzeile in einer deutschen Tageszeitung ganz nüchtern: »Jumbo-Jet verlor acht Passagiere«. Was war geschehen? Wieder war es eine Boeing 747, diesmal von Hawaii nach Auckland in Neuseeland unterwegs. Plötzlich machte sich die vordere Ladetüre selbständig und riß ein riesiges Loch in den Flugzeugrumpf. Acht Fluggäste wurden hinausgeschleudert. Wie in einem solchen Fall üblich, spekulierte man wieder über Materialermüdung und dergleichen.

Heute weiß man allerdings, daß das Unglück auf einen menschlichen Fehler zurückzuführen war. Einem Techniker waren

Notlandung einer Boeing 737 auf einer Hawaii-Insel. Acht Meter vom Dach der Kabinendecke sind abgerissen. Eine Stewardeß kam bei dem Unglück am 28.04.1988 ums Leben.

die neuesten Sicherheitsüberprüfungen nicht richtig übermittelt worden, und er hatte deshalb die Laderaumtüre nicht ordnungsgemäß geschlossen.

Ein unglaublicher Zwischenfall ereignete sich mit einer Boeing 737 der Aloha Airlines über Hawaii. Die Boeing flog gerade in 7300 Metern Höhe, als plötzlich der vordere Teil der Kabinendecke abriß und davonflog. Eine Stewardeß wurde hinausgeschleudert. Die Passagiere konnten sich gerade noch festhalten und anschnallen. Wie durch ein Wunder schaffte es der Kapitän, den »Cabrio-Jet« auf einer der Hawaii-Inseln sicher notzulanden.

Die Untersuchungen haben später ergeben, daß dieses Flugzeug eine alte Kiste war und schon Zigtausende von Starts und Landungen hinter sich hatte. Auch war der Fluggesellschaft schon seit langem bekannt, daß sich im vorderen Kabinenteil kleine Risse gebildet hatten. Anstatt diese Teile sofort auszuwechseln, wurde nur ständig daran herumgebastelt und notdürftig repariert.

Wieder einmal wurde hier deutlich, daß Billigflug-Gesellschaften von Wartung und Reparaturen nicht immer allzuviel halten, denn das kostet eben Geld. So bleibt es eigentlich der Entscheidung der Passagiere überlassen, vielleicht doch lieber etwas mehr für eine renommierte *Airline* auszugeben, dafür dann aber sicherer und komfortabler ans Ziel zu kommen.

Manchmal muß ein Flugzeug auch umkehren, ohne daß technische Fehler oder gar Terroristen im Spiel sind. Das kann wahrhaft »tierische« Gründe haben. So geschehen in einem Jumbo-Jet der spanischen Fluglinie Iberia. Dieser flog zwei Stunden nach dem Start in Madrid schon über dem Atlantik, als plötzlich heftige Geräusche aus dem Frachtraum im Unterdeck in die Kabine drangen.

Der Pilot wußte sofort, was unten los war. Im Frachtraum waren fünf Zuchtpferde untergebracht, die mit nach New York fliegen sollten. Irgendwie hatte es ein Pferd geschafft, aus seiner Box auszubrechen, und machte nun den Frachtraum un-

sicher. Sicherheitshalber beschloß die Cockpit-Crew daraufhin, doch lieber wieder umzukehren, bevor etwas passierte. Zwei Stunden nach der Ankunft in Madrid startete die Boeing erneut in Richtung New York, diesmal aber ohne Pferde. Die wollte man nicht voneinander trennen, und die beschädigte Box konnte nicht so schnell repariert werden.

Schwere Unfälle im Weltluftverkehr

Datum	Betroffener Flugzeugtyp/ Airline	Ort/Land	Art des Unfalls	Tote Verletzte
2.10.1990	Boeing 737 Xiamen Airlines Boeing 757 CAAC	Guangzhou China	Die entführte Maschine rast nach einer Bombenexplosion in zwei am Boden stehende Flugzeuge.	127 Tote
14.11.1990	DC-9 Alitalia	Zürich Schweiz	Das Flugzeug fliegt den Flughafen Zürich zu tief an und zerschellt an einem Berg.	46 Tote
1.12.1991	Boeing 737 US Air	Los Angeles USA	Bei der Landung rammt der Jet eine auf der gleichen Bahn zum Start freigegebene Maschine.	33 Tote 37 Verletzte
5. 3.1991	DC-9 Linea Aeropostal	Valera Venezuela	Die Maschine kommt 160 km vom Kurs ab und prallt gegen einen Berg.	43 Tote
26. 5.1991	Boeing 767 Lauda Air	über Thailand	Nach dem Start in Bangkok setzt die Schubumkehr ein.	223 Tote
11. 7.1991	DC-8 Nigeria Airways	Jeddah Saudi-Arabien	Explodierende Reifen lösen beim Start in Jeddah einen Brand aus. Das Flugzeug erreicht den Flughafen nicht mehr und stürzt ab.	261 Tote
16. 8.1991	Boeing 737 Indian Airlines	Imphal Indien	Bei schlechtem Wetter schlägt der Jet 40 km vor der Landung an einem Berg auf.	69 Tote
20. 1.1992	Airbus A320 Air Inter	Vogesen Frankreich	Kurz vor der Landung in Straßburg zerschellt der Jet an einem Berg.	87 Tote 9 Verletzte

Datum	Betroffener Flugzeugtyp/ Airline	Ort/Land	Art des Unfalls	Tote Verletzte
22. 3.1992	Fokker 28 US Air	New York USA	Mangels ausreichender Enteisung stürzt das Flugzeug kurz nach dem Start ab.	27 Tote
31. 7.1992	Airbus A310 Thai International	Nepal	Die Maschine stürzt 60 km vor der Landung in Kathmandu bei sehr schlechtem Wetter ab.	113 Tote
27. 8.1992	Tupolew 134 Aeroflot	Ivanovo Rußland	Während des Landeanflugs streift die Maschine Baumwipfel und zerschellt.	77 Tote
28. 9.1992	Airbus A300 Pakistan International	Kathmandu Nepal	Beim Anflug auf Kathmandu stürzt der Jet wegen eines Navigationsfehlers ab.	167 Tote
21.12.1992	DC-10 Martinair Holland	Faro Portugal	Wegen Sturmböen und starkem Seitenwind mißlingt der Landeanflug auf Faro.	54 Tote 182 Verletzte
5. 3.1993	Fokker 100 Palair Macedonian	Skopje Makedonien	Bei dichtem Nebel und Schneetreiben stürzt das Flugzeug kurz nach dem Start ab.	81 Tote 16 Verletzte
26. 4.1993	Boeing 737 Indian Airlines	Aurangabad Indien	Wegen Überladung gewinnt der Jet zu spät an Höhe, streift einen Lkw und stürzt wenige km vom Airport entfernt ab.	55 Tote 63 Verletzte
19. 5.1993	Boeing 727 SAM	Medellin Kolumbien	Während des Sinkfluges verlieren die Piloten die Orientierung und der Jet prallt gegen einen Berg.	132 Tote

Luftpiraterie

Seit den 60er Jahren sind Flugzeugentführungen ein Druckmittel jener Kriminellen, die durch ihre Tat möglichst großes Aufsehen erregen wollen. Die Gründe dafür sind vielfältig. Oft handeln die Entführer jedoch aus politischen oder wirtschaftlichen Gründen, wobei meistens eine Regierung erpreßt wird. Das Leben vieler Menschen an Bord eines Flugzeuges ist bei einer Entführung in Gefahr. Verhandlungen werden geführt, Zugeständnisse gemacht, und nicht selten ermorden die Kidnapper kurzerhand Passagiere, um ihren Forderungen Nachdruck zu verleihen.

Einen solch tragischen Ausgang nahm auch die Entführung eines kuwaitischen Verkehrsflugzeuges im April 1988. Nach dem Start in Bangkok machten sich die fünf Luftpiraten in der mit 111 Passagieren besetzten Boeing 747 bemerkbar. Sie zwangen die Piloten, im Iran zu landen.

Dort angekommen, forderten sie die Freilassung von 17 Gesinnungsgenossen aus Gefängnissen. Diese Forderung wurde aber von der kuwaitischen Regierung strikt abgelehnt. Es hieß: »Wir verhandeln nicht mit Verbrechern, eine Regierung darf nicht erpreßbar sein.« Nach zähen Verhandlungen wurde die Boeing wieder aufgetankt. Im Gegenzug dazu ließen die Entführer 17 Geiseln frei. Wenig später startete der Jet mit unbekanntem Ziel.

Einige Zeit später sichtete man den Jumbo-Jet dann über dem Libanon, und die Entführer wollten eine Landung in Beirut erzwingen. Stundenlang kreiste das Flugzeug über der Stadt, aber die dortige Flughafenbehörde ließ sich nicht erweichen und verweigerte die Landeerlaubnis. Nach weiteren Stunden Irrflug durch den östlichen Mittelmeerraum erreichte der Jet mit dem letzten Treibstoff schließlich gerade noch Zypern.

Hier spitzte sich die Lage plötzlich drastisch zu. Angst breitete sich aus, als die Entführer zwei Männer bestimmten und diese vor den Augen der anderen Geiseln erschossen. Nach der Bluttat warfen die Entführer ihre Opfer einfach über Bord. Auch dadurch ließ sich die kuwaitische Regierung nicht erpressen, sondern strebte jetzt ein Gespräch mit den Entführern an. Schließlich gelang es, weitere Geiseln freizubekommen. Daraufhin wurde das Flugzeug aufgetankt und startete kurz danach erneut mit unbekanntem Ziel.

Die Entführer beschlossen nun, in Algier zu landen, wo die festgefahrenen Verhandlungen erneut aufgenommen wurden. Mittlerweile waren das Essen und die Getränke an Bord aufgebraucht, und so gab es auch noch Probleme mit der Verpflegung. Was mußten die Passagiere in den nun folgenden Tagen nicht alles mitmachen! Teilweise wurde es ihnen nicht einmal erlaubt, auf die Toilette zu gehen.

Endlich, nach insgesamt 15 Tagen, ging die Entführung zu Ende. Gegen freies Geleit gaben die Kidnapper auch ihre letzten Geiseln frei. Man kann sich wohl kaum vorstellen, was die Passagiere in dieser bisher längsten Flugzeugentführung durchstehen mußten.

Welche Sicherheitsmaßnahmen auch ergriffen werden, eine Entführung läßt sich doch nie völlig ausschließen. So schaffte es ein 20jähriger Äthiopier im Februar 1993, eine Schreckschußpistole ins Flugzeug zu schmuggeln, und den Airbus A310 der Lufthansa auf dem Flug von Frankfurt nach Kairo zu entführen. Die Maschine hatte gerade den österreichischen Luftraum erreicht, als der Entführer ins Cockpit eindrang und die Piloten zur Umkehr zwang. Der Kidnapper, dessen Asylantrag abgelehnt worden war und der jetzt in sein Heimatland zurückfliegen sollte, verlangte, nach New York geflogen zu werden. Zunächst steuerten die Piloten den Flughafen in Hannover an, um das Flugzeug aufzutanken und die neuen Streckenunterlagen zu erhalten. Gut acht Stunden später landete der Jet schließlich in New York, wo sich der Entführer den Behörden ergab. Die 104 Passagiere an Bord des Airbus A310 blieben unversehrt und konnten am nächsten Tag nach Frankfurt zurückkehren.

Ziemlich häufig beginnen oder enden Flugzeugentführungen in Ländern des Nahen oder Mittleren Ostens sowie der ehemaligen Sowjetunion, wobei sehr oft auch Fluggesellschaften aus diesen Ländern betroffen sind. So trifft beispielsweise die israelische Fluggesellschaft El Al für ihre Flüge besondere Sicherheitsvorkehrungen. Die Personen- und Gepäckkontrollen sind dementsprechend streng und langwierig. Manchmal ist es ganz schön unangenehm, wenn man dabei intime Fragen beantworten muß. Die Flugzeuge werden auch meist abseits auf Außenparkpositionen abgestellt und vom Bundesgrenzschutz und israelischen Sicherheitsbeamten bewacht. Während des Fluges ist die Türe zum Cockpit total abgeschirmt, niemand darf hinein.

Heute fliegen, nicht nur auf Flügen in Krisengebiete, immer häufiger bewaffnete Sicherheitsbeamte mit, die im Fall eines Falles sofort eingreifen sollen. Eine nicht unumstrittene Maßnahme, denn würde es an Bord zu einer Schießerei kommen, könnten die Geschosse die Flugzeugwand durchschlagen und zusätzlich noch eine Notsituation heraufbeschwören.

2 *EIN JUMBO-JET TRIFFT EIN*

Das richtige Landen will gelernt sein

Konzentriert behält der Fluglotse in der Anflugkontrolle den Radarschirm im Auge. Über Sprechfunk ist er ständig mit den Piloten der anfliegenden Jets in Kontakt.

In der Anflugkontrolle

Etwa 30 Minuten vor der Landung verlassen die Flugzeuge ihre Reiseflughöhe im oberen Luftraum. Dabei sinken sie ständig immer weiter durch die verschiedenen Flugflächen und steuern ihrem Ziel, beispielsweise dem Flughafen Frankfurt, unaufhaltsam entgegen. Längst hat die Deutsche Flugsicherung GmbH, kurz DFS genannt, die Jets auf ihren Radargeräten. Die Fluglotsen überwachen ständig, ob die Flugzeuge noch auf dem richtigen Kurs sind und sich ja nicht zu nahe kommen. Verschiedene Dienststellen arbeiten dabei eng zusammen und geben die Flugzeuge von einem Lotsen zum anderen weiter.

Die Bezirkskontrolle in Frankfurt kontrolliert und überwacht zuerst einmal den gesamten Flugverkehr bis in eine Höhe von 8000 Metern über ganz Süddeutschland, bis hin zur Schweizer Grenze. Über dem Schweizer Luftraum übernimmt die Überwachung dann die dortige Swisscontrol.

Jetzt führt die Bezirkskontrolle die aus allen Richtungen herannahenden Flugzeuge an die genau festgelegten Einflugspunkte heran. Mit Hilfe genauer Funkanweisungen finden die Piloten dabei ganz leicht den richtigen Weg.

Da natürlich nur in jeweils eine Richtung gelandet werden kann, verdichtet sich der Verkehr im Anflugbereich so stark, daß die Lotsen nicht mehr alle Flugzeuge überblicken können. Es ist höchste Zeit, die Jets, die inzwischen auf 8000 bis 9000 Fuß gesunken sind, an die Anflugkontrolle weiterzugeben.

In einem abgedunkelten Raum sitzen hier die Fluglotsen vor ihren Radargeräten. Es heißt jetzt genau aufzupassen, denn die Jets fliegen nicht mehr weit voneinander entfernt und werden ständig langsamer. Drei kleine Striche markieren die Start- und Landebahnen, andere die verschiedenen Einflugskorridore. Eine andere gestrichelte Linie zeigt dem Lotsen den Verlauf der Anflugsgrundlinie.

Heute herrscht leichter Westwind, weshalb die Flugzeuge von Osten auf die Landebahnen zufliegen. Grundsätzlich starten und landen die Jets ja gegen den Wind. Es ist 14.00 Uhr, und die Mittagsspitze ist gerade vorbei. Eine ruhigere Phase ist angebrochen, und ein Fluglotse bewältigt den ganzen anfliegenden Verkehr alleine. Eine Stunde später schwärmen fast schlagartig immer mehr Pünktchen auf den Flughafen zu. Es wird hektischer, der Fluglotse kann nicht mehr alle Flugzeuge überblicken. Da schaut er sich kurz um, wer denn gerade Zeit hat und schon ruft er: »Feeder, hilf mir, ich schaffe sie nicht mehr alle«. Der Angesprochene reagiert sofort, eilt herbei und setzt sich an das Radargerät nebenan.

Als »Einspeiser« hat er nun die Aufgabe, die Flugzeuge bei etwa 5000 Fuß Höhe zu übernehmen und sie so zu staffeln, daß sie sicher landen können. Er bestimmt die Reihenfolge der Jets für die Landung und leitet sie so zur Anflugsgrundlinie, daß sie mit dem Instrumenten-Lande-System landen können. Der Einspeiser stellt nun sein Radargerät auf 7000 Fuß ein, und schon leuchten alle höher fliegenden Flugzeuge nur noch ganz schwach auf. Kleine Karos markieren die Positionen der Flugzeuge. Direkt daneben stehen der Code für die Airline und die Flugnummer, dicht darunter ist die Flughöhe eingeblendet.

Stück für Stück hüpfen die Jets immer näher heran. Jetzt kommt auch schon der erste Auftrag. Der Fluglotse neben ihm reicht einen Kontrollstreifen herüber: »Paß auf, da oben rechts kommt dein erster Flieger«. »Ja, ich sehe ihn schon kommen«, antwortet der Einspeiser und steckt den Kontrollstreifen auf eine Schiebehalterung. Jetzt hat er alle wichtigen Informationen über den Jet, wie Fluggesellschaft, Flugnummer, Rufzeichen und Typ. Die verschiedenen Farben der Streifen machen es dem Einspeiser auch leicht, gleich zu erkennen, aus welcher Richtung der Jet hereinschwebt.

In immer kürzeren Abständen schiebt der Kollege nun die Kontrollstreifen herüber, und der *Feeder* steckt sie alle der Reihe nach auf die Ablage. Jetzt gilt es aber erst einmal, den Jumbo-Jet der Pakistan International Airlines unterzubringen. »*Pakistan 718 turn right heading 330, descent to 4000 feet, reduce speed to 170 knots*«. So, der wäre erledigt. Der Pilot weiß nun, daß er bei einem Kurs von 330 Grad auf 4000 Fuß sinken und gleichzeitig seine Geschwindigkeit auf 170 Knoten verringern soll.

Während sich die Boeing 747 immer mehr der Anflugsgrundlinie nähert, kommt auch ein Lufthansa-Jet heran. Weitere Punkte bewegen sich auf dem Radarschirm auf die Mitte zu. Der *Feeder* identifiziert sie als Flug 908 der British Airways aus London und eine Condor-Maschine aus Teneriffa. Sofort gibt er die Anweisungen für Kurs und Geschwindigkeit. Die British Airways ist zuerst an der Reihe. Inzwischen ist der Pakistan-Jumbo auf Landekurs und hat bei 4000 Fuß den Leitstrahl des ILS erreicht. »*Pakistan 718 cleared for runway 25 left*«. So weiß der Pilot jetzt, daß seine Boeing 747 zum ILS-Anflug auf die Landebahn 25 links freigegeben ist.

Plötzlich wird es hektischer, die beiden Fluglotsen sitzen weit vorgebeugt auf ihren Sitzen, zwischendurch wird mal schnell ein Schluck Kaffee genommen oder an einer Zigarette gezogen. Jetzt kommt schon eine Boeing 737 der Air France direkt über dem Flughafen herein. Diese interessiert den *Feeder* vorerst noch nicht, da der Jet noch 10 000 Fuß hoch ist und erst einmal zum hinteren Ende in der Reihe der anfliegenden Maschinen dirigiert werden muß. Alle Hände voll sind zu tun, die Fluglotsen starren nur auf ihre grünen Radarschirme. Nur ja kein Pünktchen übersehen. Es gehört schon etwas Gespür und Einfühlungsvermögen dazu, die Flugzeuge wie auf einer Perlenkette aufzureihen.

Fünf Jets sind jetzt gleichzeitig im Endanflug. Immer wieder müssen neue Kurse, Höhen und Geschwindigkeiten zugeteilt werden, der Streß ist groß. Der Einspeiser muß höllisch aufpassen, daß der Mindestabstand von drei Meilen von einem Jet zum anderen ja nicht unterschritten wird. Da schießt es ihm wie ein Geistesblitz durch den Kopf. »Der Pakistan-Jumbo ist ja nur noch zwölf Meilen vom Aufsetzpunkt entfernt, den kann ich ja an die Platzverkehrslotsen im *Tower* abgeben«. Sofort greift er zum Mikrophon: »*Pakistan 718 contact now Tower on 1199, good bye*«. Das Flugzeug ist nämlich gerade in den Kontrollbereich des *Towers* eingeflogen und nimmt jetzt mit den dortigen Lotsen auf der UKW-Frequenz 119,9 Kontakt auf.

So macht es der Einspeiser mit allen Flugzeugen, sobald sie etwa noch zehn bis 15 Meilen von der Landebahn entfernt sind. Inzwischen ist der Lufthansa-Jet an der Reihe. Er bekommt die Landebahn 25 rechts zugewiesen und die Erlaubnis, weiter zu sinken. Immer wieder teilt der *Feeder* die Landebahnen zu, ein Jet links, einer rechts. Auf seinen Kontrollstreifen malt er ein großes L oder R, damit er den Überblick behält, wo er welches Flugzeug hindirigiert hat. Der Kontrollstreifen für den Pakistan-Jumbo hat ausgedient und wandert in ein Körbchen.

Der Lotse paßt nun ganz genau auf, daß die Maschine der British Airways, die als nächste auf die linke Bahn anfliegt, mindestens noch fünf Meilen entfernt ist, wenn der Jumbo-Jet aufsetzt. Das hat seinen guten Grund. Besonders bei Großraumflugzeugen bilden sich zum Teil heftige Wirbelschleppen.

Diese Luftwirbel entstehen durch unterschiedliche Druckverteilung an den Flügelspitzen. Wie zwei Schlangen zieht ein Flugzeug zwei sich entgegengesetzt drehende Luftwirbel hinter sich her. Nicht selten bleiben sie ein paar Minuten lang bestehen, bevor sie sich auflösen oder den Boden berühren. Die Wirbel, die übrigens auch beim Starten entstehen, könnten ein nachfolgendes kleines Flugzeug ohne weiteres zu Boden drücken. Aus diesem Grund wird auf dem Frankfurter Flughafen derzeit ein Warn- und Prognosesystem für Wirbelschleppen entwickelt und erprobt.

Doch nun zurück in die Anflugkontrolle. Unter ständiger Aufsicht der Fluglotsen im *Tower* bekommt der Pakistan-Jumbo die Landeerlaubnis. Wenig später setzt er sanft auf und verläßt über eine *Taxiway* die Landebahn. Auf dem Vorfeld angekommen, leitet ihn die Vorfeldkontrolle sicher zu seiner Abstellposition.

Unterdessen ist der Einspeiser immer noch damit beschäftigt, ständig neue Flugzeuge einzufädeln. Plötzlich meldet sich der Pilot einer Boeing 727 der Iberia: »Wir haben Probleme mit den Bordaggregaten, können Sie uns gleich reinnehmen«? »Ja natürlich, kein Problem«, antwortet der *Feeder*. Sofort wird eine Peillinie, die durch die Markierung des Flugzeuges läuft, sichtbar. So erkennt der Lotse sofort, wo sich der Jet befindet. Jetzt schnell eine Lücke suchen und der Iberia den neuen Kurs und die Geschwindigkeit durchgeben. Alle nachfolgenden Flugzeuge weist der Lotse nun an, langsamer zu fliegen. Über eine andere Sprechfunkfrequenz ruft der Einspeiser danach seinen Kollegen im *Tower*: »Soll ich nach der Iberia die Bahn schließen, damit wir sie abfahren können«? »Nein, das ist nicht nötig, die Aggregate machen sich doch nicht selbständig«, tönt Sekunden später die Antwort aus dem Lautsprecher.

Ab und zu muß der Fluglotse auch hart durchgreifen, wenn ein Pilot unbedingt auf der rechten Bahn landen will, obwohl ihm die linke Landebahn zugewiesen worden ist. Mittlerweile ist es 16.30 Uhr geworden, und der anfliegende Verkehr läßt stark nach, so daß der *Feeder* überflüssig wird und der Lotse neben ihm die gesamte Kontrolle wieder alleine übernimmt.

Jetzt, nach eineinhalb bis zwei Stunden am Radarschirm, warten die Fluglotsen auf ihre Ablösung. Diese läßt nicht lange auf sich warten, schon eilen zwei andere Lotsen der DFS heran und stellen sich hinter ihre Kollegen. Zuerst schauen sie, was gerade so los ist, und lassen sich die Verkehrssituation erläutern. Dann übernehmen sie die Verantwortung für die Pünktchen auf dem Radarschirm. Hoffentlich ist auch ihnen bewußt, daß sich hinter jedem dieser Punkte ein paar hundert Menschen verbergen.

Um die Flexibilität der Flugsicherung auch bei weiter steigendem Flugverkehrs-Aufkommen zu gewährleisten, wurde die deutsche Flugsicherung im Herbst 1992 privatisiert.

Die Fluglotsen arbeiten im Schichtdienst und haben zwischendurch immer wieder ein paar Stunden frei, die die Lotsen während der Schichten beliebig nehmen können. Mit Urlaub sieht es dagegen im Sommer bei den Fluglotsen nicht gut aus. In dieser Zeit gibt es besonders viel zu tun, und Ersatzkräfte stehen nicht ausreichend viele zur Verfügung. So müssen die Lotsen dann eben die Stellung halten, damit andere Menschen pünktlich in den Urlaub starten können.

Landen auf einer Mikrowelle

Wer kennt sie nicht, die Mikrowelle, schon längst ist uns diese Technologie ein Begriff geworden. In vielen Haushalten sind die Annehmlichkeiten eines Mikrowellenherdes fast nicht mehr wegzudenken. Doch was haben diese Strahlen mit der Luftfahrt zu tun? Nun, sehr viel, da sie auch hier in nicht mehr allzuferner Zukunft von Bedeutung sein werden. Die Wellen können nicht nur Wärmeenergie, wie eben bei einem Mikrowellenherd, übertragen, sondern auch die unterschiedlichsten elektronischen Impulse und Signale transportieren.

Bereits Ende der 70er Jahre stellte man fest, daß das Landen auf einer Mikrowelle erhebliche Vorteile gegenüber dem nun doch etwas in die Jahre gekommenen Instrumenten-Lande-System bringen kann. Bei weiter steigendem Verkehrsaufkommen wird das herkömmliche ILS dem An-

sturm von Flugzeugen über kurz oder lang nicht mehr gewachsen sein. Außerdem macht dem ILS auch die steigende Zahl von leistungsstarken UKW-Rundfunksendern zu schaffen. Überall schießen neue Sender wie Pilze aus dem Boden, die, sofern kein genügend großer Abstand zum ILS gegeben ist, den Empfang dieser Signale in den Jets schon einmal beeinträchtigen können. Dadurch könnte natürlich auch die in der Luftfahrt so wichtige Sicherheit gefährdet werden. Nicht zuletzt war dies wohl auch einer der Gründe, die Entwicklung eines sogenannten Mikrowellen-Lande-Systems, kurz MLS, voranzutreiben. Um praktische Erfahrungen zu sammeln, wurden auf einigen europäischen Flughäfen, so auch in Frankfurt und London, zusätzlich zu den bestehenden Navigations-Einrichtungen, bereits MLS-Anlagen installiert. Nach einer ausgedehnten Erprobungsphase, die aber sicherlich bis ins Jahr 2000 dauern wird, soll dann das Mikrowellen-Lande-System das ILS vollkommen ablösen. Voraussetzung dafür ist allerdings, daß auch die Flugzeuge dann mit entsprechenden Instrumenten ausgerüstet sind.

So ein MLS hat natürlich den Vorteil, daß es gegenüber dem herkömmlichen System wesentlich flexibler arbeitet. Das wird schon bei der Abstrahlung der Funksignale deutlich. So überwacht das MLS nicht nur einen sehr schmalen Gleitpfad, wie das bisher beim ILS der Fall ist, sondern zusätzlich noch einen relativ großen Bereich vor der Landebahn.

Ganz grob gesagt, besteht ein MLS aus vier wesentlichen Bestandteilen. Zunächst ist der Frontkurssender zu nennen. Er sendet die Mikrowellen im Horizontalbereich so aus, daß sie einen Winkel von bis zu 60

Grad links und rechts der Anflugsgrundlinie bestreichen können. Die Cockpit-Crew kann so während des Anflugs schon ziemlich früh erkennen, in welcher Position zur Landebahn sich der Jet gerade befindet. Dieser Frontkurssender steht dann, zusammen mit einer Entfernungsmeßanlage, normalerweise am Ende der Landebahn.

Alleine der elektronische Entfernungsmesser ist schon ein kleines Wunderwerk für sich. Er kann sogar noch ein Flugzeug in 40 Kilometer Entfernung bis auf wenige Meter genau registrieren. Diese Technik macht es deshalb möglich, die ganze Anflugphase ziemlich flexibel zu gestalten. So ist es nicht mehr nötig, die Flugzeuge wie auf einer Perlenkette aufzureihen und die einmal festgelegte Landefolge beizubehalten, sondern die Reihenfolge kann auch kurz vor der Landung noch einmal geändert werden.

Einen weiteren Bestandteil der MLS-Anlage stellt der Gleitwegsender dar. Wie auch beim ILS wird er seitlich neben der Landebahn, im Bereich der Aufsetzzone, eingebaut. Der Gleitpfad beim heutigen ILS läßt mit nur zwei bis vier Grad kaum einen Spielraum. Beim Mikrowellen-Lande-System sieht es schon anders aus. Da können die Piloten nämlich jeden beliebigen Gleitweg zwischen 0,9 und 15 Grad über dem Horizont wählen.

Als letzte Komponente des MLS wäre jetzt eigentlich nur noch der Sender für die Abstrahlung des Rückkurses im Horizontalbereich zu nennen. Das hört sich zwar kompliziert an, ist es aber überhaupt nicht. Im Grunde entspricht dieser Sender im Aufbau und in seiner Funktionsweise so ziemlich dem Frontkurssender. Allerdings mit einem Unterschied. Der Rückkurssen-

der strahlt ja, wie der Name schon sagt, rückwärts, also in die Abflugrichtung. Wenn ein Flugzeug nicht landen kann und deshalb durchstarten muß, übernimmt der Rückkurssender die Kursführung, also eine ganz praktische Einrichtung.

Wie der Frontkurssender ist auch der Rückkurssender auf der Verlängerung der Landebahn-Mittelline im Sicherheitsstreifen plaziert. Werden einmal beide Landerichtungen mit dem MLS ausgestattet, so können diese beiden Horizontalsender wahlweise die Funktion von Frontkurs- oder Rückkurssender übernehmen. Doch bis es soweit ist, dauert es bestimmt noch einige Jahre.

Betriebsstufen eines Flughafens

Nicht immer ist die Sicht gut, wenn die Flugzeuge unter den Wolken angelangt sind. Modernen Jets macht schlechtes Wetter aber überhaupt nichts aus, sie sind so gut ausgerüstet, daß sie theoretisch ohne jegliche äußere Sicht starten und landen könnten. Eine hochmoderne und komplizierte Bordelektronik macht dies möglich.

Was nützt aber die ganze Technik im Flugzeug, wenn der Zielflughafen nicht mit den erforderlichen Bodeneinrichtungen ausgerüstet ist? Aus diesem Grund werden die Flughäfen in unterschiedliche Kategorien eingeteilt und Landebahn- und Bodensichten festgelegt, bei denen ein gefahrloser Flugbetrieb gerade noch möglich ist.

So gibt es drei Kategorien, wobei die dritte noch einmal unterteilt ist. Vor der Landung bekommen die Piloten ja noch einen Hinweis darauf, welche Sichtverhältnisse auf dem Zielflughafen gerade herrschen, die Crew kann sich so schon darauf einrichten. Können die Piloten dabei während des Landeanflugs in einer Höhe von 60 Metern die Bahn noch 800 Meter weit einsehen, bereitet die Landung kaum Schwierigkeiten, obwohl schon die erste Kategorie, CAT I genannt, erreicht ist.

Bei der Betriebsstufe CAT II dagegen reißen die Wolken erst in einer Flughöhe von 30 Metern auf, und auch von der Landebahn ist nur ein 400 Meter langes Stück zu sehen. Bei einer Landung nach CAT III a beträgt die Landebahnsicht gerade noch 200 Meter, bei CAT III b sogar nur 50 Meter. Da bleibt den Piloten kaum mehr Zeit

für ein Durchstartmanöver, denn sobald sie die Bahn sehen können, setzt der Jet praktisch schon auf.

In der Zwischenzeit sind acht der 16 bundesdeutschen Verkehrsflughäfen mit einem solchen Instrumenten-Lande-System ausgerüstet, so daß ein Allwetter-Flugbetrieb nach CAT III b ohne Sicherheitsrisiko möglich ist.

Hart gearbeitet wird derzeit für die Einführung der Betriebsstufe CAT III c, also einer Landung ohne jegliche äußere Sicht. Sind die Flughäfen einmal entsprechend ausgerüstet, sind Blindlandungen ohne weiteres möglich. Der Autopilot bringt das Flugzeug ja ganz von alleine runter und

Im Cockpit einer Boeing 747-400 gibt es ebenfalls zahlreiche Bildschirme, die die herkömmlichen Instrumente abgelöst haben. Links und rechts der Leistungshebel für die Triebwerke sind zwei Bordcomputer zu erkennen. Der Bildschirm in der Mitte zeigt gerade die Leistungsdaten der Triebwerke an. Fällt eine Anzeige aus, so können die Daten auch auf den anderen Bildschirmen angezeigt werden.

bremst es sogar ab. Bei gutem Wetter und guter Sicht nehmen viele Piloten aber immer wieder das Steuerhorn selbst in die Hand und landen ohne Automatik, denn Fliegen macht einfach Spaß.

Wie geht es aber weiter, wenn ein Jet bei CAT III c gelandet und ausgerollt ist? Zum *Terminal* ist es noch weit, und draußen ist absolut nichts zu sehen. Auf einigen Flughäfen gibt es ein Bodenradar, um die Jets in der dicken Suppe zu finden. Holt ein *Follow-me*-Fahrzeug das Flugzeug ab, geht es ja noch, aber was ist, wenn der Lotse sein Flugzeug verliert? In München ist das tatsächlich schon passiert. Der Jet stand mit laufenden Triebwerken über 20 Minuten lang auf einem Rollweg, weil er ohne Lotse nicht mehr weiterkonnte.

Ein Jumbo-Jet kommt nicht billig runter

Jeder Fluggesellschaft ist es eigentlich klar, daß ihre Flugzeuge nur in der Luft Geld verdienen und auf dem Boden nichts als Kosten verursachen. Kaum ist ein Flugzeug gelandet, wird es teuer.

Die Flughafengesellschaften als Betreiber der Flughäfen bieten ja heute eine ganz moderne Dienstleistung an. Sie sorgen dafür, daß die Start- und Landebahnen ordnungsgemäß hergerichtet sind und organisieren überhaupt den ganzen Betrieb auf einem Flughafen. Das ist aber nicht immer einfach, denn alleine die für die Abfertigung der Jets nötigen Arbeiter und Fahrzeuge sollen ja immer zur richtigen Zeit am richtigen Ort sein und das auch noch so schnell wie möglich.

So sind in Frankfurt bei der dortigen Flughafengesellschaft derzeit etwa 12 000 Mitarbeiter beschäftigt, wobei knapp über die Hälfte unmittelbar mit dem Flugbetrieb zu tun hat. Fast 16 Prozent der Beschäftigten sind mit Schutz- und Aufsichtspflichten betraut und tragen so zu einem sicheren Flugbetrieb bei. In Zürich und Wien liegen die Verhältnisse ganz ähnlich. Auf dem Züricher *Airport* gibt es allerdings einen kleinen Unterschied, die meisten Gebäude gehören dort einer Flughafen-Immobilien-Gesellschaft, die auch Neubauten finanziert.

Alle Einrichtungen kosten viel Geld, und die große Anzahl an Spezialfahrzeugen ist auch nicht gerade billig. Ganz zu schweigen von den Lohnkosten der Flughafen-Angestellten, die im Verhältnis zu anderen Ländern in Deutschland, Österreich und in der Schweiz ja bekanntlich besonders hoch sind.

Woher soll also eine Flughafengesellschaft das viele Geld nehmen, um diese Aufwendungen alle bezahlen zu können? Keineswegs gibt es da immer Zuschüsse vom Staat oder den öffentlich-rechtlichen Eigentümern. Wann immer möglich soll sich ein Flughafen finanziell selber tragen. So bleibt eigentlich nichts anderes übrig, als für die erbrachten Leistungen ein Entgelt, in Form von Gebühren, zu erheben. Angefangen wird da natürlich bei den Fluggesellschaften, für die ein Großteil der Leistungen erbracht wird, indem sie die Abfertigungseinrichtungen und vieles mehr benützen dürfen.

In Abhängigkeit vom jeweiligen maximalen Abfluggewicht haben die Flughafengesellschaften so ihre Landegebühren für die Flugzeuge festgelegt.

Am Flughafen Zürich kommt ein Turbopropflugzeug vom Typ Saab SF-340 mit 219 Schweizer Franken relativ billig weg.

Landegebühren!

Ist dieses Flugzeug voll besetzt, entfallen auf jeden Passagier nicht einmal sieben Franken. Etwas teurer wird es schon bei der Boeing 737-300, und der Airbus A320 wird mit 1078 SFR zur Kasse gebeten. Bei den Großraumflugzeugen steigen die Kosten rapide an, sie sind ja auch erheblich schwerer. So bringt es der Airbus A310 in Zürich bereits auf 2423 SFR, und für eine MD-11 sind sogar über 4500 SFR zu »berappen«.

Bei diesen Landegebühren ist es klar, ein Jumbo-Jet der Serie 400 kommt nicht billig runter. Für eine Landung muß die betreffende Fluggesellschaft schon knapp 6300 SFR bezahlen. Angenommen, es sind 350 Fluggäste an Bord, entfallen auf jeden von ihnen immerhin etwa 18 SFR. Diese Gebühren werden übrigens nur für die Landung erhoben, der Start ist kostenlos.

Besonders gerne sehen es die Flughafengesellschaften natürlich, wenn die *Airlines* mit möglichst leisen und umweltfreundlichen Flugzeugen kommen. Einige Fluggesellschaften, die noch ältere Typen fliegen, sind von diesem Gedanken nicht gerade sehr angetan. So versuchen einige Flughafenbetreiber, da etwas nachzuhelfen. Sie erheben deshalb ganz einfach für laute Flugzeugtypen, wie zum Beispiel die Tupolew 134 und 154 oder ältere Serien der DC-9, je nach verursachtem Lärm einen Lärmzuschlag. Kommt eine *Airline* mit solchen Flugzeugen nun öfters nach Zürich, wird sie sich bald überlegen, ob sie die 135 bis 400 SFR Mehrkosten nicht sparen kann und auf dieser Strecke doch lieber einen leiseren Jet einsetzt.

Interessanterweise kommt es immer wieder vor, daß ein Flugzeug trotz moderner Elektronik von der vorgeschriebenen Abflugroute abweicht und in geringer Höhe über dicht bewohntes Gebiet donnert. In einem solchen Fall wird hart durchgegriffen, die *Airline* bekommt nicht selten ein Verwarnungsgeld, und der Pilot darf diesen Flughafen vielleicht gar nicht mehr anfliegen.

Wie gesagt, die Landegebühren sind für die Flughäfen eine enorm wichtige Einnahmequelle. In Zürich wie auch in Frankfurt machen sie etwa 30 bis 40 Prozent der Gesamteinnahmen aus. Die anderen Einnahmen stammen aus weiteren Bereichen.

Auf einigen Flughäfen, so beispielsweise in Zürich, werden Fluggasttaxen festgesetzt, die die Gesellschaften abführen müssen, damit ihre Passagiere die Flughafeneinrichtungen benutzen dürfen. Eine zusätzliche Einnahmequelle stellen die Parkgebühren dar, die ja bekanntlich auf den Flughäfen nicht gerade niedrig sind. Allerdings reichen diese Erträge oftmals nicht einmal aus, die Aufwendungen für den Unterhalt der Parkhäuser zu decken.

Der Riesenvogel wird empfangen

Rollverkehrsführung auf dem Flughafen

Viele Zuschauer, die von der Besucherterrasse aus die Flugzeuge beobachten, werden sich wohl fragen: »Woher wissen die Piloten bloß, wo sie ihr Flugzeug parken sollen und wie sie dahin kommen?« Nun, bei schönem Wetter und klarer Sicht ist das für die Cockpitbesatzung eigentlich gar kein so großes Problem.

Lange Zeit bevor ein Flugzeug überhaupt auf den Radarschirmen der Anflugkontrolle erscheint, beginnen die Vorbereitungen, um den Riesenvogel gebührend zu empfangen. Die Verkehrszentrale der Flughafen Frankfurt/Main AG hat dem Neuankömmling schon eine Parkposition zugeteilt. Ist es ein Großraumflugzeug, so bekommt dieser Jet, sofern gerade Platz ist, eine Parkposition direkt am *Terminal* zugewiesen. Die anderen Flugzeuge müssen eben auf den Außenpark-Positionen abgestellt und die Fluggäste mit dem Bus zum *Terminal* gefahren werden. Kaum hat ein gelandetes Flugzeug die Landebahn verlassen, beginnt auch schon der oft lange Weg über die unzähligen Rollbahnen. Zählt man diese zusammen, sind sie in Frankfurt mehr als 30 Kilometer lang. Ein Jet muß aus diesem Grund oft mehrere Kilometer fahren, bis er seinen Parkplatz erreicht.

Soeben hat der Fluglotse in der Anflugkontrolle wieder einen Jumbo-Jet an seine Kollegen im *Tower* abgegeben. Über die Sprechfunkfrequenz »Tower« stehen die Piloten jetzt in Verbindung mit der Platzkontrolle der Deutschen Flugsicherung GmbH. Der Copilot hat bereits in Erfahrung gebracht, daß seinem Großraumjet die Parkposition B 49 am östlichen Fingerdock zugewiesen wurde.

Jetzt setzt die Boeing 747 auf, und sofort kommt vom *Tower* die Anweisung, auf der 4000 Meter langen Nordbahn bis zu deren Ende durchzurollen. Bei Nacht oder schlechtem Wetter helfen die zahlreichen in den Beton eingelassenen Strahler der Mittellinien-Befeuerung dem Piloten, das Bugfahrwerk genau auf dieser leuchtenden Schiene zu halten. Auf beiden Seiten markieren starke Speziallampen die Bahnbegrenzung.

An der jeweiligen Farbe der Mittellinien-Befeuerung können die Piloten erkennen, in welchem Teil der Bahn sie sich gerade befinden. Kaum hat der Jet aufgesetzt, flitzen der Mannschaft im Cockpit weiße Lichter entgegen. Gegen Ende der Piste wechseln sich weiße und rote Strahler ab. Schließlich leuchtet es nur noch warnend rot, die Landebahn hört hier auf.

Am Ende der Nordbahn angelangt, schwenkt der Jumbo-Jet getreu der Anweisung aus dem Kontollturm auf die Rollbahn L, in der Fachsprache *Taxiway* L genannt, ein. Nachdem sich der Fluglotse noch einmal davon überzeugt hat, daß die Abrollbahn gerade frei ist, bekommt der Großraumjet die Erlaubnis, auf den *Taxiway Alfa* einzuschwenken. Unter ständigem Funkkontakt steuert der Jet nun seinem Ziel, der Abstellposition B 49, entgegen.

Neben den Anweisungen der Flugsicherung helfen auch die farbigen Bodenmarkierungen und die beleuchteten Hinweistafeln den Piloten, sich mühelos zurechtzufinden. Die Kontrollstelle versucht natürlich immer, den Jet auf dem kürzesten Weg zum *Terminal* zu schleusen. Während der Verkehrsspitzen sind so nicht selten ganze Schlangen von Flugzeugen unterwegs.

Inzwischen hat die Boeing 747 die unsichtbare Grenze zwischen dem Rollbahnsystem und dem Flughafenvorfeld erreicht. Hier endet die Zuständigkeit des *Towers*. Ab sofort übernimmt die Vorfeldkontrolle der Flughafen-Gesellschaft die Kontrolle über das Flugzeug. Die *Cockpit-Crew* braucht dazu lediglich den Sprechfunk auf die neue Frequenz umzuschalten.

Die freundliche Aufforderung: »Follow me«

Die aufmerksamen Flughafenbesucher auf der Zuschauerterrasse haben schon bemerkt, daß inzwischen ein gelbschwarz karierter Kleinbus an der Grenze zum Vorfeld wartet, um den einschwenkenden Jumbo-Jet gleich in Empfang zunehmen. Der Kleinbus ist ein Leitfahrzeug, welches ab und zu von der Vorfeldkontrolle eingesetzt wird, um Flugzeugen den Weg zu ihrer Abstellposition zu zeigen. Kennt sich ein Pilot nicht so gut aus, braucht er nur so ein Fahrzeug anzufordern.

Auf dem Dach des Fahrzeuges sind zwei rote Rundumleuchten und eine große Anzeigetafel mit der Aufschrift »STOP« und »FOLLOW ME« angebracht. Ist die Leuchtanzeige eingeschaltet, ist das die freundliche Aufforderung an die Piloten,

dem Kleinbus zu folgen. Dieses *Follow-me*-Fahrzeug ist über Sprechfunk mit der Vorfeldkontrolle verbunden, von wo es zu seinen Einsätzen dirigiert wird. Damit nicht jedes Fahrzeug ständig auf dem ganzen Flughafengebiet herumfahren muß, hat es einen genau festgelegten Einsatzbereich, in dem der Fahrer die Lotsendienste und Kontrollfahrten macht.

Jetzt geht es los. Das *Follow-me* setzt sich vor den Großraumjet. Gegenüber der riesigen Boeing 747 wirkt das Fahrzeug zwergenhaft. Wie ein Pfadfinder leitet der Kleinbus den Jet nun über eine Unmenge von Fahrstraßen sicher über das Vorfeld und direkt zu seiner Parkposition B 49.

Auch wenn die Piloten ihren Weg von alleine finden, steht an der Parkposition auf jeden Fall ein *Follow-me* bereit. Das Flugzeug darf nämlich nicht eher an das *Terminal* heranfahren, als bis der Mitarbeiter von der Abfertigung die Abstellfläche genau inspiziert und auf Hindernisfreiheit überprüft hat. Dabei schaut er auch nach, ob die Fluggastbrücke richtig in der Ausgangsposition steht. Jetzt darf der Jet unter Aufsicht endgültig an das Gebäude heranfahren. Dabei wird die Maschine wegen des steilen Blickwinkels aus dem Jumbo-Cockpit nicht mehr mit gelben Kellen eingewunken, sondern der Pilot orientiert sich über Leuchtanzeigen an der Gebäudewand vor ihm.

Diese Anzeigen zeigen durch perspektivische Verschiebung eventuelle Abweichungen von der gelben Bodenleitlinie und den Abstand zum Haltepunkt an.

Kaum ist der Jumbo-Jet nach seiner langen Reise zum Stehen gekommen, beginnt ein emsiges Treiben. Von allen Seiten fallen Scharen der unterschiedlichsten Fahrzeuge auf den silbernen Vogel ein.

Kaum ist der Jumbo-
Jet am Gate zum
Stehen gekommen,
bewegen sich zahlrei-
che Spezialfahrzeuge
auf den Jet zu. Neben
Hubwagen kommen
auch Fäkalienfahr-
zeuge und Transpor-
ter für die Frischwas-
serversorgung zum
Einsatz.

Ein Mitarbeiter der Bodenabfertigung besprüht diesen Jet gerade mit einem Heißwasser-Glykol-Gemisch, um die Tragflächen vor Vereisung zu schützen.

Als erstes werden Bremsklötze an den Rädern angelegt, damit sich der Jet nicht ungewollt in Bewegung setzen kann. Die Klötze bestehen übrigens nur aus Holz, doch das aus gutem Grund. So können sich beim Ziehen auf dem Boden keine Funken bilden, die vielleicht Öl- oder Kerosinreste entzünden könnten. Der Flug ist jetzt endgültig beendet und das Flugzeug, wie es im Fachjargon heißt, *on block.*

Glatteisfrühwarnung und Winterdienst

Nicht immer sind die Witterungsverhältnisse so, daß die Flugzeuge ganz ohne Mühe auf dem Flughafen rollen können. Im Winter sieht es doch oft etwas »weißer« aus. Zwar zeigt sich der Winter bei uns in Mitteleuropa nur selten von seiner strengen Seite, doch trotzdem kann er unserem Verkehr manchmal schwer zu schaffen machen.

Hat jemand gebucht, möchte er natürlich auch fliegen, selbst wenn es schneit.

Um da noch einen geregelten Flugbetrieb zu ermöglichen, sind auf den Flughäfen ganze Scharen von Räumfahrzeugen, Enteisungsmaschinen und nicht zuletzt das Bedienungspersonal oft rund um die Uhr im Einsatz.

Zunächst gilt es, die Flugzeuge von Eis und Schnee zu befreien. Dazu werden die Jets kurz vor dem Start mit einem Heißwasser-Glykol-Gemisch besprüht. Das Glykol legt sich nach dem Abtauen als dünner Film auf Tragflächen, Rumpf und Leitwerk und verhindert so einen erneuten Eisansatz.

Natürlich müssen auch die Start- und Landebahnen, Rollwege und das riesige Vorfeld von Schnee und Eis befreit werden. So gilt eine Betriebsfläche immer dann als »Winterdienst betreuungspflichtig«, wenn die gefahrlose Benutzung der Flächen durch Schnee, Eis oder Reif beeinträchtigt ist.

Richtig unscheinbar – und deshalb am gefährlichsten – ist für einen Flughafen das Glatteis. Doch keineswegs ist nun Glatteis gleich Glatteis. Die Meteorologen unterscheiden je nach Entstehungsweise zwischen verschiedenen Arten von Winterglätte. Glatteis entsteht ja immer dann, wenn Regen oder Nebel auf eine unterkühlte Oberfläche trifft und dann gefriert. Eisglätte bildet sich auf einer bereits nassen Oberfläche, sobald das Thermometer unter 0 Grad Celsius fällt.

Eine weitere ganz tückische Wintererscheinung ist die Reifglätte. Entsteht der Rauhreif gar in größeren Mengen, gibt es auch wieder Glatteis. Selbst Schneereste auf den Bahnen können sich durch rollende Jets so stark verdichten, daß Eiskristalle entstehen, die schließlich Glatteis bilden.

Ganz wichtig ist es jetzt, so früh wie nur möglich zu erkennen, wenn sich winterliche Verhältnisse einstellen. Um hierfür die nötigen Informationen zu bekommen, hat man in Frankfurt eine ganz raffinierte Anlage, ein sogenanntes Glatteis-Frühwarnsystem, installiert. Schon seit langem ist bekannt, daß vorbeugende Maßnahmen viel wirkungsvoller sind als Räum- und Streuarbeiten, die erst dann beginnen, wenn sich bereits eine gefährliche Eisschicht gebildet hat. Der Einsatz ist also am wirkungsvollsten, wenn er möglichst unmittelbar vor der Glättebildung erfolgt.

Um etwas längerfristig vorausplanen zu können, erstellt die Wetterwarte des Flughafens im Winter jeden Tag eine Vorhersage. Da wird nun die Wahrscheinlichkeit ermittelt, mit der mit Schneefall, gefrierendem Regen usw. zu rechnen ist. Sobald die Wahrscheinlichkeit über 40 Prozent liegt, trifft man schon die ersten Vorbereitungen für einen eventuellen Personal- und Geräteeinsatz.

Das Glatteis-Frühwarnsystem besteht nun aus mehreren Sonden, die in die Start- und Landebahnen sowie in die wichtigsten Rollwege eingebaut sind. Spezialkabel leiten die Daten an eine Außenstation weiter, welche die Meßwerte der Sonden sammelt und dann in einen zentralen Rechner einspeist. Am Ende der Leitung steht in der Vorfeldkontrolle ein Monitor, der die Meßergebnisse an den verschiedenen Stellen anzeigt.

So hat es die Einsatzleitung ganz bequem und kann im warmen Büro nachschauen, bei welcher Sonde und an welcher Stelle des Bahnsystems sich die Temperatur auf »Talfahrt« befindet. Verschiedene Farben auf dem Monitor stellen die jeweilige Situation hervorragend dar.

Eine solche Sonde sammelt die unterschiedlichsten Daten. So übermittelt sie, ob ihre Oberfläche trocken, feucht oder naß ist, welche relative Luftfeuchtigkeit herrscht und noch einige andere Einzelheiten mehr. Die Einsatzleitung für den Winterdienst kann sich durch die detaillierten Informationen, die dank dem Computersystem mindestens alle drei Minuten aktualisiert werden, jederzeit ein genaues Bild über den Zustand des Bahnsystems machen.

Doch auch die sorgfältigste Schnee- und Eisbeseitigung kann nicht verhindern, daß immer noch Reste vereister Flächen auf den Roll- und Landebahnen zurückbleiben. Diese müssen mit chemischen Mitteln aufgelöst werden. Dabei kommen insbesondere Harnstoffe und Alkohollösungen zum Einsatz. Mit diesen Stoffen muß jedoch sehr sparsam umgegangen werden, da der Flughafen Frankfurt teilweise in einem Wasserschutzgebiet liegt. Salz, das wissen zumindest alle Autofahrer, greift Metall an; es darf deshalb auf Flughäfen nicht gestreut werden.

Alles in allem lassen sich die Flughäfen eine solche »Winterkosmetik« schon einiges kosten, um den Flugbetrieb auch bei noch so widrigen Wetterverhältnissen aufrecht erhalten zu können.

Die Passagiere gehen von Bord

Wege der Koffer, Gepäckfördersystem

Kaum hat der Pilot auf der Abstellposition die Triebwerke des Flugzeuges abgeschaltet, schwirren die vielen Fahrzeuge für die Abfertigung um den Jet herum. Jeder Arbeiter weiß genau, wo er hin muß und was er zu tun hat, damit das Flugzeug so schnell wie möglich entladen werden kann. Schon öffnen sich die Frachtraum-Türen, und die Container kommen zum Vorschein.

Bei kleineren Jets müssen die Arbeiter ziemlich kräftig zupacken, da die Gepäckstücke in den Unterflur-Laderäumen lose gestapelt sind. Über ein kleines Förderband gelangen die Koffer auf den Boden, wo sie ein weiterer Arbeiter aufnimmt und in die Gepäckwagen einlädt, die schon bereitstehen. Danach setzt sich der kleine Zug mit Wägelchen in Richtung *Terminal* in Bewegung.

Ein wenig anders funktioniert das Entladen der Großraumflugzeuge. Zwar sind die Koffer auch hier unter der Kabine verstaut, doch sind sie dort in extra Gepäckcontainern gestapelt. Beim Ausladen können nun Maschinen helfen. Ein Hubwagen fährt heran. Die eingebaute Hydraulikanlage hievt die Hebebühne geschwind auf die richtige Höhe, das Entladen kann beginnen.

Ein Arbeiter an der Ladetüre dirigiert die Container nun mit Hilfe der Laufrollen im Unterflurboden geschickt zum Ausladen heran. Dabei achtet er genau darauf, daß die Container nicht allzusehr anecken. Jetzt rollt auch schon einer zur Türe heraus und auf die Hebebühne. Der Fahrer des Wagens hat das gesehen, senkt die Bühne auf den Boden herab, und übergibt die Ladung einem Containerfahrzeug, das schon darauf wartet. Sofort fährt dieses davon und bringt den Container zur Ausladestelle. Eile ist geboten, da die meisten Passagiere inzwischen ausgestiegen sind, und bereits die Gepäckausgabe ansteuern.

Die Koffer werden nun mit herkömmlichen Förderbändern zur Ausgabe transportiert. Kaum sind die ersten Passagiere in dieser Halle angekommen, setzt sich auch schon das Ausgabeband in Bewegung und fördert die ersten Koffer zutage. Ein kurzer Blick auf die Anzeigetafel. Es stimmt, hier müßte der Koffer kommen.

Den Koffern, die zu einem anderen Flugzeug transportiert werden sollen, steht nun ein langer Weg durch das Labyrinth der Gepäckförderanlage bevor. Diese Anlage ist eigentlich schon ein kleines Wunderwerk der Technik. Die sehr leistungsstarke Förderanlage kann in jeder Stunde mehr als 10 000 Gepäckstücke sortieren und befördern. Hinzu kommt noch das Gepäcksystem des neuen *Terminal* 2, welches über einen 1,2 km langen Tunnel mit der Anlage im *Terminal* 1 verbunden ist. Mit einer Fördergeschwindigkeit von bis zu fünf Meter pro Sekunde benötigt ein Gepäckstück nun höchstens 16 Minuten, um auch die längste Distanz zwischen Aufgabe- und Bestimmungsort zu überbrücken. Nicht zuletzt deshalb zählt der Flugha-

fen Frankfurt zu den attraktivsten Umsteigeflughäfen der Welt. So steigt hier knapp die Hälfte aller Fluggäste in einen anderen Jet um. Da den Passagieren sogar eine Mindestumsteigezeit von nur 45 Minuten garantiert wird, können sie eine dreiviertel Stunde nach der Ankunft schon wieder mit dem nächsten Jet abheben.

Daß auch in einer so kurzen Zeit der Koffer rechtzeitig den Anschlußflug erreicht, dafür sorgt eben auch die gigantische Gepäckförderanlage. Rechnet man die Zeit für das Ent- und Beladen ab, verbleiben für den Koffer kaum mehr 20 Minuten, um zur richtigen Parkposition zu gelangen.

Zunächst legt ein Arbeiter den Koffer in einen der 12 000 wannenartigen Behälter. Auf einem Eingabegerät wird nun die Nummer des Anschlußfluges eingetippt, die der Computer gemeinsam mit der Identifizierungs-Nummer des Transportbehälters speichert. Kurz darauf verschwindet der Behälter mit seiner Fracht im Labyrinth der insgesamt 55 Kilometer langen Sortier- und Förderanlage.

Dann passiert die Wanne eine Lesestelle, wobei die Behälternummer registriert wird. Über diese findet der Rechner die zugeordnete Flugnummer. Da der Computer auch die Abstellposition des Flugzeuges kennt, steuert er nun die Wanne auf dem schnellsten Weg zu seinem Ziel. Gepäckstücke, die noch nicht benötigt werden, weil der betreffende Flug erst in ein paar Stunden startet, werden so lange in einem Frühgepäckspeicher aufbewahrt. Wird es Zeit, diese Koffer zu verladen, werden sie vom Superhirn des Computers aus dem Speicher abgerufen.

Wie von Geisterhand gesteuert, flitzen die Wannen auf den durch Tausende von

Elektromotoren angetriebenen Laufbahnen herum. Immer wieder kommen sie dabei an Lesestellen vorbei, wo sie der Computer identifiziert und weiterleitet. Weiter geht die rasante Fahrt über die vielen Weichen, Abzweigungen und Beschleunigungsstrecken. Steigungen und Gefälle werden in dem auf drei Ebenen arbeitenden Sortiersystem ebenfalls mühelos bewältigt.

Menschen sieht man selten in dieser Welt der Technik. Sie überwachen die ganze Anlage nur und bringen die Koffer wieder auf die Bahn, die ab und zu aus den Wannen herausgeschleudert werden.

Selbst wenn einmal ein paar Motoren ausfallen, steht die Anlage noch lange nicht still. Der Computer leitet die Wannen dann ganz einfach über eine andere Strecke um.

Kommt die Gepäckwanne endlich an ihrem Ziel an, wird sie umgehend entleert und fährt sofort wieder davon. Im Frühgepäckspeicher oder auf extra Vorratsbahnen wartet sie nun auf ihren nächsten Einsatz.

Selbstverständlich gelangen auch die gerade erst aufgegebenen Koffer durch die Gepäcksortieranlage zum Flugzeug. Für besonders großes und unhandliches

Hat das Gepäck die Förderanlage durchlaufen und kommt am entsprechenden Flugsteig an, wird es in bereitgestellte Container verladen und zum Flugzeug gebracht. Nicht selten kommen dabei die Koffer der umsteigenden Passagiere in besondere Container, um auf dem Umsteigeflughafen eine schnellere Verteilung zu ermöglichen.

Gepäck gibt es zusätzlich noch ein extra Förderband, da diese Stücke ja nicht in die Wannen hineinpassen.

Bei der Fülle der Gepäckstücke, die tagtäglich durch das Sortier- und Fördersystem geschleust werden, gibt es natürlich auch einmal Engpässe und sogar richtige Staus. Ab und zu werden dann die Koffer in eine Warteschleife geschickt. Alles in allem arbeitet diese gewaltige Gepäckförderanlage fast fehlerlos. Rein statistisch gesehen, werden von 1000 Gepäckstücken nur zwei fehlgeleitet oder erreichen ihr Ziel nicht rechtzeitig.

Was tun, wenn der Koffer fehlt?

Irgendwann macht eben auch die noch so moderne Computeranlage einmal einen Fehler. Der Fluggast wartet dann vergeblich am Förderband der Gepäckausgabe auf seinen Koffer. Ständig kommen neue auf das Band, doch seiner ist nicht dabei. Plötzlich wird es zur Gewißheit. Das Förderband bleibt stehen, die Ausgabe ist beendet und der Koffer fehlt. Man braucht deshalb aber nicht gleich zu verzagen, denn die Chancen stehen ziemlich gut, sein Gepäck bald wiederzusehen.

Für diesen Fall, von dem jeder verschont zu bleiben hofft, gibt es auf fast allen Flughäfen extra Schalter für die Gepäckermittlung. Findet man keinen, braucht man sich nur an die Fluggesellschaft zu wenden, mit der man geflogen ist. Die Suche nach dem Koffer wird sofort eingeleitet.

Immerhin gibt es nun ein ganze Reihe von Möglichkeiten, wo denn das Gepäck abgeblieben sein könnte. Vielleicht konnte der Koffer beim Umsteigen einfach nicht schnell genug umgeladen werden oder er ist in ein falsches Flugzeug geraten und nun auf dem Weg zu irgendeinem anderen Flughafen.

Wie dem auch sein, auf alle Fälle muß jetzt erst einmal ein Steckbrief aufgestellt werden, anhand dessen man ihn identifizieren kann.

Alle wichtigen Informationen über den Koffer, wie zum Beispiel Größe, Aussehen, Zahlenkombination für das Schloß und natürlich über den Inhalt werden genau aufgelistet. Hinzu kommt noch der Name der betreffenden *Airline* sowie die Nummer des Gepäckanhängers. Spätestens dann, wenn man einmal seinen Koffer vermißt hat, weiß man, wie wichtig auch der Adreßaufkleber auf dem Koffer ist.

Aus der Fülle von Daten über das Gepäckstück wird jetzt ein Code zusammengestellt und die Suche kann beginnen. Zuerst werden alle Informationen in einen Computer eingetippt, an den auch die Fluggesellschaften der Internationalen-Luftfahrt-Vereinigung (IATA) angeschlossen sind. Zusätzlich haben einige Fluggesellschaften noch ein internes Suchsystem.

Nun beginnt der Computer damit, die Suchmeldung mit den Daten von Gepäckstücken zu vergleichen, die irgendwo auf der Welt auf einem *Airport* gefunden wurden. Kurz darauf spuckt das Elektronikgehirn schon eine Liste mit allen Steckbriefen aus, bei denen die Codes zu mehr als 50 Prozent übereinstimmen.

Nun überprüft ein Mitarbeiter der Gepäckermittlung die Liste. Ist der gesuchte Koffer tatsächlich darauf verzeichnet, fordert ihn der Angestellte von dem betreffenden Flughafen umgehend an. Immerhin

98 Prozent aller verlorengegangenen Koffer tauchen so nach kurzer Zeit wieder auf.

Findet die Gepäckermittlung auf dem Frankfurter Flughafen ihrerseits herrenlose Koffer, werden die Daten natürlich auch gleich in den Computer eingegeben. Steht das Gepäck dann nach ein paar Tagen immer noch herum, weil der Besitzer noch nicht ausfindig gemacht werden konnte, wird es meistens an die Fluggesellschaft geschickt, die es befördert hat. Die restlichen Fundsachen wandern in das Zolllager, wo sie etwa weitere drei Monate aufbewahrt werden. Kann bis dahin der Eigentümer immer noch nicht gefunden werden, kommen die Sachen irgendwann einmal zu einer Versteigerung.

Steht ein Passagier aus Übersee tatsächlich einmal ohne Koffer da, muß ihm ja irgendwie geholfen werden. Meistens zeigt sich die Gesellschaft, mit der er gekommen ist, kulant und stellt die Mittel für das Nötigste zur Verfügung. Für den nicht wieder aufgetauchten Koffer gibt es dann selbstverständlich eine Entschädigung von der betreffenden Fluggesellschaft. Der Ärger bleibt einem aber leider nicht erspart.

Sonderservice für hilfsbedürftige Fluggäste

Nicht für alle Menschen ist das Fliegen unproblematisch und unbeschwert. Um aber auch den hilfsbedürftigen Passagieren die Zeit vor und nach einem Flug so angenehm wie möglich zu machen, gibt es für sie auf vielen Flughäfen eine Sonderbetreuung, den sogenannten *Special Service.* Die ausgebildeten Mitarbeiterinnen helfen ortsfremden, ausländischen und behinderten Menschen ebenso gerne wie Kindern. Das ist ein ganz wichtiger Dienst der wesentlich dazu beiträgt, daß heutzutage wirklich jeder fliegen kann.

Gleich bei der Buchung braucht der Passagier es nur zu sagen, daß er eine besondere Betreuung benötigt. Treffen diese Passagiere dann zu ihrem Flug auf dem Flughafen ein, haben die Mitarbeiterinnen der Sonderbetreuung schon Vorbereitungen getroffen. Für gehbehinderte Menschen steht meistens schon ein Rollstuhl bereit. Kranken und verletzten Fluggästen hilft, wenn nötig, auch gerne ein ausgebildeter Transportsanitäter.

Die Kinder haben schon ihr Täschchen mit den Flugunterlagen um den Hals und freuen sich, daß sie die Stewardeß nun zum Flugzeug bringt.

Für die ganz Kleinen hat der *Special Service* sogar einen richtigen Babyraum zum Stillen und Wickeln eingerichtet. Natürlich stehen auch hier die netten Mitarbeiterinnen den Eltern der Kinder mit Rat und Tat zur Seite.

Während den Schulferien gibt es für den *Special Service* besonders viel zu tun, wenn Kinder ganz alleine zu Verwandten und Bekannten in die ganze Welt reisen. Die alleinreisenden Kinder, in der Flughafensprache kurz »UMs« genannt, tragen alle ein rotes Täschchen um den Hals, in dem ihre Reiseunterlagen verstaut sind.

Auf dem Flughafen angekommen, geben die Eltern ihr Kind in die Obhut des *Special Service,* von dem sie bis zum Abflug liebevoll umsorgt werden. Wartezeiten vor oder nach einem Flug verbringen die »UMs«, zusammen mit anderen Kindern aus aller Welt, in einem Spielzimmer.

Gleich nebenan warten auch die anderen hilfsbedürftigen Fluggäste auf den Abflug. Den Kindern wird es mit den vielen Spielsachen bestimmt nicht langweilig. Manchmal tut es den Betreuerinnen richtig leid, wenn sie ein Kind von seinen neuen Freunden trennen müssen, damit es das Flugzeug nicht versäumt.

Wann immer möglich dürfen diese Passagiere jetzt als Erste an Bord. Im Jet angekommen, kümmert sich eine Stewardeß um die Fluggäste. Sind die Kinder an ihrem Ziel angelangt, dürfen sie nur den in ihren Reiseunterlagen genau genannten Personen übergeben werden.

Seminare gegen Flugangst

Zu den hilfsbedürftigen Fluggästen ganz anderer Art zählen all jene, die Angst vor dem Fliegen haben. Auch in der heutigen Zeit, in der das Verreisen mit dem Flugzeug nichts besonderes mehr ist, wird es vielen Menschen angst und bange, sobald sie ein Flugzeug betreten. Dies kann ganz verschiedene Gründe haben.

Eine Ursache der Flugangst ist oftmals die Enge in den Flugzeugen. Das Gefühl, über viele Stunden zusammen mit zahlreichen anderen Menschen eingeschlossen zu sein, ruft bei etlichen Passagieren ein Unwohlsein hervor, das sich bis zu regelrechter Platzangst entwickeln kann. Meistens kommt dann noch die Unsicherheit hinzu, ob es einem vielleicht schlecht werden kann oder ob man gar Schwindelgefühle bekommt, wenn man aus 10 000 Metern Höhe auf die Erde hinabblickt.

Bei anderen Menschen setzt sich dagegen der Gedanke fest, selber nichts mehr machen zu können, sobald die Flugzeugtüre verriegelt ist. Das Gefühl, wie beim Autofahren oft üblich, alles selbst voll im Griff zu haben, kann sich beim Fliegen nicht einstellen, wodurch nicht selten eine Art »Beifahrersyndrom« entsteht.

Als weitere Ursache von Angst ist auch das fehlende Wissen um die Technik eines Flugzeuges zu nennen. Die Ungewißheit darüber, weshalb ein Flugzeug überhaupt fliegt, wie es gesteuert wird, und wie die Piloten die Landebahn auf dem Zielflughafen denn finden, treibt diesen Passagieren den Angstschweiß auf die Stirn.

Vielen Menschen, die unter Flugangst leiden, kann mit speziellen Seminaren geholfen werden. Die meist zweitägigen Veranstaltungen werden von einigen Fluggesellschaften, so auch von der Lufthansa, in Zusammenarbeit mit erfahrenen Psychologen in fast allen größeren Städten Deutschlands durchgeführt.

Die kleine Gruppe der »Ängstlichen«, in der Regel nicht mehr als zehn Personen, lernen zunächst einmal, über ihre Ängste überhaupt sprechen zu können. Nach dieser Phase stehen intensive Gespräche zum Thema Fliegen auf dem Programm. Entspannungsübungen, ein wirksames Mittel gegen Flugangst, runden diesen ersten Teil des Seminars ab.

Während des weiteren Seminarverlaufs stößt ein Pilot zu der Gruppe und erläutert vor Ort, wie das Flugzeug funktioniert, warum beim Ausfahren der Landeklappen so ein surrendes Geräusch entsteht und vieles mehr.

Zum Abschluß des Seminars geht es am zweiten Tag darum, das Gelernte in der Praxis anzuwenden. Aus diesem Grund unternimmt die Gruppe einen gemeinsamen Flug, beispielsweise von Frankfurt nach München. Mit Unterstützung des Psychologen geht das jetzt viel einfacher, und so kommt es nur sehr selten vor, daß jemand kneift und den Flug nicht mitmacht.

Fast alle »Ängstlichen« können so »geheilt« werden und nicht wenige buchen schon kurz nach dem Seminar eine Urlaubsreise, natürlich mit dem Flugzeug.

Einmal ein VIP sein

Eine Sonderbetreuung ganz besonderer Art wird den sogenannten *VIPs* auf Flughäfen zuteil. Wer wäre deshalb nicht gerne einmal ein solcher *VIP*, also eine *Very Important Person,* wie die besonderen Fluggäste in der Luftfahrtsprache genannt werden?

Das zu werden, ist aber gar nicht so einfach, man sollte dazu schon eine bekannte Persönlichkeit – z.B. in der Politik – oder Manager einer großen Firma sein. Wer sich nun *VIP* nennen darf und wer nicht, ist generell nicht geregelt und deshalb von Fluggesellschaft zu Fluggesellschaft verschieden.

Einige *Airlines* behandeln alle *First-Class*-Passagiere automatisch als *VIPs*. Manchmal zählen auch Pressevertreter dazu, die man für kurze Zeit zu *VIPs* befördert. Wie dem auch sei, alle diese Personen haben schließlich das eine gemeinsam, nämlich die Sonderbehandlung. Ihnen schenkt man wesentlich mehr Aufmerksamkeit als den »normalen« Passagieren. Die *VIPs* haben, so scheint es zumindest, Niveau und setzen sich deshalb nicht einfach in den Warteraum am *Gate*. Sie halten sich bis kurz vor dem Abflug in Sonderwarteräumen, den sogenannten *VIP-Lounges,* auf.

Hier können sie in einer vornehmen Atmosphäre noch gemütlich die ausliegenden Tageszeitungen oder Wirtschaftsmagazine studieren. Natürlich gibt es in einer *Lounge* (zu deutsch: Gesellschaftsraum) auch »Drinks« und kleine »Snacks« (Imbiß), wodurch das Warten am Boden schon wie im Fluge vergeht. Zur Sonderbehandlung gehört manchmal auch, daß die *VIPs* abseits der normalen Wege ins Flugzeug geschleust werden und dort oft die besten Plätze bekommen. So reist es sich als VIP wirklich angenehm.

Jetzt darf man aber auch die sogenannten *CIPs* nicht vergessen, wie die *Commercially Important Persons* kurz genannt werden. Diese Unterart der *VIPs* sind besonders wichtige Personen aus der Wirtschaft. Sie halten sich vor dem Abflug in der *CIP-Lounge* auf. Hier stehen ihnen zusätzlich zu den üblichen Annehmlichkeiten moderne Bürokommunikationsmittel zur Verfügung. Das Interessante dabei ist, daß man die Leistungen für die Sonderbetreuung eines *CIPs* auch kaufen kann.

Damit jedoch noch nicht genug. Babys im Flugzeug werden kurzerhand *VIBs* genannt, da ja auch sie besonders betreut werden müssen. Nun gibt es auch noch die *VICs,* also *Very Important Cargo.* Dazu zählen Tiere wie beispielsweise Elefanten ebenso, wie dringend benötigte Flugzeugersatzteile.

Zum guten Schluß muß man noch die *Very Important Objects,* kurz *VIOs* genannt, nennen. Auf diese Dinge wird besonders aufgepaßt. Wenn Museumsstükke, unersetzliche und andere wertvolle Gegenstände in die Luft gehen, werden diese fast wie rohe Eier behandelt.

3 ZWISCHEN DEN FLÜGEN

Fitneßprogramm für Jets

Auf vielen Flughäfen, wie hier in Frankfurt, wird das Kerosin unterirdisch direkt vom Tanklager bis zu den Parkpositionen der Flugzeuge gepumpt. Mit seinem Servicefahrzeug verbindet der Mitarbeiter der Betankungsgesellschaft den Hydranten mit den Flugzeugtanks, die sich hauptsächlich in den Flügeln befinden, und überwacht die Betankung.

Bodenstromversorgung für die Flugzeuge

Auch am Boden braucht ein Flugzeug Strom, damit die elektronischen Systeme ständig betriebsbereit sind. Um unabhängig zu sein, hat jeder Jet im Heck noch einmal ein kleines Triebwerk, das die Stromversorgung an Bord sicherstellt. Hauptsächlich auf Großflughäfen, wo viele Flugzeuge gleichzeitig am Boden stehen, hatte das aber zur Folge, daß es ziemlich laut war und auch recht konzentriert nach Abgasen roch. Seit aber mobile und umweltfreundliche Stromaggregate eingesetzt werden, hat sich die Situation doch erheblich gebessert.

An den Parkpositionen direkt am *Terminal* kommt der Strom sozusagen gleich aus der Steckdose. Fährt ein Flugzeug an das Gebäude heran, rollt ein Arbeiter sofort das Kabel der stationären Stromversorgung ab und schließt es am Rumpf an. Führend auf diesem Gebiet ist der Flughafen Zürich. Alle gebäudenahen Abstellpositionen sind mit einer stationären Anlage zur Energieversorgung ausgerüstet worden. Seither ist es nicht mehr erlaubt, die bordeigenen Stromaggregate zu benutzen.

Auf den Außenparkpositionen, wo es keine stationäre Stromversorgung gibt, sorgt dagegen ein mobiles Stromaggregat für die nötige Energie. Meistens steht es schon bereit, bevor der Jet die Position überhaupt erreicht hat, und wartet auf seinen Einsatz.

Kaum ist das Flugzeug zum Stehen gekommen, geht es los. In ein paar Sekunden und mit wenigen Handgriffen ist der Jet angeschlossen. Blitzschnell rollt das Bedienpersonal das Versorgungskabel aus ölfestem Gummischlauch von der Aufnahmevorrichtung des Stromaggregates ab und stellt die Verbindung zum Flugzeug her. Gleich darauf wirft der Arbeiter den Dieselmotor des Bordnetz-Versorgungs-Aggregates, in der Fachsprache *Ground Power Unit (GPU)* genannt, an. Wenige Sekunden später hat der Motor schon eine Drehzahl von bis zu 1700 Umdrehungen in der Minute erreicht.

Jetzt ist es soweit. Auf einen Knopfdruck wird der erzeugte Strom in die Bordstromversorgung des Flugzeuges eingespeist. Sofort wird im Cockpit angezeigt, daß die Versorgung durch das *GPU* sichergestellt ist, worauf der Pilot die Triebwerke ausschaltet.

Solange das *GPU* nun in Betrieb ist, überwacht das Gerät alle wichtigen Daten wie Spannung, Öldruck und Motortemperatur ganz von alleine. Jetzt ist das Aggregat normalerweise eine Stunde lang in Betrieb, bis der Pilot die Hilfsturbine wieder anwirft und kurz darauf auch die Triebwerke startet.

Ein solches *GPU* ist durch seinen über 300 Liter Kraftstoff fassenden Tank ziemlich flexibel und kann deshalb auch über viele Stunden im Einsatz bleiben, selbst wenn ein Jet einmal eine längere Bodenzeit hat.

Flugzeugreinigung nach Plan

Für die meisten Passagiere ist es eine Selbstverständlichkeit, daß sie beim *Boarding* ein tadellos sauberes Flugzeug antreffen. Zu Recht, denn Sauberkeit und Ordnung an Bord gehören eben auch zum

* fast jeder Jet

z.B. Concorde braucht am Boden und zum Anlassen der Triebwerke (ca. 5-10 min) Bodenstromversorgung.

Service einer *Airline*. Wer aber nach einem langen Flug vor dem Aussteigen noch einen kurzen Blick durch das Flugzeug wirft, dem ist klar, daß jetzt der Jet erst einmal gründlich gereinigt werden muß.

Auf dem Boden liegen Essensreste, Zeitungen, und alle möglichen Sachen sind kreuz und quer durch das Flugzeug verstreut. In den Großraum-Flugzeugen, die einen langen Flug hinter sich gebracht haben, sind auch die Toiletten im Übermaß strapaziert worden.

Vor dem nächsten Flug gilt es jetzt, den Abfall und die Unordnung zu beseitigen, sowie zu putzen und nochmals zu putzen, bis der Jet wieder in neuem Glanz erstrahlt. Die Flughafengesellschaft in Frankfurt hat beispielsweise eine besondere Reinigungsfirma mit dieser Arbeit beauftragt. Einige hundert Reinemachefrauen dieser Firma sind deshalb ständig auf dem Flughafen eingesetzt.

Daß Putzen nicht gleich Putzen ist, sieht man an den verschiedenen »Leistungspaketen«, die den *Airlines* angeboten werden. So gibt es die Transit-, End- und Sonderreinigung. Hat eine Fluggesellschaft besondere Wünsche und Vorstellungen, ist auch das kein Problem. Bei den unzähligen Fluggesellschaften, die Frankfurt anfliegen, kann man sich leicht vorstellen, wieviel Arbeit es da gibt.

In einem separaten Gebäude auf dem Vorfeld ist die Einsatzleitung der Flugzeugreinigung untergebracht. Hier werden auch die Wünsche der *Airlines* gesammelt und an die Reinemachefrauen weitergegeben. Von hier aus starten auch die aus zwei, vier oder sechs Personen bestehenden Reinigungsgruppen. Die Größe der Trupps hängt ganz davon ab, wie schnell eine Fluggesellschaft bedient

werden muß. Wenn es unbedingt erforderlich ist, reinigen 20 Mitarbeiterinnen einen Jumbo-Jet auch einmal in nur 15 Minuten.

Die Gruppenmitglieder bestimmen eine Kollegin, die während des Einsatzes ständig im Funkkontakt zur Einsatzleitung steht.

Dann gehen die Putzfrauen an die Arbeit. Sie haben die Aschenbecher zu leeren, Fenster zu putzen, Sitze zu säubern, Klapptische abzuwaschen und viele andere Kleinigkeiten mehr. Anschließend sind die Toiletten an der Reihe, und zum guten Schluß geht es noch mit dem Staubsauger durch den Jet.

Treibstoffversorgung, der lange Weg vom Hafen bis zum Flugzeug

Trotz neuer Triebwerke und verbesserter aerodynamischer Eigenschaften ist der Spritverbrauch der Flugzeuge zum Teil doch noch recht hoch. Es sind Unmengen von Kraftstoff, die tagtäglich auf einem Großflughafen, wo jeden Tag Hunderte von Jets starten und landen, getankt werden. Ein einziger Jumbo-Jet, der von Frankfurt *nonstop* nach Los Angeles oder Rio de Janeiro fliegt, braucht für diese Strecke sage und schreibe 150 000 Liter Treibstoff. Selbst der mit verbrauchsgünstigen Triebwerken ausgerüstete Airbus A310-300 benötigt im Reiseflug noch rund 5700 Liter Treibstoff pro Stunde.

Auf den ersten Blick erscheint das immer noch sehr viel, doch dieser Jet bietet selbst bei einer Drei-Klassen-Bestuhlung noch etwa 180 Passagieren Platz und legt in einer Stunde gut 840 Kilometer zurück. Geht man von einer durchschnittlichen

Auslastung von 65% aus, so entfallen auf eine Strecke von 100 Kilometern gerade 5,8 Liter Treibstoff auf jeden Fluggast. So gesehen, verbrauchen die Passagiere an Bord dieses Flugzeuges ungefähr soviel Kraftstoff, als wenn sie mit dem Auto fahren würden.

Bei der großen Zahl von Flugzeugen, die auf einem *Airport* wie Frankfurt, Zürich oder Wien aufgetankt werden müssen, ist es oft nicht mehr möglich, den ganzen Kraftstoff mit Tankfahrzeugen heranzuschaffen. In Frankfurt haben sich aus diesem Grund schon seit längerem einige Mineralölgesellschaften zusammengeschlossen und eine Hydranten-Betankungsanlage installiert. Heute gibt es im Westteil des Flughafens ein riesiges Tanklager. In die 14 Hochtanks passen 121 000 Kubikmeter oder 121 Millionen Liter Flugkraftstoff hinein.

Ein Teil des Treibstoffes kommt mit Tankschiffen auf dem Main bis in den Hafen von Kelsterbach und von dort über eine *Pipeline* direkt in die Tanklager auf dem Flughafen. Der restliche Kraftstoff gelangt über eine Direktleitung aus Rotterdam nach Frankfurt.

Bis der Treibstoff getankt wird, muß er zunächst noch ein paar Tage in den Hochbehältern eingelagert werden, damit sich die schwereren Teilchen absetzen können. Es ist sehr wichtig, daß der Kraftstoff wirklich ganz rein ist. Selbst kleine Wassertröpfchen können sich später in den Triebwerken und Treibstofftanks nachteilig auswirken, da sie während des Fluges gefrieren und Kraftstoffleitungen verstopfen können.

Durch ein weit verzweigtes Rohrleitungssystem wird der Kraftstoff jetzt vom Tanklager zu den einzelnen Abstellpositio-

nen der Flugzeuge gepumpt. Um jederzeit und an jedem Ort betanken zu können, herrscht in den über 30 Kilometer langen Röhren ein Druck zwischen 4,5 und 9 bar. Andernfalls könnte es passieren, daß es aus den Hydranten nur noch heausströpfelt.

Die ganze Betankungsanlage wird von einer rund um die Uhr besetzten Kontrollstelle überwacht und gesteuert. Insgesamt gibt es auf dem Frankfurter Flughafen über 170 Hydranten, die die 15 bis 50 cm dicken Rohre abschließen. Diese Hydranten, auch *Pits* genannt, sind in die Betondecke eingelassen und durch ein Schnellschlußventil abgedichtet.

Nachdem jetzt ein Arbeiter den Deckel der Hydranten-Abdeckung zur Seite geschoben hat, kann er mit seinem Fahrzeug heranfahren. Gleich darauf schließt er einen dicken Schlauch an den *Pit* an und verbindet das andere Ende mit seinem Servicefahrzeug.

Wegen des hohen Drucks kann der Arbeiter den Kraftstoff nicht einfach in die Flugzeugtanks hineinströmen lassen, er muß die Zuleitung erst regulieren. Abgesehen davon, darf der Arbeiter natürlich auch nur die Menge tanken, die die Piloten angefordert haben. Kaum hat er das Servicefahrzeug mit dem Tankstutzen an der Flügelunterseite verbunden, kann die Betankung beginnen. Je nach Flugzeugtyp dauert es bis zu einer halben Stunde, bis die Tanks wieder voll sind.

Der Großraumjet Boeing 747 nimmt je nach Ausführung bis zu 216 000 Liter Sprit mit auf die Reise. Eine DC-10 kann immerhin noch 139 000 Liter aufnehmen, und selbst in die Tanks der kleinen Boeing 737-300 passen noch 21 000 Liter Treibstoff hinein. Nicht immer sind die Tanks randvoll gefüllt, wenn die Jets abheben. Im Durchschnitt tankt jedes Flugzeug ungefähr nur 18 000 Liter Kraftstoff.

Aus Sicherheitsgründen sollten sich nach Möglichkeit während der Betankung keine Passagiere an Bord befinden. Hält es der Pilot für erforderlich, kann er zur Sicherheit ein Einsatzfahrzeug der Feuerwehr anfordern.

Kerosin, der besondere Kraftstoff

Was ist das eigentlich für ein Gemisch, das die Flugzeuge in diesen Unmengen tanken? Nun, die Triebwerke benötigen einen speziellen Kraftstoff, Kerosin genannt. In seiner chemischen Zusammensetzung ist es dem früher in vielen Haushalten verwendeten Lampenpetroleum sehr ähnlich.

Da Qualität beim Flugkraftststoff ja sehr wichtig ist, können nicht alle Rohölsorten für die Herstellung verwendet werden. Das Kerosin, das durch Destillieren bei einer Temperatur von etwa 200 Grad Celsius entsteht, ist übrigens nicht verbleit und enthält auch nur ganz geringe Mengen Schwefel.

Um den Gefrierpunkt noch herabzusetzen und die elektrische Leitfähigkeit zu verbessern, mischt man jetzt noch kleine Mengen von anderen Stoffen bei. Wenn das Gemisch fertig ist, hat es einen Gefrierpunkt von -47 Grad Celsius und einen Flammpunkt von immerhin 42 Grad Celsius. Doch wie steht es nun mit dem Gefrieren, in großen Höhen ist es doch mit -52 Grad Celsius noch kälter? Ganz einfach, durch die Reibung während des Fluges erwärmt sich der Treibstoff so stark, daß er nicht mehr gefriert.

Die Anforderungen an den Kraftstoff sind sehr hoch, daher ist seine Zusammensetzung und damit seine Qualität weltweit ziemlich einheitlich geregelt. Bei den hochmodernen Triebwerken könnte nämlich minderwertiges Kerosin durchaus zu Störungen und Leistungsabfall führen.

So sehr man sich aber bei der Herstellung bemüht, der Treibstoff gelangt schließlich doch nicht so rein in die Flugzeugtanks, wie man es gerne hätte. Neben Wassertröpfchen spielen Mikroorganismen dabei eine entscheidende Rolle. Man darf sich darunter aber keine Tierchen vorstellen, es sind Pilze, die auf den kleinen Wassertröpfchen leben und sich von Kerosin ernähren. Pilze vermehren sich bekanntlich ziemlich schnell, und haben sie es auch noch warm, leben sie wie im »Schlaraffenland«.

Mit der Zeit bilden diese Pilze schleimige Kolonien, die sich dann meistens auf den Tankböden absetzen. Verstopfen sie die Kerosinfilter, kann dadurch ohne weiteres einmal ein Triebwerk ausfallen. Hinzu kommt noch, daß die unbeliebten Organismen die Korrosion der Tanks beschleunigen können. Ist es einmal ganz schlimm, kann man dem Kerosin auch ein wenig Unkraut-Vernichtungsmittel beimischen.

Alternative Flugkraftstoffe

Schon heute steht fest, daß die Ölreserven auf unserer Erde in absehbarer Zeit einmal aufgebraucht sein werden. Nach den letzten Ölkrisen haben deshalb weltweit Forschungen begonnen, um herauszufinden, welche anderen Energiequellen man für die Menschen denn nutzbar machen könnte, und vor allem, welche Alternativen es für das Rohöl gibt.

Dabei haben sich die Wissenschaftler auch überlegt, was man außer Kerosin, das ja aus Rohöl hergestellt wird, für die Flugzeuge noch als Kraftstoff verwenden könnte. Überlegungen für einen Antrieb aus Kohlenstaub oder Atomenergie wurden schnell wieder aufgegeben, die damit verbundenen Probleme konnten einfach nicht gelöst werden.

Heute räumt man dagegen Methan und Flüssig-Wasserstoff die größten Chancen ein. Ein wichtiger Vorteil dieser Stoffe liegt darin, daß sie auch aus Kohle, Ölschiefer und sogar aus organischen Abfällen hergestellt werden können. Wasserstoff läßt sich hauptsächlich durch Zerlegen von Wasser gewinnen, und das ist auf der Erde reichlich und fast überall vorhanden.

Im Unterschied zum herkömmlichen Kerosin verbrennen Methan und Wasserstoff in den Triebwerken nahezu vollständig. Wenn Wasserstoff verbrennt, bleibt außer unschädlichem Wasserdampf nichts mehr übrig, was unserer Umwelt schaden könnte. Es müßte allerdings noch untersucht werden, ob der weltweite Einsatz von Wasserstoff als Flugkraftstoff Einfluß auf das Klima nehmen kann, da der ausgestoßene Wasserdampf in großen Höhen feine Eiskristalle bildet.

Obwohl die Idee grundsätzlich nicht schlecht ist, gibt es auch noch viele ungelöste technische Probleme. Wo und wie soll man den neuen Kraftstoff bloß unterbringen? Bei unseren irdischen Temperaturen kommen Methan und Wasserstoff gasförmig vor, und Gase lassen sich bekanntlich sehr schlecht transportieren.

Zu diesem Zweck müssen diese Stoffe also erst verflüssigt werden, wozu allerdings auch wieder viel Energie benötigt wird. Methan wird erst bei −162 Grad und Wasserstoff sogar erst bei −253 Grad Celsius flüssig. Durch das größere Volumen von Flüssig-Wasserstoff müßten die Tanks etwa viermal so groß sein wie bisher, wodurch ein Großteil der Frachtkapazität verloren gehen würde, da die Unterbringung in den Flügeln nicht mehr möglich wäre. Andererseits würden kleinere Flügel und schwächere Triebwerke ausreichen, um den Jet anzutreiben, da Flüssig-Wasserstoff viel leichter ist als Kerosin.

In die Überlegungen, wie diese technischen Probleme bewältigt werden können, muß schließlich auch der Sicherheitsaspekt mit einfließen. Es müssen dazu noch Möglichkeiten gefunden werden, wie der Flüssig-Wasserstoff auch über größere Zeiträume ausreichend gekühlt, und die Tanks auf Dauer absolut dicht verschlossen werden können. Sonst kann es leicht sein, daß der Flug in einem wasserstoffangetriebenen Flugzeug dem Ritt auf einem Pulverfaß gleicht.

In der ehemaligen Sowjetunion hat man bereits ein Düsenflugzeug umgebaut und mit einem Wasserstoffantrieb ausgerüstet. Die Tests mit dem neuen Treibstoff sind bisher erfolgreich verlaufen. Künftig wird das Projekt in enger Zusammenarbeit mit der Deutschen Aerospace Airbus GmbH fortgeführt.

Wie werden wohl unsere Flugzeuge aussehen, wenn der Energieträger Wasserstoff auch bei den Passagierjets eingesetzt wird? Um die riesigen Tanks unterzubringen, müßte man die Jets ganz neu entwickeln und konstruieren. Auch die Flughäfen müßten alle umgebaut werden, um Wasserstoff lagern und vertanken zu können. Lösungen sind hier vorerst noch nicht in Sicht, da flüssiges Methan und Wasserstoff bisher noch sehr teuer sind und als Treibstoff-Alternativen somit noch nicht wirtschaftlich genug eingesetzt werden können.

Die Bewältigung all dieser Probleme ist daher für unsere Techniker noch eine große Herausforderung. Bestimmt ist es ein großartiges Forschungsgebiet, und der Schritt, einmal Wasserstoff in der Luftfahrt als Treibstoff einzusetzen, ist bestimmt größer, als vom Propellerantrieb zu den Düsentriebwerken.

Wartungsarbeiten an Flugzeugen

Jedes Verkehrsmittel muß mehr oder weniger oft gewartet werden, damit es ständig funktioniert und Menschen sicher von einem Ort zum anderen befördern kann. Jedes Auto ist dankbar, wenn regelmäßig der Kundendienst gemacht wird. Verzichtet man dagegen auf die Inspektionen, hat dies meist keine gravierenden Folgen. Der PKW ist höchstens anfälliger, und vielleicht bleibt man mit einer Panne unterwegs einmal liegen. Doch auch das braucht nicht unbedingt tragisch zu sein, ein Fahrzeug der Pannenhilfe ist schnell zur Stelle.

Mit der Wartung von Flugzeugen ist es dagegen etwas ganz anderes. Geht bei einem Jet unterwegs irgendein Teil kaputt, kann der Pilot ja nicht einfach anhalten und den Schaden beheben. Deshalb ist es sehr wichtig, rechtzeitig einen Defekt zu erkennen und das betreffende Teil auszuwechseln, bevor es ausfällt.

Leicht gesagt, doch die Wirklichkeit sieht oftmals ganz anders aus. Viele Fluggesellschaften sparen gerade an der Wartung ihrer Flugzeuge. Die meisten *Airlines* haben das Risiko, das damit verbunden ist, glücklicherweise erkannt und warten ihre Flotte nach einem genau festgelegten Instandhaltungsplan.

Notwendige Servicearbeiten an den Triebwerken werden gleich an Ort und Stelle durchgeführt. Ab und zu muß dabei auch Öl nachgefüllt werden.

System der Instandhaltung:

Ereignis	Intervall	
	Boeing 737-300	Boeing 747-400
Wartung		
Preflight Check	vor jedem Flug	vor jedem Flug
Ramp Check	täglich	täglich
Service Check	wöchentlich	wöchentlich
A-Check	350 Flugstunden (ca. 7 Wochen)	500 Flugstunden (ca. 5 Wochen)
B-Check	5 Monate	--------
C-Check	15 Monate	15 Monate
Überholung		
IL-Check	15000 Flugstunden oder 15000 Flüge oder 6,5 Jahre	--------
D-Check	22000 Flugstunden oder 25000 Flüge oder 9 Jahre	5 Jahre

Quelle: Lufthansa

Mit dem *Preflight Check,* der direkt auf der Abstellposition und vor jedem Flug gemacht wird, werden neben den üblichen Servicearbeiten auch kleinere Beanstandungen behoben. Außerdem sucht ein Techniker das Flugzeug nach offensichtlichen Beschädigungen, wie z.B. Vogelschäden ab. In einer halben Stunde sind diese Arbeiten erledigt. Werden einmal größere Mängel festgestellt, die aber die Flugsicherheit nicht gefährden, werden diese bis zu einem der folgenden Checks zurückgestellt.

Während beim *Ramp Check* die tagsüber angefallenen Beanstandungen beseitigt werden, muß der Jet für den wöchentlichen *Service Check* immerhin vier Stunden auf dem Boden bleiben, und 20 Arbeitsstunden sind nötig, um die Arbeiten zu erledigen. Neben dem Auffüllen von Öl und Wasser werden nun auch die Reifen unter die Lupe genommen. Dazu gehört auch die Kontrolle des Luftdrucks. Bleibt ein Flugzeug über Nacht am Boden oder hat es auf einer Umkehrstation eine längere Bodenzeit, machen sich dann sofort die Techniker daran, die bisher zurückgestellten Mängel zu beheben.

Nach fünf bis sieben Wochen und etwa 350-500 Flugstunden steht der *A-Check* auf dem Programm. Mit jedem Check werden die Servicearbeiten erweitert. Jetzt gibt es schon eingehende Kontrollen außen am Flugzeug und in seinem Inneren, die Triebwerks-Ummantelung wird geöffnet, und auch die Triebwerke werden eingehend unter die Lupe genommen. Da bei diesen Arbeiten der *Service Check* mit eingeschlossen ist, füllt ein Techniker auch die Betriebsstoffe wieder auf und überprüft den Druck der Reifen. Eigens dafür ausgerüstete Stationen erledigen diese Notwendigkeiten in 40 Arbeitsstunden.

Zum Erscheinungsbild einer *Airline* trägt natürlich die Sauberkeit ihrer Flugzeuge wesentlich bei. So werden in der Regel einmal im Monat die üblichen Reinigungsarbeiten erweitert und auch die Sitzbezüge gewechselt. Ab und zu tauscht man dabei sogar die Teppichböden aus. Die Sauberkeit der Flugzeuge außen ist sozusagen das Aushängeschild einer Fluggesellschaft. Deshalb kommen die Jets von Zeit

zu Zeit in die Waschhalle, wo sie einschamponiert und so lange abgeschrubbt werden, bis sie wieder in neuem Glanz erstrahlen.

In einer der größten Flugzeug-Wartungshallen der Welt

Kaum sind die Passagiere ausgestiegen und die Frachtgüter entladen, fährt bereits ein Flugzeugschlepper unter dem Jumbo-Jet vor. Wenig später bugsiert er den Jet aus der Parkposition heraus, und los geht die Fahrt zur Wartungshalle des Frankfurter Flughafens. Nach 15 Monaten und etwa 6000 Flugstunden steht bei dieser Boeing 747-400 der Lufthansa heute der *C-Check* an, welcher in der Jumbo-Wartungshalle gemacht wird.

Acht riesige Tore, jedes davon ist 140 Tonnen schwer und wird elektrisch bewegt, schließen die 320 Meter lange, 100 Meter breite und 34 Meter hohe Halle zum Vorfeld hin ab. Die Grundfläche ist dabei so groß, daß in der Wartungshalle gleichzeitig vier Fußballspiele ausgetragen werden könnten. Bis zu sechs Jumbo-Jets oder zahlreiche kleinere Flugzeuge kann man hier oder in München, wo eine ähnlich große Halle steht, zur gleichen Zeit warten.

Auf großen Tafeln markieren Plastikmodelle die Positionen der jeweiligen Jets. Eng geht es dabei manchmal schon her, weshalb die Hallenbelegung gut geplant sein muß.

Doch was nützt die größte Wartungshalle, wenn sie nicht gut eingerichtet ist? So gibt es eine Rohrpostanlage, mit der man auch Kleinersatzteile mühelos von einem Ort zum anderen schicken kann. An vielen Stellen können Strom, Stickstoff und Druckluft entnommen werden. Auf der Wartungsbasis der Lufthansa dürfen natürlich auch ein Ersatzteillager mit weit über 100 000 Materialpositionen sowie eigene Werkstätten nicht fehlen.

Hat ein Flugzeug irgendwo auf der Welt Schwierigkeiten, kann jede Station oder sogar der Pilot noch während des Fluges in wenigen Sekunden von der Frankfurter Wartungsbasis Einzelheiten über das betreffende Flugzeugteil erfragen.

Inzwischen ist der Jumbo-Jet an der Halle angekommen. Ganz vorsichtig, und bis auf wenige Zentimeter genau, bugsiert der Schlepperfahrer nun den Riesenvogel auf die vorgesehene Position. Jetzt gilt es, keine Zeit mehr zu verlieren. Einige Arbeiter fahren sogleich die Arbeitsbühnen heran, damit die 25 Wartungstechniker mit ihrer verantwortungsvollen Arbeit unverzüglich beginnen können.

Kurz darauf steigt eine Arbeitsgruppe schon in einen Aufzug ein und fährt sechs Stockwerke hoch zur obersten Plattform des Heckdocks, um dort die Heckflosse in Augenschein zu nehmen. Nur so ist es überhaupt möglich, am über 19 Meter hohen Leitwerk zu arbeiten. Alle wichtigen Flugzeugteile werden eingehend kontrolliert, und eine andere Gruppe begutachtet jetzt auch die Flugzeugzellen. Inneneinrichtungen, Blenden und Isolierungen bauen sie teilweise so weit ab, bis die blanke Flugzeughaut zum Vorschein kommt.

Mittlerweile sind die Anforderung an die Wartungsarbeiten derart gestiegen, daß

Dieser Flugzeugschlepper der neueren Generation zieht gerade einen Jumbo-Jet zur Wartungshalle auf dem Frankfurter Flughafen. Da der Schlepper hufeisenförmig gebaut ist, kann er das Bugrad des Jets regelrecht einklemmen und so das ganze Flugzeug anheben. Die herkömmliche Schleppstange ist nicht mehr nötig.

die Techniker das Flugzeug immer pingeliger nach Schäden absuchen. Natürlich überprüft dabei nicht jeder Spezialist das, wozu er gerade Lust hat, sondern die Arbeitsgänge sind der Reihe nach auf Arbeitskarten und Prüfblättern genau vorgegeben. Daran muß sich jeder halten. Nachdem ein Checkpunkt erledigt ist, wird er mit einem persönlichen Stempel auf der Karte als erledigt gekennzeichnet. Kommt später eine Reklamation sieht man sofort, wer da am »Werk« war.

Taucht während den Überprüfungen jetzt auch nur der geringste Verdacht eines Schadens auf, werden die Kontrollen Schritt für Schritt so lange verschärft, bis ein eindeutiger Befund vorliegt. Dazu müssen ab und zu schon einmal Lackierungen entfernt sowie Spiegel und allerlei technische Prüfgeräte eingesetzt werden. Ist man sich trotzdem nicht sicher, ob hier alles in Ordnung ist, wechselt man das betreffende Teil sicherheitshalber aus und untersucht es in einer Werkstatt. Kleinere Ersatzteile wie Schrauben, Muttern und Dichtungen liegen gleich in einem Handlager bereit, da sie oft gebraucht werden.

Jetzt ist die Überprüfung des Fahrwerkes an der Reihe. Dazu wird das ganze Flugzeug etwas hochgehoben. Neben den »Hydraulikbeinen« nehmen die Techniker auch die Reifen eingehend unter die Lupe und wechseln sie bei Bedarf aus. Es ist schon erstaunlich, was sich von Zeit zu Zeit in den Reifengummis so alles findet. Schrauben, Nägel und allerlei Metallteile sind keine Seltenheit. Unabhängig davon muß jeder der etwa 10 000 Mark teuren Reifen ungefähr nach 100 bis 120 Starts und Landungen ausgewechselt werden. Abgefahrene Reifen wirft man jedoch nicht gleich weg, denn man kann diese noch einige Male runderneuern. Eine eigenständige Firma hat sich darauf spezialisiert, schleift das restliche Gummi ab, und dampft ein neues Profil auf.

Beschädigte Sitze, Rettungseinrichtungen und elektronische Instrumente – auch das ist kein Problem, diese können in Spezialwerkstätten ebenfalls in Frankfurt repariert werden. Nach einer Bodenzeit von etwa 30 Stunden verläßt der Jumbo-Jet die Wartungshalle und ist wieder fit für die nächsten Flüge.

Daß hier in Frankfurt gute Arbeit geleistet wird, hat sich schnell herumgesprochen. So bringen in der Zwischenzeit auch zahlreiche andere *Airlines* Maschinen ihrer Flotte hierher, um sie durch die Lufthansa warten zu lassen. Aus diesem Grund weilen auch regelmäßig Privatflugzeuge arabischer Ölscheichs und Großunternehmer zu Gast in Frankfurt.

Ziemlich ähnlich ist die Situation in Zürich und in Wien. Dort wartet die Swissair, bzw. die Austrian Airlines, ebenfalls Flugzeuge anderer Gesellschaften, für die sich die Einrichtung eigener Wartungsbetriebe nicht lohnt.

Es wurde bald erkannt, daß sich mit der Fremdwartung von Verkehrsflugzeugen ein gutes Geschäft machen läßt. Aus diesem Grund haben die Lufthansa, Swissair und eine Leasing-Gesellschaft die in Irland beheimatete Shannon Aerospace gegründet, um der steigenden Nachfrage auch weiterhin gerecht werden zu können. Obwohl bei dieser Firma vorerst nur Kurz- und Mittelstreckenjets gewartet werden, sollen hier schon in wenigen Jahren einige Tausend Mitarbeiter beschäftigt sein.

Dicht drängen sich die Jumbo-Jets in der Wartungshalle auf dem Frankfurter Flughafen. Wo das einzelne Flugzeug abgestellt wird, ist im Belegungsplan der Halle genau festgelegt.

Generalüberholung in Hamburg

Steht bei den Flugzeugen der Lufthansa einmal eine ganz große Überholung an, werden sie auf die Überholungsbasis nach Hamburg geflogen. Für den sogenannten *IL-Check,* der, je nach Flugzeugtyp, alle vier bis sechs Jahre gemacht wird, bleiben die Jets etwa zwei Wochen lang in der Hansestadt. Der *D-Check,* nach fünf bis neun Jahren der umfangreichste überhaupt, den ein Flugzeug durchlaufen muß, dauert dagegen mindestens vier Wochen. Auch auf dem Flughafen Berlin-Schönefeld wurde inzwischen ein kleiner Überholungs-Betrieb aufgebaut, der hauptsächlich den Flugzeugtyp Boeing 737 betreut.

Soeben bugsiert ein Schlepper eine Boeing 737 in die Flugzeughalle, die Generalüberholung – der *D-Check* – ist fällig. Wenig später ist der Jet von Gerüsten und Arbeitsbühnen umgeben. Auf mehreren Stockwerken kann so gleichzeitig ungehindert an jedem Teil des Rumpfes, der Tragflächen und des Leitwerkes gearbeitet werden.

Nun geht es geschäftig zu. Von allen Seiten stürzen sich die Techniker auf das Flugzeug und nehmen es buchstäblich auseinander. Alles, was nicht niet- und nagelfest ist, wird abgeschraubt und demontiert. Die Fahrwerke, Landeklappen, Cockpit-Instrumente, sowie die gesamte Innenausstattung, von den Sitzen bis hin zu den Bordküchen, finden sich Stunden spä-

Selbst die Beleuchtung bleibt nicht verschont, wenn bei der Generalüberholung eines Flugzeuges die gesamte Inneneinrichtung abmontiert wird, um alle wichtigen Teile genau unter die »Lupe« nehmen zu können.

ter schon in den Spezialwerkstätten wieder.

Natürlich werden auch die Triebwerke abmontiert. Ihr Innenleben wird in einer eigens dafür eingerichteten Werkstatt genau unter die Lupe genommen (s. Triebwerksüberholung S. 110).

Während Arbeiter im Flugzeuginnern gerade dabei sind, sämtliche Wandverkleidungen und Isolierungen zu entfernen, um die Leitungen und Versorgungssysteme freizulegen, rücken außen schon ein paar Arbeiter dem Landeklappen-Mechanismus auf den Leib.

Sobald nun das Flugzeug auch vom Lack befreit ist, gehen Spezialisten ans Werk (siehe auch *Aquastripping, Innovation bei der Flugzeug-Entlackung*, rechts). Mit detektivischem Spürsinn fahnden sie an der Flugzeugzelle und den Tragflächen nach ersten Anzeichen von Korrosion und Materialermüdung. Dabei setzen die Techniker eine Vielzahl von Hilfsmitteln, wie elektronische Geräte und Chemikalien, ein. Mit Hilfe der Wirbelstromtechnik lassen sich sogar mikroskopisch kleine Risse und Verformungen aufspüren, die mit bloßen Augen nicht zu sehen sind.

Ein Ultraschallgerät hilft bei der Überprüfung der Nietverbindungen an der Außenhaut des Flugzeuges. Ist da etwas nicht in Ordnung, so löst die fehlerhafte Stelle ein zusätzliches Echo auf dem Kontroll-Bildschirm aus. Mit diesen Methoden lassen sich jetzt schon viele Bauteile genau inspizieren, ohne sie in zeitraubender Arbeit ganz auseinanderbauen zu müssen.

Wie vielfältig diese Überholungsarbeiten sind, zeigt sich auch an den vielen Berufen, aus denen die Fachleute kommen. Da gibt es Metallflugzeugbauer, Fahrwerk-

und Hydraulik-Spezialisten ebenso wie Elektriker, Lackierer, Schreiner und Sattler.

Doch nun zurück zu unserer Boeing 737. Mittlerweile wird sie Stück für Stück schon wieder zusammengebaut. Da sich natürlich im Laufe mehrerer Jahre technisch gesehen so einiges ändert, baut man, wenn möglich, beim *D-Check* jetzt auch gleich neuartige Instrumente und Anzeigen ein. Zum guten Schluß ist dann die neue Lackierung an der Reihe, bevor das Flugzeug die Halle wieder verläßt.

Bis zu 40 000 Arbeitsstunden und Material im Wert von einigen Millionen Mark sind investiert worden. Die Boeing 737 ist jetzt eigentlich wieder wie neu, zum Teil, bedingt durch den Einbau von Neuerungen, sogar noch besser als zuvor.

Wenn der Jet von nun an wieder tagaus, tagein auf Linie geht, wird wohl kaum ein Passagier bemerken, daß sein Flugzeug bereits Zigtausende von Flugstunden auf dem »Buckel« hat.

Aquastripping, Innovation bei der Flugzeug-Entlackung

Bedingt durch die extremen Temperatur-Unterschiede und die starke UV-Einstrahlung in großen Höhen, müssen an die Lackierung von Flugzeugen große Anforderungen gestellt werden. Ohne eine schützende Farbschicht hätten die im modernen Flugzeugbau verwendeten Faser-Verbund-Werkstoffe nur eine sehr begrenzte Lebensdauer.

Da bei einem *D-Check* auch die Lackierung erneuert wird, hat sich schon früh die Frage gestellt, wie denn die widerstandsfähige Farbe am besten wieder abgelöst werden kann. Bisher mußte man auf chemische Beize zurückgreifen, die natürlich Lösungsmittel enthält und für Mensch und Umwelt daher problematisch ist. Immerhin 2,5 Tonnen Beize waren nötig, um beispielsweise einen Airbus A300 zu entlakken.

Nach mehrjähriger Entwicklungszeit und zahlreichen Versuchsreihen haben Lufthansa-Techniker nun ein Verfahren entwickelt, mit Hilfe dessen Flugzeuge fast ohne umweltschädliche Beize entlackt werden können. *Aquastripping* heißt das Zauberwort, und so unglaublich es auch klingt, bei dieser Innovation wird lediglich Wasser als »Lösungsmittel« eingesetzt.

Die Technik ist verblüffend einfach. Mit einem Druck von bis zu 500 bar wird mittels einer speziellen Düse ein Hochdruck-Wasserstrahl erzeugt. Trifft nun dieser Strahl in flachem Winkel auf die Flugzeughaut, schiebt er sich unter den Lack und schält diesen Schicht um Schicht ab. Da die Düse bei diesem Vorgang mit bis zu 6200 Umdrehungen in der Minute rotiert, fächert sie den Wasserstrahl so fein auf, daß das darunterliegende Metall nicht beschädigt werden kann.

Da das benötigte Wasser größtenteils aufgefangen, gereinigt und wieder dem Kreislauf zugeführt wird, bleiben außer der abgelösten Farbe keine Rückstände mehr übrig. Ein weiterer Vorteil des *Aquastripping* besteht auch darin, daß dieses Verfahren wesentlich schneller geht. Gesichtspunkte des Umweltschutzes und der Wirtschaftlichkeit können so gleichzeitig berücksichtigt werden.

Triebwerksüberholung

Besonders bei Triebwerken ist eine laufende »Gesundheitskontrolle« ziemlich wichtig, entwickeln sie doch die treibende Kraft der Flugzeuge. Sogar während des Fluges werden sie überwacht. Sensoren messen Drücke und Temperaturen in den Motoren, Unregelmäßigkeiten werden sofort registriert und die Daten noch während des Fluges in das Rechenzentrum der betreffenden *Airline* übermittelt. Im Laufe der Zeit entsteht so für jedes Triebwerk eine Art Lebenslauf, anhand dessen sich oft bereits Anzeichen eines Schadens erkennen lassen, bevor das betreffende Teil streikt. Aus diesem Grund überholt man moderne Jet-Triebwerke heute nicht mehr in festen Intervallen, sondern ganz individuell, je nachdem, wie stark der betreffende Motor gealtert ist. Da die regelmäßigen Aufzeichnungen auch Aufschluß darüber geben, welche Triebwerksteile durchgesehen werden müssen, können die Techniker ganz gezielt vorgehen, und brauchen nicht jedesmal den ganzen Motor auseinanderzunehmen.

Ist es dann soweit, und steht eine Generalüberholung an, hat das Triebwerk durchschnittlich etwa 5000 Flugstunden hinter sich gebracht. Das ist eine enorme Leistung, wenn man einmal einen kleinen Vergleich anstellt. Während einer vergleichbaren Betriebszeit wäre ein PKW wohl mindestens 300 000 Kilometer weit gefahren, und das, vom regelmäßigen Kundendienst einmal abgesehen, ohne größere Reparaturen. Welcher Automotor würde das wohl schaffen?

Ganz anders beim Jet-Triebwerk, sein Leben ist zu diesem Zeitpunkt noch lange nicht zu Ende.

Soll ein Motor zur Generalüberholung nach Hamburg transportiert werden, wird er mit Hilfe eines riesigen Krans zunächst aus den Verankerungen gelöst. Dann verschwindet das bis zu fünf Tonnen schwere Triebwerk im Rumpf eines Frachtflugzeuges oder auf einem Spezial-LKW. Große Vorsicht ist dabei geboten, denn so robust der Jet-Motor in der Luft auch ist, so empfindlich reagiert er auf Erschütterungen am Boden; er muß deshalb fast wie ein rohes Ei behandelt werden.

In der Hamburger Werkstatt der Lufthansa machen sich die Spezialisten ans Werk und zerlegen das Triebwerk erst einmal in seine bis zu zehn Baugruppen. Das geht eigentlich ganz einfach, da die Komponenten nach dem Baukastensystem zusammengebaut und dadurch leicht austauschbar sind. Ohne diese Erleichterung wäre die Arbeit der etwa 2000 Spezialisten, die Jahr für Jahr rund 600 Triebwerke überholen, nicht gerade einfach. Wer könnte schon die über 38 000 Einzelteile eines Jumbo-Jet-Triebwerkes später so zusammenbauen, daß alles wieder funktioniert? Der Aufwand dazu wäre jedenfalls viel zu groß.

Naturgemäß sind einige Baugruppen, die sehr hohen Belastungen ausgesetzt sind, wesentlich reparaturanfälliger als andere. Dazu gehören die Brennkammern sowie die Turbinen, weshalb diese besonders streng überprüft werden. Nur wenige, ziemlich teure Materialien und Legierungen können die dort herrschenden extremen Bedingungen und Temperatur-Unterschiede überhaupt aushalten. Ihre Lebenszeit ist deshalb begrenzt.

Die über 3600 Luftschaufeln, die dafür sorgen, daß die Luft verdichtet wird, werden zunächst einmal gründlich gereinigt. Danach trägt man ein extrem dünnflüssiges, mit fluoreszierenden Farbpartikeln versetztes Öl auf, das auch in die kleinsten Risse eindringen kann. Im ultravioletten Licht werden nun selbst die feinsten Haarrisse sichtbar.

Allerdings sind beschädigte Luftschaufeln zu teuer, um sie nun einfach wegzuwerfen. Da lohnt sich selbst das aufwendige Hochtemperatur-Lötverfahren noch, mit dem auch bis zu einem Millimeter breite Risse wieder geschlossen werden können. Sind jetzt alle Schaufeln überprüft, werden sie gewogen und so zusammengesetzt, daß sich immer etwa gleich schwere Teile gegenüberliegen. Später wird das Laufrad mit den aufgesteckten Luftschaufeln bis auf das Gramm genau ausgewuchtet, damit es auch rund läuft.

Unterdessen beschäftigen sich einige Techniker bereits mit dem Innenleben des Triebwerkes. Mit einer speziellen Sonde können sie auch in die letzten Winkel hineinblicken, ohne gleich alles auseinandermontieren zu müssen. Muß die komplette Brennkammer ausgetauscht werden, wird es teuer, denn sie kostet über 500 000 Mark.

Nachdem die Spezialisten die verschiedenen Module alle genau untersucht und repariert haben, gehen sie ans Werk und bauen das Triebwerk wieder zusammen. Stück für Stück fügen sie nun die Teile auf einer Hebebühne wieder aneinander.

Ist das geschafft, wird es noch einmal spannend. Der Testlauf in einem schallisolierten Prüfstand steht noch aus. Hier zeigt sich, ob die Techniker ihr Handwerk verstehen. Geht der Test ohne Beanstandungen über die Bühne, wird das Triebwerk wieder für den Einsatz in einem Flugzeug

*Besondere Vorsicht ist geboten, wenn das Trieb-
werk eines Großraumjets zur Generalüberholung
in die Werkstatt gebracht wird. Die Techniker wurden durch Schulungsmaßnahmen mit den einzelnen Aggregaten vertraut gemacht und müssen die
ausgeführten Arbeiten genauestens protokollieren.*

freigegeben. Abermals stehen dem Motor
einige tausend Flugstunden bevor.

Gemeinschaft macht stark, ATLAS und KSSU-Verbund

Als Ende der 60er Jahre die ersten
Großraumflugzeuge auf den Markt kamen
und eine ganz neue Ära der Luftfahrt ein-
leiteten, wollten natürlich auch die europäischen Fluggesellschaften auf den Komfort und die fortschrittliche Technik der
Boeing 747 nicht länger verzichten. Doch
so einfach war das gar nicht. Die hohen
Anschaffungskosten eines solchen Flugzeuges machten so mancher Fluggesellschaft schwer zu schaffen. Außerdem war
nicht abzuschätzen, ob sich ein so großer
Jet überhaupt gewinnbringend einsetzten
ließ. Hinzu kam noch, daß sich zu dieser
Zeit Fliegen noch nicht jeder leisten konnte.

Mit dem Kauf der Flugzeuge allein war
es aber noch lange nicht getan. Flugzeuge
wollen bekanntlich gewartet und überholt
werden, und das hat schon immer viel
Geld gekostet. Das haben einige größere
Fluggesellschaften in Europa beizeiten erkannt und deshalb eine Zusammenarbeit
auf dem Gebiet der Instandhaltung von
Großraumjets in die Wege geleitet. Die
laufenden Wartungsarbeiten an den Jets
sollten die einzelnen *Airlines* jedoch weiterhin in eigener Regie ausführen. So haben sich Air France, Alitalia, Iberia, Luft-

hansa und SABENA zum ATLAS-Verbund zusammengeschlossen. KLM, Swissair, SAS und die französische UTA haben dagegen die KSSU-Gruppe gegründet. Da die UTA inzwischen von der Air France übernommen wurde, haben sich hier leichte Verschiebungen ergeben. Mit Sicherheit werden sich auf diesem Gebiet, bedingt durch die Liberalisierung des europäischen Luftverkehrs, künftig noch weitere Verlagerungen ergeben.

Ziel der Zusammenarbeit auf dem Wartungssektor ist eine gute Verteilung der Instandhaltungs-Arbeiten, daß sich erbrachte und erhaltene Leistungen eines jeden Partners ungefähr ausgleichen. Keine Fluggesellschaft soll einen Gewinn machen oder draufzahlen müssen. Das hat große Vorteile, denn nicht jede *Airline* braucht die ganze Ausstattung für die Docks, Spezialausrüstungen, Prüfanlagen und Materiallager selbst anzuschaffen.

Innerhalb der ATLAS-Gruppe überholt die Lufthansa alle Airbus A300 sowie die Flugzeugzellen der Jumbo-Jets. Hinzu kommen noch die Triebwerke der Großraumflugzeuge, die ebenfalls in der Hamburger Wartungsbasis instandgesetzt werden. Andere Motoren bearbeitet dagegen die spanische Iberia. Alitalia hat in Rom die Überholung der DC-10 übernommen, und auf die für die Stromversorgung an Bord wichtigen Hilfsturbinen hat sich die belgische SABENA spezialisiert.

Natürlich ist jede Fluggesellschaft nicht nur mit ihrer Hauptaufgabe im ATLAS-Verbund beschäftigt, sondern erledigt zu einem genau festgelegten Prozentsatz auch Arbeiten, für die zum Großteil andere Partner verantwortlich sind.

Die Alitalia erledigt eigentlich nur zu etwa 80 Prozent die Überholungsarbeiten für die DC-10. Ab und zu kommen diese Jets deshalb auch nach Brüssel oder Hamburg. So ermöglicht diese Zusammenarbeit also eine ziemlich kostengünstige Überholung der über 200 Großraumflugzeuge der ATLAS-Partner.

Inzwischen wurde die Kooperation auch auf das Pilotentraining im Flugsimulator ausgedehnt. Air France und Lufthansa besitzen Simulatoren für die Boeing 747 und den Airbus A300. Für die DC-10-Flotte gibt es ATLAS-Trainer in Rom und Brüssel.

Selbstverständlich schreiben auch die Mitglieder der KSSU-Gruppe Zusammenarbeit und Arbeitsteilung groß. Wie im ATLAS-Verbund heißt es auch da: »Gemeinsam sind wir stark.«. Innerhalb der KSSU-Partner hat die KLM die technische Verantwortung für die Überholung der Boeing-747-Zellen übernommen. Für die MD-11- und Airbus A310-Flotte zeichnet sich die Swissair verantwortlich. Die skandinavische SAS führt in der Hauptsache die notwendigen Arbeiten an den Triebwerken des Kurz- und Mittelstreckenjets MD-80 aus.

Einrichtungen eines Flughafens

Weltstadt Flughafen

Wer denkt bei »Flughafen« nicht sofort ans Fliegen? Natürlich ist das der Hauptgrund, warum so viele Menschen hierher kommen. Doch im Unterschied zu einem Bahnhof hat ein Flughafen etliches mehr zu bieten, als nur Passagiere zu betreuen und den Flugbetrieb aufrechtzuerhalten.

Ein großer *Airport* ist eigentlich schon eine kleine Stadt für sich, in der es an nichts fehlt und fast rund um die Uhr reges Leben herrscht. So kommen viele Besucher auch nur zum Bummeln oder um zu sehen und gesehen werden.

Hat der Flughafen dann noch eine Zuschauerterrasse zu bieten, zählt diese nicht selten zu den beliebtesten Ausflugszielen in der Umgebung. An schönen Wochenenden bevölkern oft Scharen von Besuchern die Terrasse, und vor lauter Leuten sieht man fast keine »Flieger« mehr. Ob jung oder alt, irgendwie reizt wohl jeden das Flair der großen weiten Welt, die viele so gerne kennenlernen möchten.

Eine besonders verlockende Vielfalt hat, bedingt durch die Größe, die »Weltstadt Flughafen« in Frankfurt zu bieten. Hier gibt es, angefangen von Lebensmittelmärkten über Boutiquen, bis hin zu Foto- und Elektrofachgeschäften über 100 Läden. Die Auswahl ist groß und es fehlt wirklich an nichts. Selbstverständlich findet man auch reichlich Souvenirs für die Daheimgebliebenen.

Fühlt sich jemand nach einem langen Flug nicht mehr so frisch, kann er vor der Heimreise noch schnell unter die Dusche. Anschließend vielleicht gleich zum Friseur, auch das ist kein Problem. Fast alle Geschäfte haben die ganze Woche über, meist von 8.00 Uhr bis 21.00 Uhr, geöffnet.

Nicht vergessen darf man natürlich die zahlreichen Unterhaltungs-Möglichkeiten. Vom Kino mit deutschen und englischen Filmen reicht die Angebotspalette über Kegelbahnen, Discos bis hin zu Spielsalons. Hinzu kommt noch die *Airport Gallery* auf der Empore. Die interessanten Wechselausstellungen locken dort zusätzlich noch Besucher an. Erwähnenswert ist auch der alljährlich im Dezember stattfindende Weihnachtsmarkt.

Sogar an eine kleine Kapelle als Andachtsraum ist gedacht. Die Besucher, ganz egal welcher Nation und welchen Glaubens, werden von zwei Pfarrern betreut. Zahlreiche Banken machen es möglich, daß sich Fluggäste auch kurz vor dem Abflug noch mit Devisen eindecken können. Eine Poststelle mit Telex und Telefax rundet das Dienstleistungsangebot ab.

Wo tagtäglich so viele Menschen zusammenkommen, geht naturgemäß auch einiges verloren. Im Fundbüro läßt sich aber trotzdem vieles relativ schnell klären und wieder auffinden. Selbstverständlich benötigt eine »Flughafenstadt« auch Einrichtungen zur medizinischen Versorgung. In einer eigens dafür eingerichteten Flughafenklinik können im Ernstfall sogar Notoperationen durchgeführt und Patienten stationär behandelt werden. Zwei Apotheken, ein Zahnarzt sowie ein Optiker runden die medizinische Betreuung ab.

Für Besprechungen und Tagungen stehen in einem eigenen Konferenzzentrum, direkt gegenüber dem *Terminal* 1 im *Frankfurt Airport Center,* 23 Räume für bis zu 200 Personen zur Verfügung. In einem separaten Videokonferenzraum kann man sogar eine Konferenz von Kontinent zu Kontinent führen. Die Fernsehbilder überträgt ein Satellit in das andere Studio irgendwo auf der Welt.

Einrichtungen wie Reisebüros und Reinigungen dürfen natürlich auf einem Flughafen auch nicht fehlen. Für das leibliche Wohl ist ebenfalls bestens gesorgt. Restaurants, Cafés und Bars gibt es in allen Preisklassen. Egal auf was man gerade Lust und Appetit hat, im Luxusrestaurant oder einfach an der Snack-Bar um die Ecke findet sich gewiß etwas Gutes.

Zu guter Letzt gibt es in Flughafennähe einige gute Hotels, die zu Fuß oder mit einem Shuttle-Bus in wenigen Minuten zu erreichen sind. Ob man jetzt als Fluggast oder Besucher auf den Flughafen kommt, langweilig wird der Aufenthalt dort bestimmt nicht.

Im Zug zum Flug

Fast jeder größere Flughafen besitzt heute auch einen Anschluß an das Streckennetz der Bahn. Um für die Fluggäste attraktiv zu sein, gehört eben mehr dazu, als nur gute Flugverbindungen anzubieten. Jeder möchte so schnell und bequem wie irgend möglich zum Flughafen gelangen. Die umweltfreundliche Bahn gewinnt mehr und mehr an Bedeutung.

Auf dem Flughafen Frankfurt, genauer gesagt, zwölf Meter unter der Erde, gibt es deshalb einen richtigen Bahnhof. Vom *Ter-*minal 1 aus kann man über die zahlreichen Rolltreppen mühelos dorthin hinabfahren. Kaum unten angekommen, braucht man nicht lange auf eine S-Bahn warten, denn sie fährt alle 20 Minuten nach Wiesbaden und alle zehn Minuten zum Frankfurter Hauptbahnhof. Dort halten jeden Tag viele Intercity-Züge, mit denen man direkt und bequem zu Zielen in halb Europa weiterreisen kann. Da zahlreiche *Inter-City*-Züge auch im Flughafenbahnhof halten, lassen sich viele Städte in Deutschland, Österreich und den Niederlanden ohne Umsteigen erreichen. Natürlich funktioniert das auch in der Gegenrichtung, also zum Flughafen.

Für die Hin -und Rückfahrt bietet es sich an, das *Rail & Fly*-Angebot der Bundesbahn zu nutzen. Um in den Genuß einer verbilligten Fahrt zu kommen, braucht man beim Kauf der Fahrkarte lediglich das Flugticket vorlegen. Einige *Airlines* haben in ihre Flugpreise sogar die Zuganreise zum Flughafen mit einkalkuliert und die Passagiere bekommen bei der Buchung neben der Flugkarte automatisch auch das Billett für die Bahnfahrt. Wer ab Frankfurt mit der Lufthansa fliegt, kann in einigen Städten schon vor Beginn der Anreise am Bahnsteig sein Gepäck aufgeben und die Bordkarte bekommen. Für alle anderen Fluggäste gibt es auf dem Frankfurter Flughafen in der Nähe des Flughafenbahnhofs spezielle Abfertigungsschalter, wo man sich seines Gepäcks entledigen kann. Für alle Bahnfahrer also ein großer Vorteil, sie können ohne »Ballast« dem *Gate* entgegensteuern.

Lufthansa-Passagiere, die im Besitz eines Flugtickets von Köln/Bonn, Düsseldorf oder Stuttgart nach Frankfurt sind, brauchen nicht unbedingt zu fliegen, sie können auch in eigens reservierten Erste-Klasse-Abteilen der Bundesbahn anreisen.

Jeder, der mit dem Zug zum Flughafen fährt, kann dabei ein wenig zur Entlastung des Kurzstrecken-Flugverkehrs in Europa beitragen. Gerade auf Kurzstrecken lohnt es sich manchmal gar nicht, in die Luft zu gehen. Der Zug ist, rechnet man die Wartezeiten auf den Flughäfen mit ein, oft fast so schnell wie das Flugzeug. Wenn künftig noch weitere Schnellbahnstrecken zur Verfügung stehen und der ICE der Bundesbahn vermehrt eingesetzt werden kann, wird die Eisenbahn bestimmt mit vielen innerdeutschen Flugverbindungen konkurrieren können.

In der Schweiz bestehen ebenfalls sehr gute Bahnverbindungen zu den Flughäfen. Außerdem kann dort Reisegepäck, das irgendwo auf der Welt nach Zürich, Genf oder Basel aufgegeben wird, mit der Bahn zu fast allen Bahn- und Postauto-Stationen in der Schweiz weiterbefördert werden, ohne daß es die Passagiere vorher noch einmal zu Gesicht bekommen.

Daß so etwas überhaupt funktionieren kann, ist sicherlich dem weltweit bekannten Schweizer Eisenbahnnetz zu verdanken. Wer diesen Service in Anspruch nehmen will, braucht seinen Koffer nur mit einer Etikette zu versehen, die für 20 Schweizer Franken erhältlich ist und gleichzeitig auch als Zollerklärung gilt. Wenn es auf den nächstmöglichen Zug nicht mehr reichen sollte, innerhalb von zwei bis sechs Stunden nach der Ankunft auf dem Flughafen ist das Gepäck aber ganz bestimmt auf seinem Bestimmungs-Bahnhof eingetroffen und kann dort abgeholt werden. Ein Mitarbeiter der Schweizer Bundesbahn hat den Koffer bei der Gepäckausgabe gleich abgeholt, ihn anschließend durch den Zoll gebracht und sofort in den richtigen Zug eingeladen.

Wer vielleicht etwas zu verzollen hat, bringt das Gepäckstück am besten selber durch den Zoll. Doch auch in diesem Fall braucht man von nun an den schweren Koffer nicht weiter mit sich herumschleppen. In der Ankunftsebene gibt es auch Gepäckschalter der Bahn, wo man die Last gleich wieder loswerden kann. Wenn sich aber jemand, aus welchem Grund auch immer, ganz und gar nicht von seinem Koffer trennen kann, darf ihn natürlich mit ins Zugabteil nehmen.

In umgekehrter Richtung, also von einem Schweizer Bahnhof zum Flughafen, funktioniert das sogenannte *Fly-Rail-System* schon lange. Dabei reicht es, wenn das Gepäck ein paar Stunden vor Abflug oder, wenn möglich, schon am Vorabend in die Obhut der Bahn gegeben wird. So kann man auf jeden Fall sicher sein, daß der Koffer mit dem richtigen Flugzeug ans richtige Ziel kommt. Nur bei Passagieren, die mit amerikanischen Fluggesellschaften starten möchten, klappt diese Beförderung nicht.

Wie in Frankfurt befindet sich in Zürich der Bahnhof ebenfalls gleich unter dem Flughafen, genauer gesagt, unter dem Parkhaus für das *Terminal* B. Allerdings gibt es in Zürich doch einen gravierenden Unterschied zum »Flughafenbahnhof« in Frankfurt. Der Bahnhof »Zürich Flughafen« ist voll ins Schweizer Bahnnetz integriert. Bis zu fünf Züge fahren jede Stunde zum Züricher Hauptbahnhof ab. Wie dicht das Streckennetz ist, zeigt sich auch daran, daß sich vom Flughafen aus über 30 Städte in der doch relativ kleinen Schweiz ohne umzusteigen erreichen lassen. Tag für Tag fahren so zahlreiche Züge nach Genf, Lausanne oder Bern. Mit den guten Anschlußverbindungen ist es auch kein Problem, in die beliebten Ferienorte wie St. Moritz, Davos, Zermatt oder Grindelwald zu gelangen.

Mehr als 10 000 Reisende benutzen deshalb, bedingt durch das hervorragende Angebot an Verbindungen, die über 200 Züge, die täglich unter dem Flughafen haltmachen.

Arbeitsplatz Flughafen

In der »Weltstadt Flughafen« sind naturgemäß viele Arbeitskräfte erforderlich, damit alles funktioniert. Es geht hier eben um sehr viel mehr als nur um die Abfertigung der Flugzeuge und die Bedienung der Passagiere.

Auf dem Flughafen Frankfurt tragen so etwa 54 000 Menschen in zahlreichen Berufen und in über 400 Firmen, Betrieben und Behörden dazu bei, daß tagtäglich so viele Passagiere in die Luft gehen können. Selbst auf dem um einiges kleineren Flughafen in Zürich arbeiten noch über 17 000 Menschen, während auf dem Wiener Airport rund 9000 Personen tätig sind.

Ein Großteil der Angestellten und Arbeiter ist dabei jeweils bei der dort beheimateten Fluggesellschaft beschäftigt. In Zürich arbeiten mehr als 12 000 Personen bei der Swissair, in Frankfurt ist dagegen mit etwa 23 000 Beschäftigten die Lufthansa der größte Arbeitgeber. Hier wird deutlich, welch wichtige Rolle ein Flughafen für die Bevölkerung in der Umgebung spielt. Viele der Menschen müssen also nicht nur mit dem Flughafen und allen seinen Belastungen leben, sondern können auch »von«

ihm leben, und das meistens nicht einmal schlecht.

Rechnet man beispielsweise die Angehörigen der auf dem Flughafen Frankfurt beschäftigten Menschen mit ein, so bildet dieser die Existenzgrundlage für weit mehr als 100 000 Menschen. Dabei sind die vielen Firmen, Spediteure und Autovermieter noch nicht einmal mit eingerechnet, die ja auch zum Großteil vom Luftverkehr leben und sich deshalb in Flughafennähe angesiedelt haben. Nicht zuletzt deshalb ist für die Bundesländer Hessen und Niederösterreich sowie für den Kanton Zürich »ihr« Flughafen der bedeutendste Arbeitgeber.

Auf einem Flughafen könnte eigentlich jeder irgendwo arbeiten, da hier Fachkräfte aus den unterschiedlichsten Berufszweigen gebraucht werden. Wie international so ein *Airport* ist, läßt sich auch ganz gut an der Nationalität der Beschäftigten erkennen. So sind immerhin 20 Prozent der bei der Flughafen Frankfurt/Main AG angestellten Personen Ausländer, die in nicht weniger als 53 verschiedenen Ländern beheimatet sind.

Geprüfte Flugzeugabfertiger, die ihre Prüfung vor der IHK abgelegt haben, sorgen rund um die Uhr dafür, daß um die Jets herum alles ordnungsgemäß abläuft. Ingenieure und Bauarbeiter sind dagegen ständig damit beschäftigt, neue Dinge zu planen sowie alte auszubessern und zu erneuern. An Arbeit auf diesem Gebiet fehlt es nie, wenn der *Airport* immer auf dem neusten Stand sein soll.

Nicht selten sieht man auch Gebäudereiniger bei ihrer Arbeit. Die vielen Fußböden, Glasscheiben, Teppiche und einiges mehr wollen erst einmal sauber sein. Hinzu kommt noch ein kleines Team von

»Heinzelmännchen«, das ständig im Flughafen unterwegs ist, Mülleimer leert, Böden aufwischt und den Dreck beseitigt, den die vielen Gäste hinterlassen haben.

Ab und zu erblickt man sogar einen Gärtner, der die Blumenbeete und Pflanzen pflegt und auch sonst auf dem Vorfeld nach dem Rechten sieht. Hier muß das Gras zwischen den Rollbahnen und Betriebsflächen von Zeit zu Zeit gemäht werden, damit es nicht zu hoch wächst und die Markierungen, Lampen und Hinweisschilder verdeckt.

So unglaublich das klingt, der Frankfurter Flughafen beschäftigt auch einen Förster mit Hund. Was hat ein Grünrock denn bloß mit den Flugzeugen am Hut, werden sich wohl einige fragen? Nun, er kümmert sich um das Wild und um die angrenzenden Waldgebiete. Ein Flughafen ist nämlich ein richtiges Paradies für Hasen, Wiesel und allerlei anderer Kleintiere.

Muß schließlich einmal ein Stück Wald, wie beim Bau der Startbahn 18 West, einer Flughafenerweiterung weichen, überwacht der Förster die Ersatzaufforstungen auf den dafür ausgewiesenen Flächen von insgesamt mehr als 200 Hektar.

Die Beschäftigten auf einem Flughafen können sich so auch aktiv für den Erhalt unserer Umwelt einsetzten.

Spotter, das besondere Hobby

An schönen Tagen bevölkern ganze Scharen von Besuchern die Flughäfen. Die einen kommen nur, um Verwandte oder Bekannte auf den *Airport* zu fahren, die anderen dagegen sind fasziniert von der Luftfahrt und dem Flair der großen weiten Welt. Manch einer bekommt schon etwas Fernweh, wenn er die »silbernen Vögel« aus allen Teilen der Welt starten und landen sieht. Nur zu gerne würde er jetzt in einem dieser Jets sitzen.

Besonders gerne steuern die Flugzeugfans natürlich Besucherterrassen der Flughäfen an, von denen aus sie das Geschehen um die Jets optimal mitverfolgen und vielleicht sogar von oben einen Blick ins Cockpit der großen Jets werfen können.

In Zürich gibt es eine Besucherterrasse direkt auf dem *Terminal* B, die man nach Passieren der Sicherheitskontrolle von der Abflugsebene aus mühelos erreichen kann. In Frankfurt dagegen erstreckt sich die Terrasse über beide »Fingerdocks«, die weit ins Vorfeld hinausragen. Der Eingang über die Empore schafft Zutritt auf die riesige, 26 000 Quadratmeter große Fläche. Imbißstände sorgen für das leibliche Wohl der Besucher.

Doch auch in den An- und Abflugschneisen der Flughäfen finden sich immer wieder begeisterte Menschen ein. Es ist schon ein prickelndes Gefühl, wenn alle paar Minuten ein silberner Jet mit ausgefahrenem Fahrwerk im Tiefflug über die Köpfe der Zuschauer donnert und Sekunden später in einer bläulichen Wolke aus abradiertem Gummi aufsetzt.

Neben den gelegentlichen Zuschauern sind hier die sogenannten *Spotter,* was auf deutsch soviel wie Beobachter heißt, am Werk. Bewaffnet mit Notizbuch, Fernglas und Fotokoffer, machen diese Luftfahrtenthusiasten schon fast professionell »Jagd« auf Flugzeuge. Sofort notieren sie jedes unbekannte Flugzeug mit Ort, Datum sowie Typ und Zulassungszeichen ganz genau, um die Informationen nachher mit den Kollegen austauschen zu kön-

Der Flughafen Frankfurt besitzt eine der größten und attraktivsten Zuschauerterassen überhaupt. Auf dem Fingerdock B im Terminal 1 sind deutlich die Zuschauer zu erkennen, die von hier aus das Fluggeschehen hautnah miterleben können.

nen. Wer dann noch eine Foto- oder Videoausrüstung besitzt, bannt die Jets gleich auf einen Film.

Meistens haben die »Fotojäger« ihre Ziele aber ziemlich hochgesteckt, man will das Flugzeug schließlich ja nicht nur irgendwie ablichten, ein gutes Motiv sollte es schon auch abgeben. Die *Spotter* beschäftigen sich oft stundenlang mit der Suche nach einem optimalen Standort zum Fotografieren. Nicht selten ist an solchen Stellen ausgerechnet ein Stacheldrahtzaun im Wege. Selbst das stellt für die wirklichen »Freaks« kein großes Problem dar, in diesem Fall muß eben eine Bockleiter her, die den ungetrübten Blick über den Zaun ermöglicht.

Ein gutes Verhältnis zur Flughafengesellschaft ist natürlich immer sehr von Vorteil, will man an die Hintergrundinformationen herankommen. Interessanterweise haben sich die *Spotter* auf einigen *Airports* inzwischen zu Vereinen zusammengeschlossen, die manchmal sogar eine eigene Clubzeitschrift herausgeben, um ihre Mitglieder über aktuelle Ereignisse zu unterrichten.

Viel Zeit zum *Spotten* braucht man sowieso, denn schließlich landet ja nicht jede Stunde ein seltenes Flugzeug oder eine Staatsmaschine.

Wem es trotz aller Begeisterung auf seinem Heimatflughafen zu langweilig wird, der wandert eben aus und versucht sein Glück auf einem anderen Flughafen. Vielleicht benutzt er für die Reise dann das Verkehrsmittel seiner Leidenschaft.

Auf Urlaubsreisen bietet sich zusätzlich eine gute Möglichkeit zum *Spotten,* und wer sich auf dem Zielflughafen vorher anmeldet, wird möglicherweise sogar zu einer eingehenden Besichtigung mit »Fotosafari« auf dem Vorfeld eingeladen.

Auf den ersten Blick ist der Sinn des Sammeln der Zulassungsnummern, Bemalungen und anderer Informationen über die Jets nicht leicht zu erkennen. Immerhin sind so aber schon ganze Flottenhandbücher entstanden, die nur mit den Informationen der *Spotter* zustande kommen konnten.

Von vielen belächelt, ist das *Spotten* doch ein interessantes und internationales Hobby, da man es auf der ganzen Erde ausüben kann.

Piktogramme und Flughafencodes

Sicherlich hat sich schon mancher Fluggast über die merkwürdigen Abkürzungen in seinen Reiseunterlagen gewundert. Da gibt es Buchstaben-Kombinationen, die auf den ersten Blick recht verwirrend sein mögen, aber trotzdem ihren Sinn haben. Ohne Kürzel und international gültige Normen geht es in der Luftfahrt eben nicht mehr.

Städtenamen werden deshalb kurzerhand nur noch mit drei Buchstaben angegeben. Diese Abkürzungen stehen übrigens auch auf den Gepäckanhängern. Ein Koffer fliegt so ganz einfach von ZHR (Zürich) nach SIN (Singapur). Manche Städtecodes sind ganz leicht zu entziffern, FRA steht einfach für Frankfurt und RIO für Rio

de Janeiro. Wer kommt aber sofort darauf, daß LAX für Los Angeles und SFO für San Franzisko steht?

Auf den Anzeigetafeln für die An- und Abflüge gäbe es ein ziemliches Durcheinander, wenn nicht die Namen der *Airlines* ebenfalls abgekürzt würden. Zur Zeit bestehen die Codes noch aus einer Kombination von zwei Buchstaben, die aber stufenweise auf drei Stellen erweitert werden.

Ab und zu sieht man einzelne Passagiere ganz verzweifelt vor den Anzeigetafeln stehen. »Wo finde ich denn da nur meinen Flug und das *Gate,* zu dem ich muß?« Daß dabei LH für Lufthansa oder AF für Air France steht, kann sich jeder ja noch leicht denken, daß sich aber hinter dem Code OS die österreichische Austrian Airlines verbirgt, ist nicht mehr so leicht zu erraten. Glücklicherweise sind diese Kürzel weltweit dieselben, denn sie wurden durch die *International Air Transport Association (IATA)* für alle Gesellschaften verbindlich festgelegt.

Um sich auf den Flughäfen auch zurechtzufinden, wenn man sich nicht so gut auskennt, gibt es eine Vielzahl von verschiedenfarbigen Hinweisschildern, den sogenannten Piktogrammen. Mit Hilfe der darauf abgebildeten, international verständlichen Zeichen und Darstellungen kann sich jeder schnell zurechtfinden.

Ein Wegweiser mit einem Koffer auf Rollen macht deutlich: hier geht es zur Gepäckausgabe. Ein abgebildetes Posthorn dagegen zeigt den Weg zum nächsten Postschalter.

Wer Englisch versteht, braucht sich überhaupt keine Sorgen zu machen. Mit Sicherheit findet er sich auf jedem Flughafen der Welt zurecht. Neben der jeweiligen Landessprache sind alle wichtigen Infor-

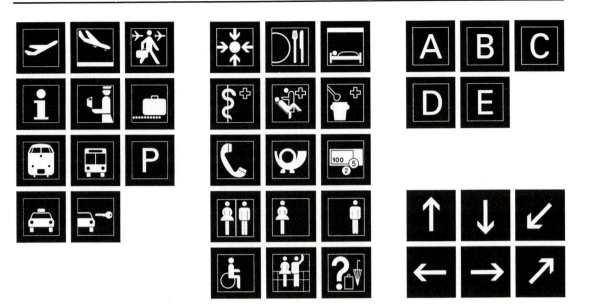

Die Piktogramme – hier vom Flughafen Frankfurt – wurden so gewählt, daß sie ohne erläuternden Text von jedem Fluggast verstanden werden. Die Buchstaben A, B und C kennzeichnen die Flugsteige im Terminal 1, während D und E den Weg zum neuen Terminal 2 zeigen. Die dunkelblauen Piktogramme geben verkehrsbezogene Informationen, die grauen dagegen Hinweise auf Serviceeinrichtungen.

mationen zusätzlich noch in der Luftfahrtsprache Englisch angeschrieben.

Hinzu kommt noch, daß die Piktogramme meist unterschiedliche Farben haben. Auf dem Frankfurter Flughafen geben dunkelblau unterlegte Hinweisschilder verkehrsbezogene Informationen, während graue Piktogramme den Weg zu Serviceeinrichtungen wie Apotheke, Besucherterrasse oder ganz einfach zu einer Toilette zeigen.

Trotz dieser im Grunde einfachen Orientierungshilfen stehen ältere Menschen und Kinder oft ratlos da, weil sie den Weg zu ihrem Flugzeug einfach nicht finden können. Doch auch in diesen Fällen gibt es keinen Grund zur Sorge, da die nette Dame hinter dem Tresen der nächsten Informationsstelle jedem gerne weiterhilft und den richtigen Weg zeigt.

Die Start- und Landebahnen

So unterschiedlich die Start- und Landebahnen der einzelnen Flughäfen auch sind, haben sie doch eines gemeinsam. Sie sollen einen reibungslosen und möglichst sicheren Flugverkehr ermöglichen. Manchmal ist das aber gar nicht so einfach, da es hin und wieder Berge und andere Hindernisse in der Umgebung gibt. Ein solches Handikap kann sogar dazu führen, daß der Flughafen nicht für den Allwetterflugbetrieb zugelassen werden kann.

Andererseits liegen die Flughäfen ja fast immer in oder zumindest am Rande von Ballungsgebieten, wo der Boden sowieso knapp und besonders wertvoll ist. Aus diesem Grund kann nicht einfach eine neue Start- und Landebahn in die Landschaft gewalzt werden, auch wenn es das Verkehrsaufkommen erforderlich machen würde. Die lärmgeplagten Anrainer wehren sich natürlich entschieden dagegen, und die anschließenden Gerichtsverfahren ziehen sich nicht selten Jahrzehnte in die Länge, bis dann meistens doch gebaut werden darf. Doch auch dann finden sich viele Menschen mit der Entscheidung nicht ab, es kommt zu Demonstrationen, Krawallen und Ausschreitungen. Jedem sind wohl noch die Probleme beim Bau der Startbahn 18 West in Frankfurt in mehr oder weniger guter Erinnerung.

Ein optimaler Flugverkehr ist in Frankfurt trotz Startbahn 18 West aber immer noch nicht möglich, da ja diese Bahn nur für Starts zur Verfügung steht und die beiden parallelen Bahnen den vorgeschriebenen Mindestabstand nicht haben, um gleichzeitig nebeneinander zwei Jets starten oder landen zu lassen.

In Zürich sieht die Lage ähnlich aus. Zwei der drei Pisten kreuzen sich hier sogar, weshalb der Flugbetrieb besonders gut koordiniert sein muß. Hinzu kommt noch, daß auch in Zürich eine Bahn nur für Landungen ausgelegt ist.

Andere große Flughäfen kommen mit zwei Start- und Landebahnen vollkommen aus, da diese, wie auf dem Pariser Flughafen Charles de Gaulle so weit auseinander liegen, daß ein paralleler Flugbetrieb ungehindert möglich ist. Auf der riesigen Fläche zwischen den Bahnen sind dort sogar die Flughafenhotels untergebracht.

Es gibt dann auch *Airports* wie Boston oder Washington National, deren Bahnen direkt bis ans Meer heranreichen. Wieder andere, wie Hongkong oder Funchal auf Madeira, dürfen nur von besonders geschulten Piloten angeflogen werden, um die nicht ganz ungefährlichen Flugmanöver in niedriger Höhe, die hier notwendig sind, sicher meistern zu können.

Viele meinen, je länger die Start- und Landebahn, desto besser. Doch das stimmt so nicht ganz. Die Geschwindigkeit der Flugzeuge beim Abheben kann ja nicht unendlich groß sein, die Reifen würden dies schlicht und einfach nicht mehr mitmachen.

Eine zu kurze Bahn kann dazu führen, daß der Jet seine Zuladekapazität nicht voll ausschöpfen kann, um noch sicher starten zu können. Sehr hoch liegende Flughäfen benötigen naturgemäß eine längere Bahn, damit sie die vergrößerte Startrollstrecke, bedingt durch die dünnere Luft, etwas ausgleichen können.

Beim Start und bei der Landung benutzen die Piloten dort schon einmal ihre Sauerstoffmasken, um auf Nummer Sicher zu gehen.

In Frankfurt sind mittlerweile alle drei Bahnen auf 4000 Meter Länge ausgebaut und 60 bzw. 45 Meter breit. Sie sind dabei so angelegt worden, daß sie links und rechts der Mittellinie etwas abflachen, damit bei Nässe das Wasser besser abfließen kann und sich kein *Aquaplaning* bildet. Die Oberfläche besteht auch nicht einfach aus Teer, sondern aus einer ungefähr 40 Zentimeter dicken Betondecke. Diese ist inzwischen so gut, daß Dehnfugen kaum mehr nötig sind. Dafür sind die Passagiere bestimmt dankbar, denn sie werden beim Starten und Landen nicht mehr

124

so durchgeschüttelt.

Ein solider Unterbau und eine peinlich genaue Verarbeitung des Materials beim Bau stellen sicher, daß im Winter keine Frostschäden entstehen. Außerdem muß die Piste ja das riesige Gewicht auch größter Flugzeuge mühelos tragen können.

Mit 3700, 3300 und 2500 Metern Länge sind die Bahnen in Zürich zwar nicht ganz so lang wie in Frankfurt, reichen aber trotzdem voll aus. Generell haben sich kreuzende Start- und Landebahnen eine geringere Kapazität, brauchen aber in der Regel nicht so viel Platz wie ein Parallelbahn-System.

Wie dem auch sei, die Natur setzt der Nutzbarkeit der Pisten ab und zu ebenfalls ihre Grenzen. Man denke nur an starke Schneefälle in den Alpenländern, die einen uneingeschränkten Flugbetrieb im Winter oft verhindern.

Ein weiteres gravierendes Beispiel stellt der Flughafen in Salt Lake City in den USA dar. Das Wasser des sich ständig ausdehnenden Großen Salzsees reicht schon bedrohlich nahe an den Flughafen heran. Beim Landeanflug erkennt der Passagier etliche Straßen, die unpassierbar geworden sind, da sie irgendwo in den Fluten enden. Erfährt die Start- und Landebahn des Flughafens in nicht allzuferner Zukunft das gleiche Schicksal?

Ein neues Flugziel erscheint im Flugplan

Ständig nehmen Fluggesellschaften Kurs auf neue Ziele oder stellen ab und zu eine Flugverbindung wieder ein. Keineswegs kann eine *Airline,* zumindest bis jetzt noch nicht, einfach dorthin fliegen, wo sie gerade möchte. Da gibt es zum einen etwaige Verkehrsbeschränkungen zu beachten und zum anderen Regierungsgenehmigungen einzuholen.

Schon Wochen, ja Monate vor dem »Tag X« laufen die Vorbereitungen für das neue Flugziel auf vollen Touren. Viele Arbeiten müssen erledigt werden, bevor der erste Jet zum neuen Ziel abheben kann.

Zunächst muß natürlich das Interesse der Passagiere an dem neuen Zielort groß genug sein, um die Strecke überhaupt wirtschaftlich bedienen zu können. Steht für diesen Flugweg ein geeignetes Flugzeug zur Verfügung? Wie sieht es mit dem politischen Umfeld, der geographischen Lage oder der Wirtschaft des Landes aus, in dem das neue Ziel liegt? All das sind Fragen, die bei den Vorbereitungen mit einbezogen werden müssen. Für den Charterverkehr ist es darüber hinaus auch wichtig, ob das Ziel für die Touristen interessant und attraktiv genug ist. Sind diese Dinge abgeklärt und ist die Entscheidung für das neue Flugziel endgültig gefallen, können die eigentlichen Vorbereitungen beginnen.

Die zuständigen Mitarbeiter der Flugplanung reisen nun zunächst einmal vor Ort und nehmen das neue Ziel regelrecht unter die Lupe. Wie sieht es auf dem betreffenden Flughafen überhaupt aus, ist die Start- und Landebahn für den geplanten Jet lang genug? Ja, vielleicht sind auch Berge in der Nähe, die die erforderliche Hindernisfreiheit nicht gewährleisten. Gibt es in der weiteren Umgebung einen geeigneten Ausweichflughafen? Sind diese Sachen geklärt, kann sich die *Airline* an ihrem neuen Flugziel einrichten. Hierzu sind Büros und Schalter auf dem Flughafen nötig, aber auch in der Stadt muß nun in möglichst guter Geschäftslage ein Büro angemietet werden.

Wie sieht es jetzt eigentlich mit der Flugzeugabfertigung aus? Steht im Zielland ausreichend ausgebildetes Personal zur Verfügung, müssen Mitarbeiter erst geschult oder Arbeiter für die notwendigen Tätigkeiten aus dem Heimatland mitgebracht werden? Wer reinigt vor dem Rückflug das Flugzeug, und woher kann man im Falle einer Reparatur die nötigen Techniker und Ersatzteile bekommen?

Ja, und ist überhaupt eine ausreichende Menge an Kraftstoff zu einem akzeptablen Preis erhältlich, oder gibt es da Engpässe? Man kann ja nie wissen, sicherheitshalber klärt man auch diesen Punkt ab.

Sind die ersten Passagiere schließlich im neuen Zielort eingetroffen, ist für sie selbstverständlich auch entscheidend, ob es vom Flughafen ausreichende Verkehrsverbindungen in die Stadt gibt oder gute Anschlußflüge möglich sind.

Letztendlich darf man auch die Flugzeugbesatzungen nicht vergessen, auch sie wollen gut untergebracht sein. Soziale und kulturelle Einrichtungen tragen zu deren Wohlbefinden ebenfalls bei.

Zu guter Letzt denkt man an die Passagiere, die wieder in Richtung Heimat starten möchten. Geeignete Serviceeinrichtungen müssen vorhanden sein, um den gewohnten Komfort der Fluggesellschaft halten zu können. Besonders *First-Class*- und *Business-Class*-Passagieren müssen die Gesellschaften für den höheren Flugpreis ja einiges bieten. Eine *Lounge,* also ein Aufenthaltsraum, sollte für diese anspruchsvolleren Fluggäste schon bereitstehen. Lohnt sich eine eigene *VIP-Lounge* nicht, versucht man vielleicht, die einer anderen Gesellschaft mitbenutzen zu dürfen.

Besonders bei Zielen in Afrika gibt es manchmal kleine Probleme. Die Passagiere möchten ja auf dem Rückflug auch etwas essen. Für eine Fluggesellschaft ist es nicht immer einfach, auf dem Rückflug von Afrika (Ausnahme: Südafrika) ebenfalls den gewohnten Komfort anzubieten, den die Passagiere erwarten. Ist eine hygienisch und qualitativ einwandfreie Küche gefunden, sind die anstrengenden Vorarbeiten abgeschlossen.

Alle Informationen werden jetzt in einem Untersuchungsbericht zusammengestellt, und die erforderlichen Investitionen lassen sich abschätzen. Inzwischen ist der Tag X unaufhaltsam nähergerückt. Nachdem die Station vollends eingerichtet ist, wird sie schon bald eingeweiht, und der erste Jet landet. Wieder einmal erscheint ein neues Ziel im Flugplan der Airline.

4 AM HIMMEL WIRD ES ENG

Wirtschaftliche Bedeutung des Luftverkehrs

Start in New York. Wer möchte jetzt nicht in diesem Jet sitzen, der vom John F. Kennedy Airport abhebt und der untergehenden Sonne entgegenfliegt? Im Hintergrund die Skyline von Manhattan.

Verkehrsentwicklung auf zentraleuropäischen Flughäfen

Weltweit hat die Zahl der beförderten Passagiere im Jahre 1987 mit 1040 Millionen erstmals die Milliardengrenze überschritten. Das Wachstum geht jedoch weiter, und so erwarten Verkehrsexperten eine Verdoppelung des Passagieraufkommens bis zum Jahre 2000 auf zwei Milliarden.

Waren die 80er Jahre noch von einem stetigen Wachstum in der Luftfahrtbranche geprägt, so kam 1991 mit dem Ausbruch des Golfkrieges und einer beginnenden Verschlechterung der Weltwirtschaftslage der große Einbruch bei den Passagierzahlen. Insbesondere der Golfkrieg machte dem Luftverkehr schwer zu schaffen. Da Anschläge befürchtet wurden, hatte man zunächst die Sicherheitskontrollen auf den Flughäfen erheblich ausgeweitet. Zuletzt war es nicht einmal mehr gestattet, elektrische Geräte, und seien es nur Haartrockner oder Rasierapparate, mit ins Flugzeug zu nehmen. Viele Passagiere stornierten daraufhin ihre Flugreise und wichen auf andere Verkehrsmittel aus. Auch Geschäftsreisen waren davon betroffen. Das ging nicht selten so weit, daß viele Firmen sogar untersagten, Dienstreisen mit dem Flugzeug zu unternehmen. Aus diesem Grund sahen im Frühjahr 1991 manche Flughäfen wie ausgestorben aus. Inzwischen hat sich die Lage jedoch wieder normalisiert und die Passagierzahlen steigen wieder.

Auch die Auslastung der Maschinen nimmt wieder zu, weil die Überkapazitäten in letzter Zeit nahezu abgebaut werden konnten. Um das zu erreichen, wurden einige Jets in der Wüste von Arizona eingemottet, da ein gewinnbringender Verkauf nicht möglich war.

Die Verkehrsentwicklung in Zentraleuropa liegt ebenfalls voll im Trend. Auf dem Flughafen Frankfurt zählte man 1993 über 32 Millionen Fluggäste. Nicht zuletzt wegen den guten Flugverbindungen ist dieser *Airport* in Europa besonders beliebt. Derzeit fliegen ab der Mainmetropole rund 105 Fluggesellschaften im Liniendienst und 80 *Charter-Airlines* zu über 230 Zielen in fast 100 Ländern. Selbst den von uns aus entferntesten Teil unserer Erde, Neuseeland, kann man seit Einrichtung einer Flugverbindung durch Air New Zealand ohne Umsteigen direkt erreichen. In rund 28 Stunden bringt ein Jumbo-Jet seine Insassen ans andere Ende der Welt.

Das größte Wachstum verzeichneten Ende der 80er Jahre die interkontinentalen Flugstrecken nach den USA. Viele Europäer lockte jetzt, bedingt durch den Dollarverfall, der »Hüpfer« über den Atlantik, um im Land der unbegrenzten Möglichkeiten einmal Urlaub zu machen. Inzwischen tobt auf diesen attraktiven Strecken ein gnadenloser Preiskampf, und für nicht wenige Fluggesellschaften wird der Nordatlantik-Verkehr zu einem Verlustgeschäft.

Der Charterflugverkehr gewinnt in Europa ebenfalls an Bedeutung. Im Sommer sind in dieser Branche Ziele rund ums Mittelmeer besonders gefragt. Im Winterhalbjahr zeigt sich dagegen ein deutlicher Trend hin zu fernen Urlaubsorten. Die Karibischen Inseln, Thailand und die Malediven erfreuen sich in der bei uns meist tristen Jahreszeit wachsender Beliebtheit.

Erstaunlich ist zur Zeit auch noch eine andere Entwicklung. Bisher haben viele *Airlines* während des Winterflugplans, dieser gilt in der Regel vom 1. November bis zum 31. März, ihre Flugfrequenz auf einzelnen Routen verringert. Besonders im Februar ist die Reiseaktivität sehr gering, weshalb dieser Monat der verkehrsschwächste des ganzen Jahres ist. Deshalb war es ganz ungewöhnlich, daß einige Fluggesellschaften nun plötzlich ihr Sommerangebot teilweise in gleichem Umfang auch im Winterhalbjahr angeboten haben. Dazu kam die Eröffnung neuer Interkontinental-Strecken, durch die noch weitere Verbindungen entstanden.

Überhaupt setzen die Gesellschaften in letzter Zeit vermehrt Großraumflugzeuge ein. Der Anteil am Gesamtverkehr liegt in Frankfurt bereits bei etwa 30 Prozent, wobei die Jumbo-Jets vorherrschen.

In der Weltrangliste der größten Flughäfen unserer Erde mischt Frankfurt ziemlich weit vorne mit. Gemessen am Passagieraufkommen, pendelt der Flughafen so um Platz zehn, beim Frachtaufkommen ist er derzeit hinter Tokio und New York an dritter Stelle. In Europa hat Frankfurt bei der Luftfracht sogar die Nase vorne, und beim Passagieraufkommen liegt er hinter dem Großflughafen London-Heathrow auf Platz zwei. Selbst die beiden Flughäfen in Paris, Orly und Charles de Gaulle, können mit 24 bzw. 22 Millionen Fluggästen nicht mithalten.

Wen wundert es, daß es auf vielen *Airports* manchmal ziemlich eng wird, wenn innerhalb eines kurzen Zeitraums viele Jets gleichzeitig starten und landen möchten. Obwohl das Bahnsystem des Frankfurter Flughafens theoretisch nur 68 Starts und Landungen in der Stunde bewältigen kann, liegt der absolute Rekord bei 80 Flugbewegungen. Möglich war dies nur auf Grund besonders günstiger meteorologischer Rahmenbedingungen und einem optimalen Verkehrsfluß. Eigentlich unvorstellbar, daß alle 45 Sekunden ein Jet startete oder landete.

Auf dem Flughafen in Zürich geht es mit etwas mehr als 13 Millionen Passagieren noch etwas beschaulicher zu. Und doch ist auch in der Schweiz die Zunahme der Passagierzahlen deutlich zu spüren. Die meisten Jets heben immer noch vom Züricher Flughafen ab, obwohl auch Genf und Basel vermehrt an Bedeutung gewinnen.

Häufigster Gast ist in Zürich die MD-80. Dieses Kurz- und Mittelstreckenflugzeug befördert immerhin etwa 40 Prozent aller Fluggäste. Der Anteil der aus Deutschland kommenden Jets ist sogar größer als der Inlandsflugverkehr in der relativ kleinen Schweiz.

Wie in Frankfurt, so ist das Passagieraufkommen in Zürich ebenfalls tageszeitlich sehr unterschiedlich. Hier sind die Morgen-, Mittags- und Abendspitzen besonders ausgeprägt. Nachmittags ist dagegen je nach Wochentag manchmal nicht viel los. Andererseits kann es ohne weiteres einmal vorkommen, daß an einem Spitzentag fast doppelt so viele Fluggäste gezählt werden wie an einem ganz normalen Durchschnittstag. Dank eines großzügig angelegten Start- und Landebahnsystems kommt es auf dem Flughafen Wien kaum zu Verkehrsproblemen, obwohl hier das Passagieraufkommen derzeit sehr stark zunimmt. Aufgrund seiner günstigen Lage profitiert Wien in besonderem Maße vom Ost-West-Verkehr und nimmt, was den Flugverkehr mit Osteuropa betrifft, zunehmend eine Spitzenstellung ein. Zählte man 1993 noch 7,1 Millionen Passagiere, rechnet man im Jahr 2000 schon mit knapp 12 Millionen Fluggästen.

Übersicht der Verkehrsentwicklung auf Flughäfen im deutschsprachigen Raum

		Flugzeug-bewegungen	Passagiere	Fracht in Tonnen	Post in Tonnen
Deutschland					
Berlin-Schönefeld	1992	39.456	1.523.726	5.873	1.366
	1993	46.190	1.641.258	4.182	6.701
Berlin-Tegel	1992	99.480	6.664.045	16.426	20.504
	1993	93.213	7.064.640	16.830	18.151
Berlin-Tempelhof	1992	55.919	836.551	975	19
	1993	67.950	1.128.383	1.545	113
Bremen	1992	53.105	1.154.842	3.370	4.317
	1993	52.060	1.272.877	2.913	5.146
Dresden	1992	37.430	1.001.149	1.044	4.700
	1993	33.632	1.300.481	912	4.863
Düsseldorf	1992	150.591	12.302.173	47.210	8.632
	1993	156.625	13.056.204	45.553	7.294
Frankfurt	1992	340.468	30.758.852	1.115.863	164.251
	1993	352.143	32.550.083	1.178.291	160.174
Hamburg	1992	105.779	6.919.694	39.136	20.561
	1993	110.633	7.340.940	36.501	22.946
Hannover	1992	2)	3.093.895	14.121	12.521
	1993	76.997	3.443.104	9.002	13.682
Köln/Bonn	1992	101.267	3.552.708	187.577	22.804
	1993	100.157	3.921.437	192.993	27.285
Leipzig	1992	40.030	1.050.586	1.900	6.000
	1993	48.510	1.521.436	1.841	15.546
München	1992	192.153	12.018.202	53.348	25.227
	1993	180.800	12.731.917	65.276	30.083
Münster/Osnabrück	1992	12.689	414.055	424	4.293
	1993	14.774	533.433	603	5.564
Nürnberg	1992	45.547	1.705.395	10.832	11.783
	1993	49.659	1.821.027	18.550	12.283
Saarbrücken	1992	15.298	326.900	35	0
	1993	14.463	328.401	1.265	0
Stuttgart	1992	97.576	4.694.066	14.615	16.570
	1993	82.797	5.119.085	12.394	18.858

		Flugzeug-bewegungen	Passagiere	Fracht in Tonnen	Post in Tonnen
Österreich:					
Graz	1992	11.663	434.718	5.219	1)
	1993	13.278	434.811	5.833	1)
Innsbruck	1992	12.300	368.007	2)	2)
	1993	13.181	425.774	971	150
Klagenfurt	1992	6.918	218.890	14	15
	1993	7.034	207.456	302	13
Linz	1992	12.091	374.043	3.816	24
	1993	12.333	354.486	5.139	23
Salzburg	1992	14.528	868.251	1.003	117
	1993	18.339	1.021.941	549	136
Wien	1992	106.750	6.808.612	67.952	7.469
	1993	117.264	7.172.448	71.117	6.807
Schweiz:					
Basel	1992	2)	2.001.973	29.786	2.144
	1993	53.555	2.046.790	26.196	2.247
Genf	1992	95.213	5.765.587	75.041	8.743
	1993	102.559	5.776.119	57.182	8.135
Zürich	1992	191.513	13.048.938	271.475	16.252
	1993	197.064	13.511.353	291.623	16.307

Anmerkung:
Die Flugzeugbewegungen und die Anzahl der Passagiere beziehen sich nur auf den gewerblichen Verkehr (Linie und Charter). Bei der Fracht und Post handelt es sich um Tonnagen, die tatsächlich geflogen wurden (ohne Bodenersatz-Verkehr).
1) im Frachtaufkommen enthalten
2) keine Angaben

Regionalflugverkehr als Zubringer und Ergänzung zum Linienflugverkehr

Gleichermaßen wie der weltweite internationale Luftverkehr zunimmt, gewinnt auch der Regionalluftverkehr immer mehr an Bedeutung. So starten Flugzeuge heute von kleinen Städten aus zu den großen Knotenflughäfen ebenso wie zu anderen kleineren Städten, die von großen Passagiermaschinen nicht angeflogen werden können. *Nonstop*-Flugverbindungen im grenzüberschreitenden Verkehr, welche mit großen Flugzeugen nicht kostendeckend bedient werden könnten, erfreuen sich zunehmend besonderer Beliebtheit. Außerdem geht der Trend derzeit auch dahin, Nebenstrecken mit schwachem Passagieraufkommen, anstelle eines Jets, lieber mit mehreren kleineren Propellerflugzeugen zu bedienen.

Im Regionalflugverkehr *(Commuter)* geht es oft beschaulicher und irgendwie auch gemütlicher zu. Das liegt sicherlich mitunter daran, daß diese Strecken ausschließlich mit Propellermaschinen bedient werden, die nur eine Kapazität von 15 bis 60 Sitzplätzen haben.

Wer hätte gedacht, daß die Propellerflugzeuge noch einmal eine solche Renaissance erleben würden? Als Ende der 60er Jahre Jetflugzeuge ihren Einzug in die Luftfahrt hielten, ging die Ära der legendären Vickers Viscount, Convair 440 und wie sie alle hießen, langsam aber sicher zu Ende. Mit dem Einsatz der Boeing 707 konnte die Flugzeit von Kontinent zu Kontinent nahezu halbiert werden. Gleichzeitig verdoppelte sich auch die Sitzplatzkapazität in den Jets.

Heute verläuft die Entwicklung anders. Regional-Fluggesellschaften schießen überall wie Pilze aus dem Boden und werden fast wie am »laufenden Band« gegründet. Mittlerweile bedienen diese *Airlines* innerhalb Deutschlands und im benachbarten Ausland schon weit über 100 Strecken, und deren Anzahl steigt von Jahr zu Jahr.

Kleinere Städte erhalten Anschlüsse an die Drehscheiben des Weltluftverkehrs. So verbindet beispielsweise die in München beheimatete Deutsche BA die Bodenseemetropole Friedrichshafen mit Zürich und Stuttgart, während die Lufthansa City Line die Strecken nach Frankfurt und Köln befliegt. Hinzu kommen noch viele weitere Flugstrecken, die Großflughäfen wie Zürich und Frankfurt gar nicht erst berühren, sondern einen Regionalflughafen gleich

mit einer anderen Metropole verbinden.

Die Nachfrage nach solchen Flügen, insbesondere bei Geschäftsleuten, steigt ständig, und manche *Commuter Airline* hat sich auf ihrem Streckennetz schon einen guten Namen erflogen.

Zum Einsatz kommen im Regionalflugverkehr eigentlich nur Propellermaschinen wie zum Beispiel die Jetstream 31 und Metroliner. Auf verkehrsstärkeren Strecken fliegen auch größere Typen, wie die kanadische Dash 7 und Dash 8 sowie die Fokker 50. Weiterhin setzen einige *Airlines* die italienische ATR 42, ATR 72 und die britische ATP ein. Besonders die British Aerospace ATP wartet mit einer sehr großen Wirtschaftlichkeit auf und trägt die Typenbezeichnung »Advanced« (fortschrittlich) sicherlich zu Recht.

Bei einem mit 64 Sitzplätzen ausgerüsteten Flugzeug dieses Typs belaufen sich die Betriebskosten bei einer Flugstrecke zwischen etwa 270 und 560 Kilometern auf nur 15 Pfennig pro Meile und Passagier. Mit nur 25 Fluggästen an Bord kann dieses Flugzeug gewinnbringend fliegen. Kein Auto kann da noch mithalten.

Die im allgemeinen hochmodernen und zugleich umweltfreundlichen Turbopropmaschinen, wie diese Propellerflugzeuge auch genannt werden, haben noch einen weiteren Vorteil, ihnen genügt eine ziemlich kurze Start- und Landebahn. So kommt die viermotorige Dash 7 mit einer nur 700 Meter langen Bahn gut zurecht. Dieses Flugzeug ist deshalb eines der wenigen, das auf dem »City Airport« in London sicher starten und landen kann.

Mit der Verwirklichung des neuen Stadtflughafens, unweit der Stadtmitte, wurde ein neues Kapitel im europäischen Regionalflugverkehr aufgeschlagen. STOL heißt das neue Zauberwort, was soviel wie »short take off and landing« bedeutet. Der STOL-Airport in London soll mit seiner nur 1200 Meter langen Piste dazu beitragen, den oft stundenlangen Transfer von den internationalen Flughäfen Heathrow und Gatwick nach London zu verkürzen.

In anderen Großstädten Europas, wie zum Beispiel in Paris, Zürich und Frankfurt, möchte man längerfristig ähnliche Flughäfen einrichten.

Was das Fliegen auf kurzen Strecken anbelangt, tut sich also einiges. Wegen der meist kurzen Entfernungen im Regionalflugverkehr fällt die gegenüber Düsenmaschinen geringere Reisegeschwindigkeit der Propellerflugzeuge sowieso kaum ins Gewicht. Ein gemütlicher Non-stop-Flug im Turboprop ist so trotzdem oft noch kürzer und bequemer als ein Düsenflug mit einem Umsteige-Aufenthalt.

Freiheit in Grenzen, Engpässe am Boden und in der Luft

Wie steht es eigentlich mit der Freiheit über den Wolken? Ist sie angesichts der vielen Verspätungen im Luftverkehr wirklich noch so grenzenlos? Als Passagier bekommt man nur die Spitze eines Eisberges zu spüren, wenn man länger im Warteraum oder im Flugzeug sitzt als geplant. Schon heute sind viele Flughäfen, bedingt durch das hohe Verkehrsaufkommen, bis zu ihrer Kapazitätsgrenze ausgelastet.

Ein Flug gilt dann als verspätet, wenn er mehr als 15 Minuten nach der veröffentlichten Abflugzeit startet. Kommt ein Jet nicht rechtzeitig in die Luft, hat das oft weitreichende Folgen. Jetzt kann es sein, daß

die geplante Flugroute schon von einem anderen Flugzeug benutzt wird, ein erneutes Warten am Boden beginnt, obwohl der Jet nun klar zum Abflug ist.

In diesem Fall bleibt nichts übrig, als so lange zu warten, bis wieder ein Slot, ein neues »Startfenster«, freigeworden ist. Inzwischen geht das schon so weit, daß ein Flugzeug überhaupt keine Starterlaubnis mehr bekommt, wenn nicht zumindest ein Großteil der Flugstrecke frei ist.

Ist der Jet nach langem Warten endlich »airborne«, also in der Luft, sind neue Probleme schon fast vorprogrammiert, denn jetzt sind die Fluglotsen mit den vielen Flugzeugen oft total überlastet. Zusätzliche Schwierigkeiten gibt es ab und zu auch bei der Weitergabe der Kontrolle von einer Flugsicherungsstelle an eine andere; in Europa gibt es etwa 40 verschiedene Flugsicherungsstellen. Diese besitzen nicht etwa ein einheitliches Kontrollsystem, nein, sie arbeiten mit 20 unterschiedlichen Überwachungssystemen. Selbst im Zeitalter der modernen elektronischen Kommunikation kann bei der Zusammenarbeit der Kontrollstellen hin und wieder nur ein klärendes Telefongespräch weiterhelfen.

Plänen zufolge soll eine europaweite Flugsicherungsstelle, die »Eurocontrol«, eingerichtet werden. Sicherlich wird es aber noch einige Zeit dauern, bis die politischen Hürden überwunden sind, zumal auch die osteuropäischen Länder mit einbezogen werden sollen. Die einzige Flugsicherungszentrale in Europa, die heute schon grenzüberschreitend arbeitet, ist bei Maastricht in Holland zu Hause. Sie wird zwar ebenfalls »Eurocontrol« genannt, kontrolliert aber nur den oberen Luftraum über Norddeutschland, Belgien,

133

Besonders über
Süddeutschland
gibt es im oberen
Luftraum richtige
Knotenpunkte. Hier
kreuzen sich die
Routen von Groß-
britannien nach
Fernost und von
Afrika nach Skandi-
navien. Allein am
Knotenpunkt über
Stuttgart fliegt
durchschnittlich
alle drei Minuten
ein Flugzeug
vorbei, weshalb
diese »Luftkreu-
zung« zu den
meistbeflogenen
in Europa zählt.

Luxemburg und den Niederlanden. Eine ziemlich ähnliche Institution bewältigt auch die Luftraumüberwachung in den USA.

Bei der heutigen Verkehrssituation ist ein sicherer Flugbetrieb zwar gerade noch möglich, doch was geschieht, wenn – wie Experten vermuten – der Flugverkehr in den nächsten Jahren stark zunimmt? Das macht einmal mehr deutlich, wie wichtig eigentlich die baldige Verwirklichung einer richtigen, das heißt wirklich europaweiten »Eurocontrol« ist.

Natürlich bewahrheitet sich auch in der Luftfahrt das Sprichwort: »Zeit ist Geld«. Wartezeiten am Boden und in der Luft kosten ja zusätzlich Geld, da sich Flugzeuge bekanntlich nur auf »Strecke« bezahlt machen. Verärgerte Passagiere und geplatzte Anschlußflüge sind die Folge von Verspätungen. Geht einmal überhaupt nichts mehr, muß die Gesellschaft sogar noch für die Übernachtung ihrer Fluggäste in Hotels aufkommen, eine nicht ganz billige Angelegenheit für die sowieso knapp kalkulierenden Fluggesellschaften.

Verzögerungen gibt es natürlich nicht nur beim Abflug sondern auch beim Landeanflug. Startet zum Beispiel irgendwo in den USA ein Jet, ist es selbstverständlich noch nicht absehbar, ob er Stunden später in Frankfurt oder Zürich gleich landen kann. So passiert es, daß ein Flugzeug manchmal schon über Großbritannien die Anweisung bekommt, langsamer zu fliegen, um nicht in den Stau vor dem Landeanflug zu geraten. Andere Jets, die von Paris oder München nach Frankfurt möchten, starten unter solchen Bedingungen erst gar nicht.

Flugzeuge, die aber bereits in der Nähe des Zielflughafens angelangt sind, müssen so lange ins *Holding,* also Warteschleifen fliegen, bis sie mit der Landung an der Reihe sind. Um dabei den Treibstoffverbrauch der Jets und die Lärmbelastung für die Bevölkerung so gering wie möglich zu halten, sollen die Piloten die Warteschleifen in möglichst großer Höhe fliegen, was aber nicht immer geht.

Weit außerhalb des eigentlichen Anflugbereiches gibt es dazu einen richtigen Warteraum. Ankommende Jets bleiben zunächst einmal auf einer bestimmten Höhe und beginnen ihre Runden zu drehen. Alle Schleifen fliegt der Jet nach Möglichkeit noch *clean,* also ohne Landeklappen und Fahrwerk ausgefahren zu haben, aber eben doch so langsam wie möglich. Den Warteraum muß man sich wie einen Turm vorstellen, der aus lauter ovalen Bauklötzen besteht. Das Kreisen beginnen die Flugzeuge in der obersten Etage. Nach und nach bekommt nun jeweils der Jet im untersten »Stockwerk« die Erlaubnis, mit dem Landeanflug zu beginnen, und er wird von den Fluglotsen an die Anflugsgrundlinie herangeführt. Die unterste Flugebene ist freigeworden, weshalb ein Jet nach dem anderen von oben nachrückt. Die einzelnen Flugebenen sind ungefähr 300 Meter hoch.

Herrscht einmal besonders starker Andrang, kann es durchaus vorkommen, daß ein Flugzeug eine Stunde lang im Kreis herumfliegt, bis es dann endlich an der Reihe ist.

In Zürich wird es bei schönem Wetter im *Holding* für die Passagiere ganz bestimmt nicht langweilig. Selbst Vielflieger drücken ihre Nase am Fenster platt. Draußen gibt es ein einmaliges Schauspiel zu bestaunen. Im Wechsel sind hier die Schweizer Alpen und der Schwarzwald zu sehen, direkt unten sogar der Rhein.

Vielleicht fordern die starke Zunahme des Luftverkehrs und die damit verbundenen Verspätungen von uns ein ganz neues Denken. Staus gibt es nicht nur auf den Autobahnen, sondern auch in der Luft wird es ständig enger. Der Freiheit sind deshalb auch über den Wolken irgendwo Grenzen gesetzt.

Verkehrsbetriebszentrale

Mit zunehmendem Luftverkehr wird es immer wichtiger, den Einsatz der Flugzeuge genau zu planen und zu steuern. Fast alle *Airlines* haben deshalb eine Verkehrsbetriebszentrale eingerichtet, die den gesamten Flugbetrieb überwacht.

In Frankfurt arbeiten die Mitarbeiter der Verkehrsbetriebszentrale rund um die Uhr, um die über 200 Flugzeuge der Lufthansa optimal zu dirigieren. Jeder der sechs Verkehrsleiter, die in einer Schicht zusammenarbeiten, ist für einen bestimmten Flottenteil zuständig. Während ein Mitarbeiter den Langstrecken-Verkehr überwacht, koordiniert sein Kollege nebenan den Einsatz der Boeing 737. Mehrere Assistenten und ein Schichtleiter unterstützen dabei das Team. Um die Tätigkeit eines Verkehrsleiters überhaupt ausüben zu können, muß man vorher die Ausbildung zum Flugdienstberater absolviert haben.

Jeder Arbeitsplatz ist mit zahlreichen Bildschirmen ausgestattet, auf denen sämtliche Flugbewegungen angezeigt werden. Die geplanten Abflugs- und Ankunftszeiten übernimmt man dabei direkt aus dem Flugplan; die Zeiten, an denen die Flugzeuge zur Wartung bereitstehen müssen, speist dagegen die Werft in das

System ein. So wissen die Verkehrsleiter etwa drei Tage im voraus, welches Flugzeug wann welche Ziele ansteuern wird.

Auf den Bildschirmen ist nun jedes Flugzeug mit seiner Zulassungsnummer aufgeführt und mit Hilfe einer Zeitachse wird jede Flugbewegung als Balken dargestellt. Verschiedene Farben signalisieren den Mitarbeiten, ob ein Flugzeug rechtzeitig landen wird oder ob mit einer Verspätung zu rechnen ist. Sobald dabei ein Balken gelb oder rot aufleuchtet ist der Verkehrsleiter gefordert, da der Flug entweder schon in der Luft verspätet ist, oder die Bodenzeit nicht ausreicht, um pünktlich wieder starten zu können. Jetzt heißt es abzuwägen, ob die Passagiere auf eine andere Maschine umgebucht werden sollen, oder ob es doch besser ist, ein Ersatzflugzeug, das für solche Fälle ständig bereitsteht, auf den Weg zu schicken.

Kaum hat sich der Verkehrsleiter für das Ersatzflugzeug entschieden, informiert er gleich die Besatzung. Auf einem seiner Monitore kann er auch erkennen, ob der Pilot vielleicht seine Lizenz noch nicht lange hat und deshalb bei sehr schlechter Sicht nicht fliegen darf. Doch auch das wäre kein Problem, dann müßte eben eine andere Crew diesen Flug übernehmen.

Noch während der Verkehrsleiter mit der Crew-Einsatzleitung telefoniert, bekommt sein Kollege, der die Langstreckenjets betreut, ebenfalls eine Meldung. Über Kurzwelle teilt die Stationsleitung in Douala (Kamerun) soeben mit, daß der aus Frankfurt kommende Airbus beim Landeanflug in einen Vogelschwarm geraten ist und nun ein Triebwerk streikt. Ein kurzer Blick auf den Bildschirm bestätigt es, hinter der betreffenden Flugzeug-Kennung leuchtet der Balken schon rot auf. Gleich nach der

Landung in Afrika wurden die Daten vom Flugzeug automatisch an die Verkehrsbetriebszentrale gesendet. Was also tun?

Zunächst schaut der Verkehrsleiter einmal nach, wieviel Passagiere für den Rückflug gebucht haben. Eine kurze Eingabe in den Computer genügt und schon zeigt dieser an, daß der Jet für den Flug nach Frankfurt fast ausgebucht ist. Da die Lufthansa diese Strecke nur einmal wöchentlich bedient, sieht es zunächst schlecht aus, die Passagiere heimzubekommen. Ein Umbuchen auf Maschinen anderer Gesellschaften scheidet ebenfalls aus, da die knapp 200 Fluggäste nirgendwo untergebracht werden können.

Jetzt kann nur noch eine Ersatzmaschine Abhilfe schaffen. Ein neuartiges Computersystem simuliert jetzt, wie sich die Bereitstellung möglicher Jets auf die Einsatzplanung von Besatzungen und Flugzeugen auswirken wird. Als beste Möglichkeit wählt der Verkehrsleiter jetzt eine DC-10 aus, die gerade gewartet wurde und erst am Folgetag wieder eingesetzt werden soll. Kurzerhand wird die Besatzung informiert und kaum zwei Stunden später startet der Großraumjet schon Richtung Douala.

Zwar ist nun für die Passagiere gesorgt, doch stellt sich jetzt die Frage, wie denn der Airbus flottgemacht und möglichst bald wieder eingesetzt werden kann. Da in Kamerun jedoch kein Ersatztriebwerk zur Verfügung steht, muß eigens ein solches Aggregat hingeflogen werden. Sofort hängt sich der Verkehrsleiter ans Telefon und versucht, das Triebwerk irgendwo unterzubringen. Doch das ist leichter gesagt als getan. Natürlich, wie sollte es anders sein, steht ausgerechnet jetzt kein Frachtflugzeug bereit, das den Transport über-

nehmen könnte. Auch die Bundeswehr, die in solchen Situationen schon einmal aushilft, kann kein Flugzeug abstellen. Stunden vergehen, bis die Lösung naht. Eine französische Frachtfluggesellschaft könnte mit einer Hercules-Maschine den Transport durchführen. Kurzerhand wird die Maschine gechartert, die auch gleich nach Frankfurt fliegt, um das Triebwerk abzuholen.

Inzwischen ist noch eine weitere Nachricht aus Douala eingetroffen. Leider gibt es dort kein Fahrzeug, mit dem das Triebwerk ausgeladen werden könnte und außerdem kann der Stationstechniker das Aggregat nicht alleine wechseln. Aus diesem Grund organisiert der Verkehrsleiter auch gleich noch ein Entlade-Fahrzeug sowie eine Mechaniker-Mannschaft.

Zwei Tage später trifft schließlich der Airbus in Frankfurt ein und wird sofort wieder in den normalen Flugbetrieb integriert.

In der Zwischenzeit mußte der Verkehrsleiter schon zahlreiche weitere Flugzeuge und Besatzungen austauschen, Passagiere umbuchen und vieles andere mehr. Organisationstalent und schnelle Auffassungsgabe ist bei diesem interessanten Beruf also nötig, um auch die scheinbar ausweglososte Situation zum Wohle der Passagiere sicher meistern zu können.

EU-Binnenmarkt und Luftverkehr

Es war schon fast ein historisches Ereignis, als sich im Dezember 1987 der Ministerrat der damaligen Europäischen Gemeinschaft zusammensetzte und einen Beschluß mit weitreichenden wirtschaftlichen Veränderungen faßte. So wurde nun zum Jahreswechsel 1992/1993 der sogenannte »europäische Binnenmarkt« verwirklicht.

Die Preisbildung wurde dabei liberalisiert, der Marktzugang erleichtert und die Kapazitätskontrollen gelockert. Viele Firmen sehen gerade in diesen Änderungen ihre Chancen, neue Märkte und Absatzmöglichkeiten eben auch im Ausland besser erschließen zu können. Andere Unternehmen befürchten dagegen einen Preisverfall ihrer Produkte »Made in Germany«, da jetzt umgekehrt ausländische Firmen ebenfalls in Deutschland verstärkt tätig werden dürfen.

Natürlich bleibt der Luftverkehr auch nicht von den Veränderungen verschont, die der EU-Binnenmarkt mit sich bringt. So haben die Fluggesellschaften nun die Möglichkeit, sich in Ländern der Europäischen Union (EU) dort niederzulassen wo sie möchten, und ihre Tarife und Flugpläne der jeweiligen Marktsituation anzupassen.

Die Grenzkontrollen auf den Flughäfen braucht man nicht mehr, da auch ein Flug von Deutschland nach Frankreich, so gesehen, nicht mehr grenzüberschreitend, also international ist; er wird kurzerhand zum Binnenflug. Eigentlich würde bei solchen Flügen nun die Möglichkeit entfallen, in den *Duty-free-Shops* zollfrei einkaufen zu können. Um jedoch plötzliche wirtschaftliche Einbußen der Flughäfen zu vermeiden, soll der zollfreie Einkauf noch bis zur Jahrtausendwende beibehalten werden.

Die Änderungen im Luftverkehr, hervorgerufen durch den Binnenmarkt, treten aber mit Sicherheit nicht alle von heute auf morgen ein, denn die Luftfahrtbranche muß sich ja erst auf die völlig neue Situation einstellen. Am Ende der ganzen Entwicklung steht dann das Ziel der totalen Freizügigkeit und ein »offener Himmel« für jede Gesellschaft. Konkret sieht das so aus, daß beispielsweise nun die Lufthansa ohne weiteres auf der Strecke Paris – Marseille fliegen und dabei die Air France, die die gleiche Route befliegt, um 50 Mark unterbieten kann. Jetzt bleibt es den Passagieren überlassen, das Preis-Leistungs-Verhältnis der einzelnen Fluggesellschaften genau abzuwägen, und bei ihrer *Airline* zu buchen.

Innerhalb vieler Fluggesellschaften muß sich nun aber, um wettbewerbsfähig zu bleiben, ebenfalls so manches ändern. Europäische Fluggesellschaften sind bisher ja vielfach Unternehmen, deren Kapital sich zum Großteil in Staatsbesitz befindet, wodurch die Unternehmen oft an bestimmte Normen gebunden sind.

Private *Airlines* sehen gerade in der Flexibilität ihre große Chance, um auf dem Markt schnell Fuß zu fassen, und ihren Anteil am »großen Kuchen« zu sichern.

Welche großen Auswirkungen und Veränderungen die Liberalisierung des Luftverkehrs mit sich bringen kann, wird am Beispiel der USA ganz deutlich. Schon vor einigen Jahren, bereits im Jahre 1978, hat man dort die Deregulierung des amerikanischen Luftverkehrs eingeleitet. In den USA sieht man deshalb heute die Folgen, die uns in Europa vielleicht auch einmal bevorstehen.

Zunächst hat der »offene Himmel« über den USA dazu geführt, daß zahlreiche neue Fluggesellschaften gegründet wurden. Ein richtiger Boom setzte ein, und die Zahl der amerikanischen *Airlines* stieg in den Jahren 1978 bis 1984, nach Angaben der IATA, von 36 auf über 120 an. Jede

Fluggesellschaft versuchte jetzt, die Konkurrenz mit immer neuen Billigtarifen zu unterbieten. Ein regelrechter Preiskrieg begann, dem viele *Airlines* auf Dauer einfach nicht mehr gewachsen waren.

Plötzlich mußten sie sparen und ihre Unkosten irgendwie eindämmen. Da lag es natürlich nahe, bei der aufwendigen Wartung etwas einzusparen, doch das war mit Sicherheit die falsche Stelle. Und geschah dann ein Unglück, kostete das wieder viel Geld.

Einmal in dem Teufelskreis gefangen, war es fast unmöglich, wieder herauszukommen. Überschuldung und massenweise Konkurse waren die unumgängliche Folge. Bis in die jüngste Zeit waren davon auch größere *Airlines,* wie die Pan Am, betroffen. Nicht selten wird eine in Konkurs geratene Gesellschaft kurzerhand von einem Industriekonzern übernommen, oder von einer anderen Fluggesellschaften aufgekauft. So schnell, wie manche Fluglinie gegründet wurde, war sie auch schon wieder pleite.

Die wenigen großen *Airlines,* die überlebten, begehen nun ganz neue Wege. Sie schließen nun gerne ein Partnerabkommen mit europäischen Fluggesellschaften. Solche Abkommen ermöglichen beiden Firmen einen besseren Einstieg in den jeweils anderen Markt.

Der scharfe Wettbewerb innerhalb den USA hat mittlerweile dazu geführt, daß die Flugpreise fast täglich wechseln und der jeweiligen Situation schnell angepaßt werden. Nachtflüge sind übrigens sehr oft günstiger als Flüge am Tage. Doch wer blickt da als »normaler« Passagier bei den Tausenden von Flugpreisen und *Discount*-Tarifen überhaupt noch durch?

In Europa zeichnet sich im Hinblick auf den EU-Binnenmarkt bis jetzt aber ein etwas anderer Trend ab. Dabei geht es, abgesehen von neuen Sondertarifen und zeitlich befristeten »Dumpingpreisen«, zur Zeit eher darum, den Service am Boden und in der Luft aufzuwerten und weiter auszubauen. Außerdem bemühen sich viele Gesellschaften derzeit, ihr Streckennetz noch attraktiver zu gestalten und die jeweiligen Marktanteile zu sichern.

Hoffen wir, daß der »offene Himmel« in Europa ein fairer Wettbewerb bleibt, der nicht zu Lasten der im Luftverkehr so wichtigen Sicherheit geht, und von dem alle Beteiligten, Passagiere wie Fluggesellschaften, profitieren können.

Bauen für die Zukunft

Engpässe in der Luftfahrt gibt es natürlich nicht nur in der Luft, sondern immer häufiger auch schon am Boden, da Jahr für Jahr die Passagierzahlen steigen. Den großen Ansturm können viele Flughäfen einfach nicht mehr verkraften, sie platzen aus allen Nähten. Betroffen davon sind neuerdings nicht nur internationale Großflughäfen, sondern auch *Airports* für den Kurz- und Mittelstreckenverkehr sind bis zur Aufnahmegrenze ausgelastet.

So überlegen und planen die Flughafengesellschaften als Betreiber der Flughäfen ständig, wie sie denn ihren *Airport* auch in Zukunft attraktiv und vor allem sicher gestalten könnten. Dabei muß sehr sorgfältig abgewogen werden, in welchem Umfang man erweitern und ausbauen soll. Im Falle wirtschaftlicher Schwierigkeiten oder Krisen, der Golfkonflikt im Jahr 1991 hat dies ja gezeigt, könnte nämlich der Aufschwung sehr schnell zu Ende sein, dann würden sich die vielen Millionen Mark als Fehlinvestition erweisen.

Trotzdem wird auf vielen Flughäfen derzeit wie verrückt gebaut, erweitert und modernisiert. Nachdem in Stuttgart das neue *Terminal* mit unterirdischem S-Bahn-Anschluß fertiggestellt worden war, hat man nun mit der Verschiebung und Verlängerung der Start- und Landebahn begonnen. Um Platz zu schaffen, mußte man zuerst die Bundesautobahn A 8 (von Karlsruhe nach München) verlegen, denn sie führt unmittelbar am Flughafen vorbei. Gegen diesen Landverbrauch wehren sich verständlicherweise viele Bauern, ist doch der Ackerboden rund um den Echterdinger Flughafen besonders fruchtbar. Andere Ausbaugegner befürchten eine starke Zunahme der Flugbewegungen und der Lärmbelastung.

Noch viel größer ist der Eingriff in die Natur in München. Dort wurde im Mai 1992, gerade 28 Kilometer nordöstlich vom Stadtzentrum, das wohl auf lange Sicht umfangreichste Flughafen-Neubauprojekt Europas eingeweiht. Ein solches Vorhaben ließ sich natürlich nicht von heute auf morgen verwirklichen. Von Beginn der Standortsuche und Planung des neuen Flughafens bis zu dessen Eröffnung vergingen fast 30 Jahre.

Zwei, jeweils 4000 Meter lange, Start- und Landebahnen ermöglichen jetzt *Non-stop*-Langstreckenflüge ohne Nutzlast- und Reichweiten-Beschränkung. Die Pisten sind in Ost-West-Richtung mit einem Abstand von 2300 Metern zueinander so angelegt, daß auch bei schlechtem Wetter unabhängig voneinander auf beiden Bahnen gleichzeitig gestartet und gelandet werden kann. Zwischen die beiden parallelen Pisten wurde das über einen Kilo-

meter lange *Terminal*gebäude gebaut. Bis zu 20 Jets können direkt am Gebäude gleichzeitig geparkt und über Fluggastbrücken bequem erreicht werden. Unter dem für jährlich zwölf Millionen Passagieren ausgelegten neuen Flughafen gibt es selbstverständlich auch einen S-Bahnhof, der eine schnelle Verbindung nach München gewährleistet.

Natürlich steht den Fluggästen und Besuchern ein umfangreiches Dienstleistungsangebot zur Verfügung. Parkhäuser, Restaurants und Hotels runden die Angebotspalette ab.

Neben dem *Terminal*gebäude findet auch der Frachthof und die Wartungsbasis der Lufthansa auf der riesigen Fläche zwischen den Start- und Landebahnen mühelos Platz. Andererseits ist es auch ein *Airport,* bei dem die Planer positive Erfahrungen und Aspekte beim Neubau mit einbringen konnten, was anderswo nur sehr schwer oder gar nicht möglich ist. Der neue Flughafen ist aber nicht gerade billig, wenn man bedenkt, daß sich die gesamten Herstellungskosten auf etwa neun Milliarden Mark belaufen.

Nicht ganz so teuer kommen dagegen die Aus- und Neubaumaßnahmen auf dem Frankfurter Flughafen. Auf dem total ausgelasteten Flughafen gehen die Planungen heute schon bis weit über das Jahr 2000 hinaus. Als Sofortmaßnahme hat man im Bereich des Flugsteigs B Großraum-Bus-*Gates* angelegt, an denen bis zu sechs Auslandsflüge gleichzeitig abgefertigt werden können. Von den Warteräumen fahren die Passagiere dann mit Bussen zu den auf dem Vorfeld abgestellten Jets.

Der vorwiegend für den Charterflugverkehr genutzte Flugsteig C wurde teilweise

Freiheit über den Wolken: Ein Jumbo 747-200 der Lufthansa.

auch umgebaut. Bis zu sechs Großraum-jets lassen sich hier gleichzeitig unterbringen, was einer Kapazitätserweiterung um jährlich drei Millionen Passagiere entspricht.

Eine entscheidende Verbesserung der derzeitigen Lage wird außerdem das für jährlich zehn bis zwölf Millionen Fluggäste ausgelegte neue *Terminal* 2 bringen. Das Abfertigungsgebäude soll vorwiegend für interkontinentale Flüge genutzt werden und bietet Platz, um acht Großraum-Flugzeuge abstellen zu können. Werden vielleicht einmal noch größere Jets als die heutigen »Jumbos« gebaut, die dann vielleicht bis zu 600 Sitzplätze haben, kann man diese Flugzeuge hier mühelos abstellen. Einen eigenen Autobahnzubringer wird den Fluggästen den Umweg am bisherigen Flughafengebäude vorbei ersparen. Die Investitionen für die Neubauten sind derzeit auf stattliche 2,5 Milliarden Mark festgesetzt worden.

Um nun vom doch etwas abseits gelegenen *Terminal* 2 so schnell wie möglich zu einem Anschlußflug, beispielsweise im Flugsteig A des *Terminal* 1 zu kommen, wird ein Passagier-Transfer-System eingerichtet. Eine kostenlos nutzbare und vollautomatisch gesteuerte Kabinenbahn wird künftig in nur vier Minuten die Passagiere von der Station A zum neuen *Terminal* 2 bringen. Die oberirdische Bahn, deren Fahrweg in einer Höhe von 17 Meter verläuft, schafft es, in nur einer Stunde in jeder Richtung bis zu 1800 Personen zu befördern. Ähnliche Anlagen sind beispielsweise in Miami und Atlanta bereits mit großem Erfolg im Einsatz.

Im neuen *Terminal* ist auch an eine leistungsfähige Gepäckförderanlage gedacht, die Gepäckstücke möglichst schnell sortieren und zu den anderen Förderanlagen transportieren kann. Auf die garantierte Umsteigezeit von 45 Minuten brauchen die Passagiere deshalb auch in Zukunft nicht verzichten. (Siehe Wege der Koffer, Gepäckfördersystem, S. 86.)

Nach der Jahrtausendwende kann dann im Bedarfsfall sogar das *Terminal* 2 noch mit dem Gebäudekomplex C verbunden und der Flugsteig A erweitert werden.

Wie in Frankfurt, so verwandeln sich Flughäfen in der ganzen Welt in regelrechte Baustellen wenn es gilt, den *Airport* durch Neu- und Umbauten an die neue Verkehrssituation anzupassen.

Luftverkehr und Umwelt

Dem Fluglärm auf der Spur

Da es sich heutzutage fast jeder leisten kann, mit dem Flugzeug zu verreisen, steigt die Nachfrage immer stärker an. Es ist eben einfach komfortabel und bequem, wenn man sich irgendwo in Deutschland, Österreich oder in der Schweiz ins Flugzeug setzt und wenige Stunden später schon in Spanien am Strand liegt. Das läßt sich natürlich mit einer langen und sicherlich anstrengenden Autofahrt, womöglich noch mit Staus, nicht vergleichen.

Diese Entwicklung haben auch die Fluggesellschaften erkannt und versuchen nun, durch den Einsatz weiterer Jets sowie mit zusätzlichen Flügen der steigenden Nachfrage gerecht zu werden. Angesichts der Verkehrszunahme muß man sich natürlich auch beim Luftverkehr die Frage stellen: »Wie sieht es denn mit der Umwelt aus?«

Viele Flughafenanwohner beklagen sich immer wieder über den Lärm, den startende und landende Flugzeuge verursachen. Dabei ist dieses Problem durch unsere enge Siedlungsdichte eigentlich schon vorprogrammiert. In Deutschland gibt es wohl nur noch wenige Regionen, die nicht mit Verkehrsproblemen irgendwelcher Art belastet sind. Zwar können Lärmschutzwälle gebaut und Zuschüsse für Schallschutzfenster gewährt werden, doch muß man versuchen, das Lärmproblem direkt an der Quelle zu bekämpfen.

Es muß nicht immer erheblicher finanzieller Aufwand betrieben werden, um Fluglärm einzudämmen. Schon vor vielen Jahren hat man in Frankfurt ein Verfahren zur Verringerung von Fluglärm entwickelt. Der Grundgedanke der heute unter dem Namen »Frankfurter Verfahren« weltweit bekannten und fast überall angewandten Verfahrensweise ist eigentlich ziemlich einfach. Da ja vor der Landung Fahrwerk und Landeklappen ausgefahren werden müssen, nimmt dadurch der Luftwiderstand derart zu, daß den Triebwerken etwas mehr Schub gegeben werden muß, um den erforderlichen Auftrieb zu erhalten. Dadurch entsteht aber wiederum mehr Lärm, der sich um so stärker bemerkbar macht, je niedriger das Flugzeug fliegt. Die Luftfahrtgesellschaften und die Flugsicherung entwickelten daraufhin dieses besondere Anflugverfahren.

Dabei sinken die Jets bis auf etwa 1000 Meter Höhe wesentlich steiler, als dies früher der Fall war. Hinzu kommt noch, daß die Piloten die Landeklappen und das Fahrwerk erst ziemlich spät ausfahren. Messungen haben das inzwischen erfolgreiche »Frankfurter Verfahren« bestätigt. Allein dadurch hat sich die Lärmbelastung am Boden, zehn Kilometer von der Landebahn entfernt, fast halbiert.

Das »Frankfurter Anflugverfahren« machte auch deutlich, wo der Hebel für eine weitere Lärmverringerung angesetzt werden muß, nämlich in erster Linie an den Triebwerken und an den Flugzeugen selber. Moderne Triebwerke zeichnen sich dadurch aus, daß ein Großteil der angesaugten Luft nicht in die Brennkammern geleitet, sondern nach dem Verdichten gleich wieder ausgestoßen wird. Dieser sogenannte Mantelstrom umhüllt nun den heißen Abgasstrahl, wodurch die Verwirbelung von heißer und kalter Luft wesentlich langsamer vonstatten geht und somit auch weniger Lärm entsteht. Ganz grob ausgedrückt läßt sich also sagen, daß ein Triebwerk um so leiser arbeitet, je höher der Anteil des Mantelstroms im Vergleich zum Abgasstrahl ausfällt.

Eine andere Möglichkeit, Fluglärm zu verringern, besteht darin, die außen am Flugzeug entstehenden Luftwirbel zu reduzieren. Was diese mit der Lärmentstehung zu tun haben wird leicht deutlich, wenn man auf einer Autobahnbrücke steht. Der Lärm der vorbeibrausenden Fahrzeuge entsteht im wesentlichen durch Luftverwirbelungen und nicht, wie man vielleicht meinen könnte, durch den Motor.

144

Mandelstrom-triebwerke

Eine vielversprechende Entwicklung auf dem Gebiet der Lärmreduzierung bei Flugzeugen stellt eine Folie ähnlich einer Haifischhaut dar. Sie wird auf das Flugzeug geklebt und verringert den Reibungswiderstand. Ein weiterer Ansatzpunkt sind die Landeklappen und das Fahrwerk. Allerdings lassen sich hier kurzfristig wohl kaum aerodynamische Verbesserungen verwirklichen.

Mit Hilfe zahlreicher Meßstationen rund um die Flughäfen werden heute die Lärmwerte jeder einzelnen Flugbewegung exakt registriert und aufgezeichnet. Spätestens da kommt heraus, welche Fluggesellschaften ständig mit alten – und dementsprechend meist ziemlich lauten – Jets kommen. Typen wie die Boeing 707, DC-8 oder Tupolew 134/154 stehen dabei ganz oben auf der »Schwarzen Liste« der Flughafengesellschaften.

Vielerorts ist man sogar dazu übergegangen und hat den besonders lauten Jets die Landeerlaubnis entzogen. So ist es zum Beispiel dem Überschall-Verkehrsflugzeug Concorde nicht gestattet, nach Frankfurt zu fliegen, da dieses Flugzeug mit seinen vier Raketentriebwerken einen derart verheerenden Lärm erzeugt, den man den Flughafenanrainern einfach nicht zumuten kann.

Viele *Airlines* aus der Dritten Welt und aus osteuropäischen Ländern verfügen noch nicht über die finanziellen Mittel, um sich moderne und somit auch leisere Flugzeuge kaufen zu können. Bedenkt man, daß eine Boeing 747 der ersten Generation noch rund 20 Millionen Dollar gekostet hat, und innerhalb von knapp 20 Jahren der Neupreis für einen Jumbo-Jet auf etwa 140 Millionen Dollar gestiegen ist, wundert es nicht, daß sich viele *Airlines* solche Flugzeuge einfach nicht mehr leisten können.

Deshalb wird man für die betroffenen Fluggesellschaften wohl Ausnahmegenehmigungen erteilen müssen und es ist zu erwarten, daß sehr laute Flugzeuge vereinzelt noch bis ins nächste Jahrhundert auf unseren Flughäfen landen werden.

Derweil unterstützt so manche Flughafenverwaltung die von Fluglärm so arg geplagten Bevölkerung weiterhin mit Mitteln für den Einbau von Schallschutzfenstern. Ab und zu, wie zum Beispiel in Frankfurt, schützt eine kilometerlange Schallschutzwand sogar eine ganze Stadt vor dem Lärm rollender Flugzeuge.

Trotz ständiger Zunahme der Flugbewegungen hat die Lärmbelastung in den vergangenen Jahren etwas abgenommen. Erfreulicherweise gewinnt die Umweltverträglichkeit beim Kauf von neuen Flugzeugen bei vielen *Airlines* an Bedeutung. Regelrechte »Flüsterjets« wie der Airbus A320 werden deshalb auf den Flughäfen besonders gerne gesehen. Immerhin ist dieses Flugzeug nur etwa halb so laut wie die ältere Boeing 727.

Außerdem erzeugen neue Triebwerke trotz geringerem Treibstoffverbrauch mehr Leistung, wodurch die Steigleistung beim Start erheblich verbessert wurde. Das hat wiederum zur Folge, daß die Flugzeuge beim Verlassen des Flughafengeländes bereits eine viel größere Höhe erreicht haben und sich die Lärmbelastung jenseits der Flughafengrenze deshalb zum Teil erheblich verringert. Man sagt, der »Lärmteppich« ist nicht mehr so groß. In Frankfurt entfallen bereits heute etwa 70 Prozent aller Flugzeugbewegungen auf »Flüsterjets«; auf anderen europäischen

145

Flughäfen ist die Lage ähnlich. Insgesamt also eine erfreuliche Entwicklung, es wird leiser am Himmel.

Schadstoffausstoß des Luftverkehrs

Die ständig zunehmende Belastung unserer Luft durch Schadstoffe hat in der Bevölkerung mittlerweile ebenfalls ein starkes Umweltbewußtsein geweckt. Immer häufiger kommt dabei auch zur Sprache, wie sich wohl der expandierende Luftverkehr auf die Luftqualität auswirkt.

Messungen förderten interessante Tatsachen zutage. So stoßen die Flugzeuge nebst allen Fahrzeugen, die auf dem Frankfurter Flughafen verkehren, etwa so viel Abgase aus, wie der gesamte Kraftfahrzeugverkehr auf den am Flughafen vorbeiführenden Autobahnen. Erwähnenswert ist dabei noch, daß der spezifische Schadstoffausstoß der meisten Jets umgerechnet dem eines PKWs mit Drei-Wege-Katalysator entspricht. Trotz der unzähligen Flugbewegungen in Deutschland ist der Luftverkehr nur mit ein bis zwei Prozent an der gesamten Schadstoffemission beteiligt. Der Anteil der in Österreich und in der Schweiz ausgestoßenen Schadstoffe liegt ebenfalls in diesem Bereich.

Kein Grund zur Sorge, könnte man meinen, doch Schlagworte wie Treibhauseffekt und Ozonloch stimmen viele doch

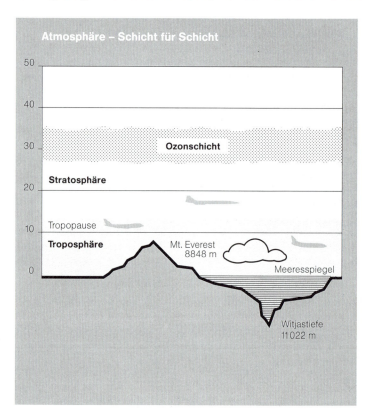

In der untersten Schicht der Atmospäre spielt sich das gesamte Wettergeschehen ab. Auch der größte Teil des Luftverkehrs findet in der Troposphäre statt, nur die Concorde fliegt höher.

nachdenklich. Es stellt sich also die Frage, welche Schadstoffe die Flugzeugtriebwerke so in die Luft blasen.

In erster Linie ist die Schadstoff-Emission abhängig vom Triebwerkstyp, aber auch von der Flughöhe sowie der Geschwindigkeit. Bei der Verbrennung von einem Kilogramm Kerosin mit 3,4 kg Sauerstoff entstehen so im Mittel folgende Stoffe: 1,25 kg Wasserdampf, 3,15 kg Kohlendioxid (CO_2), 10 g Stickoxide (NOx), 1 g Schwefeldioxid (SO_2), 2 g Kohlenmonoxid (CO), 0,5 g unverbrannte Kohlenwasserstoffe (HC) und 0,02 g Ruß.

Zunächst zum Wasserdampf. Dieser an sich harmlose Stoff bildet unter bestimmten Bedingungen Kondensstreifen am Himmel. (Vgl. Kondensstreifen kennzeichnen den Flugweg, S. 42.) Je nach Wetterlage können sich aus ihnen richtige Schleierwolken bilden. Welchen Anteil diese künstlichen Wolken an der globalen Bewölkung haben, konnte noch nicht abschließend untersucht werden. Zwar wurde über Mitteleuropa schon einmal ein Bewölkungsgrad von zehn Prozent gemessen, der allein durch Kondensstreifen hervorgerufen wurde, doch stellt dies die absolute Ausnahme dar. Wissenschaftlich konnte auch noch nicht geklärt werden, inwieweit die weißen Streifen die Rückstrahlung von Wärme in den Weltraum hemmen, und dadurch den Treibhauseffekt verstärken.

Abhilfe könnte dadurch geschaffen werden, daß die Flugzeuge tiefer fliegen und sich somit in den Atmospären-Schichten bewegen, in denen sich keine Kondensstreifen bilden. Allerdings, und das ist die Kehrseite der Medaille, würden die Jets bis zu zehn Prozent mehr Treibstoff verbrauchen, was wiederum eine Erhöhung

der Schadstoff-Emission zur Folge hätte.

Neben Wasserdampf entsteht bei der Verbrennung von Kerosin auch Kohlendioxid, das eines der gefährlichsten Treibhausgase darstellt. Da die Bildung von CO_2 beim Einsatz der heutigen Treibstoffe unvermeidbar ist, kann eine Verringerung dieses gefährlichen Gases nur dadurch erreicht werden, daß Treibstoff eingespart wird. Da das CO_2 durch den Luftverkehr schnell in große Höhen gelangt, könnte es dort die Klimaveränderung noch verstärken.

Der Schadstoff Stickoxid steht in engem Zusammenhang mit dem Ozon, das derzeit in aller Munde ist. Besonders in der Troposphäre, also in der Atmosphärenschicht, in der sich das gesamte Wettergeschehen abspielt, verursacht NOx eine Ozonzunahme. Dieses Gas kann, sobald es in einer höheren Konzentration vorkommt, zu Atembeschwerden und zur Reizung der Augen führen. Besonders während längeren Schönwetterperioden gehören Rundfunkdurchsagen und Warnungen vor erhöhter Ozonkonzentration schon zu unserem Alltag. Gelangt das NOx dagegen in die Stratosphäre, kann es dort Ozon abbauen und so zu einer Vergrößerung des Ozonlochs beitragen.

Leider läßt sich der Ausstoß von NOx bei den Flugzeugtriebwerken kaum verringern. Der Grund dafür ist, daß eine Leistungssteigerung und ein niedriger Treibstoffverbrauch gleichzeitig auch mit höheren Drücken und Temperaturen verbunden sind, wodurch die Bildung von NOx angeregt wird.

Der Ausstoß von Schwefeldioxid, Kohlenmonoxid und unverbrannter Kohlenwasserstoffe ist zwar, gemessen an den Unmengen von verbrauchtem Treibstoff,

147

eher gering, reichert unsere Atmosphäre aber zusätzlich noch mit Schadstoffen an. Während die HCs teilweise als krebserregend gelten, ist das SO_2 hauptverantwortlich für den »sauren Regen«, da dieser Stoff in der Atmosphäre in Schwefel und schwefelige Säure umgewandelt wird. Erfreulich ist jedoch, daß insbesondere die Emission von Kohlenwasserstoffen zum Teil erheblich verringert werden konnte. So gelangen von diesem Stoff heute bei der Boeing 747-400 etwa 85 Prozent weniger in die Luft, als dies bei der älteren 747-200 der Fall war.

Wenn man die Schadstoffe und deren Anteile kennt, die ein Flugzeug in die Luft bläst, kann leicht ein Vergleich mit dem KFZ-Verkehr angestellt werden. Der Flughafen Linz hat einmal aufgestellt, welche Schadstoffbilanz sich bei einem Flug von Wien nach Zürich ergeben würde.

Zum Einsatz soll eine MD-81 kommen, die mit 100 Passagieren an Bord zu etwa 80 Prozent ausgelastet ist. Die Flugzeit beträgt bei einer Streckenlänge von 750 Kilometern rund eine Stunde. Die gesamte Schadstoff-Emission beläuft sich auf 15 bis 17 kg, wobei auf jeden Fluggast somit 0,15 bis 0,17 kg entfallen.

Schickt man nun die 100 Passagiere mit dem Auto auf die Reise, wobei jeder PKW mit drei Personen besetzt ist, ergibt sich bei gleicher Streckenlänge folgendes Bild: Die gesamte Menge an erzeugten Schadstoffen beträgt 100 kg, umgerechnet also ein kg pro Fahrgast. Die Reisezeit würde allerdings mindestens acht Stunden betragen.

Insgesamt scheint es auf den ersten Blick so, als hätte der Luftverkehr keine so schlimmen Auswirkungen auf die Umwelt. Man muß jedoch bedenken, daß bei obigem Vergleich die Folge-Auswirkungen sowohl beim Luftverkehr als auch beim KFZ-Verkehr keine Berücksichtigung finden. Deshalb gilt es, die Forschungen dringend voranzutreiben, um Klarheit darüber zu erlangen, wie sich der zunehmende Luftverkehr auf die Umwelt auswirkt. Nur mit dieser Kenntnis können gezielte Neuentwicklungen und Änderungen bei Triebwerken angegangen werden, damit auch der Flugverkehr einen größeren Beitrag zur Schadstoff-Verringerung leisten kann.

Fuel dumping, eine Maßnahme für den Notfall

Ab und zu hört man von Flugzeugen, die in der Luft Treibstoff ablassen mußten. Dieses Verfahren, *Fuel dumping* genannt, darf nur in einer Notsituation angewandt werden, bei der das Flugzeug möglichst schnell wieder landen muß. In Deutschland kommt das durchschnittlich 25 mal pro Jahr vor, der Großraum Zürich ist davon etwa einmal jährlich betroffen.

Bedenkt man, daß eine vollbeladene Boeing 747-400 beim Start stolze 385 Tonnen auf die Waage bringt, das maximale Landegewicht aber auf 285 Tonnen begrenzt ist, wird deutlich, weshalb gelegentlich zu der unpopulären Maßnahme gegriffen werden muß. Tritt unmittelbar nach dem Start ein Notfall ein, sei es, daß ein Triebwerk ausfällt oder sich das Fahrwerk nicht einziehen läßt, ist das Flugzeug wegen der großen Menge an getanktem Treibstoff viel zu schwer, um wieder sicher landen zu können. In dieser Situation bleibt der Cockpit-Crew also nichts anderes übrig, als den Treibstoff so schnell wie möglich loszuwerden.

Die Flugsicherung teilt dem Jet dazu einen extra Luftraum zu. Darüberhinaus muß das Flugzeug eine Mindestflughöhe von 2000 Metern einhalten und darf nicht langsamer als 400 km/h fliegen.

Auf einen Knopfdruck hin werden jetzt Hochleistungspumpen gestartet, die den Treibstoff über zwei Auslaßtrichter an den Flügeln nach außen befördern. Durch die hohe Geschwindigkeit wird das Kerosin sofort in feinste Tröpfchen zerstäubt und unter Einwirkung des Sonnenlichts in Kohlendioxid und Wasser umgewandelt. Ob und wie die nicht sofort umgewandelten Kerosin-Teilchen noch Verbindungen mit anderen Stoffen eingehen, konnte bis jetzt noch nicht geklärt werden. Untersuchungs-Ergebnissen zufolge ist der abgelassene Treibstoff am Boden jedoch nicht mehr nachweisbar.

Vom *Fuel dumping* sind nur wenige Langstrecken-Flugzeuge, wie zum Beispiel die Boeing 747, MD-11 oder die Lockheed TriStar, betroffen. Die Kurz- und Mittelstrecken-Jets besitzen dagegen keine Ablaß-Vorrichtungen, da sie auch mit Vollgewicht sicher landen können.

Strahlenbelastung in Flugzeugen

In den letzten Jahren wurde immer deutlicher, daß das Fliegen auch Gefahren birgt, die bisher nicht abzuschätzen sind. Gemeint ist die Höhenstrahlung, der Besatzungen und Passagiere bisher ungeschützt ausgesetzt waren.

Bei der Höhenstrahlung handelt es ich um radioaktive Teilchen, die von der Sonne abgestrahlt werden. Besonders nach Sonneneruptionen, wenn Unmengen dieser Teilchen in den Weltraum hinausgeschleudert werden, trifft eine große Anzahl von ihnen auch auf die Erde. Dank der Filterwirkung der Atmosphäre erreicht jedoch nur ein sehr kleiner Teil der Strahlung die Erdoberfläche. Je höher man also kommt, desto geringer ist die Schutzwirkung der Atmosphäre und die Strahlenbelastung nimmt zu.

Insbesondere Langstrecken-Flugzeuge steigen ja in große Höhen auf und verlassen über viele Stunden die unteren Atmosphären-Schichten, wobei die Menschen in diesen Flugzeugen der kosmischen Strahlung ausgesetzt sind. Inwieweit die aufgenommene Dosis zu Schädigungen beim Menschen führen kann ist bislang noch nicht erforscht. Wer jedoch nur ein- oder zweimal im Jahr in Urlaub fliegt, braucht sich über die Strahlen-Belastung keine Sorgen zu machen. Betroffen sind vielmehr die Flugzeug-Besatzungen sowie Vielflieger, die fast täglich in großen Höhen unterwegs sind.

Die Piloten-Vereinigung Cockpit e.V. hat deshalb einen Arbeitskreis Strahlenbelastung gebildet, der untersuchen soll, wie groß die Belastung durch kosmische Strahlung in Flugzeugen tatsächlich ist und welche Maßnahmen getroffen werden können, um die Besatzung und die Fluggäste zu schützen. Experten haben inzwischen herausgefunden, daß die Belastung für die Crews und für vielfliegende Geschäftsleute vermutlich höher ist, als bei in Atomkraftwerken beschäftigten Menschen. Für das fliegende Personal wird deshalb die Einführung von Grenzwerten angestrebt, die die Gefahr für die betroffenen Personen begrenzen sollen.

5 TARIFE, FRACHT, AUSBILDUNG, NEUENTWICKLUNGEN

Tarife: Wer sich auskennt kann viel Geld sparen

Auf Langstrecken mit schwächerem Fluggastaufkommen werden oft auch kombinierte Passagier-Fracht-Flugzeuge eingesetzt. Hier wird gerade eine Boeing 747 der Combi-Version beladen. Durch ein großes seitliches Frachttor gelangt die palettierte Fracht in den hinteren Teil des Hauptdecks und wird von einem Arbeiter mit Hilfe der in den Boden eingelassenen Rollen an die richtige Stelle bugsiert. Angebrachte Halterungen verhindern, daß sich die Frachtstücke während des Fluges selbständig machen.

Die verschiedenen Flugtarife

Kaum jemand wird sich wohl darüber Gedanken machen, wie viele verschiedene Flugtarife es gibt. Möchte man dann einmal verreisen, stellt sich natürlich zunächst die Frage, was der Flug so ungefähr kostet und welche Möglichkeiten es gibt, ans Ziel zu gelangen. Um sich in dieser Angelegenheit genau beraten zu lassen, gehen die meisten Menschen in ein Reisebüro.

Soeben betritt ein junger Mann das Reisebüro, um sich zu informieren. Zusammen mit seiner Freundin möchte er in den USA Urlaub machen und benötigt nun die Tickets für den Trans-Atlantik-Flug. Nachdem der Mann seine Wünsche der netten Reisebüro-Kauffrau hinter dem Tresen gesagt hat, weiß sie auch schon Bescheid und beginnt die Vielzahl von Tarifmöglichkeiten zu erläutern:

»Nun, für ihren Flug in die USA kommen zunächst einmal drei verschiedene Beförderungsklassen in Frage. Ich denke aber, daß sie die *First-Class* oder die *Business-Class* nicht möchten.« »Nein, auf keinen Fall«, antwortet der Mann, »gibt es da nicht auch ein Angebot für Touristen?« »Doch, natürlich«, fährt die Dame fort, »das wäre dann in der *Economy-* oder *Tourist-Class.* Ganz egal, mit welcher *Airline* Sie fliegen möchten, die Grundpreise in den jeweiligen Klassen sind so gut wie gleich. Das kommt daher, daß viele Fluggesellschaften in der internationalen Luftfahrt-Organisation IATA zusammengeschlossen sind und ihre Flugtarife einheitlich geregelt haben. Unterschiedlich ist von *Airline* zu *Airline* eigentlich manchmal nur der Service«.

Und was kostet jetzt der Flug in der Touristen-Klasse«, wirft der junge Mann ein. »Ja genau, da kann ich ihnen den *USA-Holiday-Special-Tarif* anbieten, der liegt jetzt in der Vorsaison bei 1149 Mark und später bei 1299 Mark. Ziemlich wenig also, wenn sie bedenken, daß die Passagiere in der *Business-Class* immerhin schon 4196 Mark und in der *First-Class* sogar stattliche 7432 Mark bezahlen müssen«. »Ja, das stimmt, da kommen wir doch noch günstiger weg. Die 1149 Mark sind auch wirklich für die Strecke Frankfurt-New York und zurück?« »Natürlich«, antwortet die Reisebüro-Kauffrau, »und der Zubringerflug von Stuttgart nach Frankfurt ist im Flugpreis sogar auch noch enthalten. Selbst wenn Sie lieber über Zürich fliegen möchten, bleibt der Preis derselbe«.

«Das ist ja echt gut«, bemerkt der junge Mann. »Ach, da fällt mir noch etwas ein«, fährt die Dame fort, »Sie können ja auch noch den USA-Jugend-Tarif bekommen, da Sie erst 20 Jahre alt sind. Dieser Tarif gilt bis zu einem Alter von 24 Jahren und bei Studenten sogar bis 27 Jahren. Die Ermäßigung macht immerhin 25 Prozent vom *USA-Holiday-Special*-Tarif aus. Mit 862 Mark sind Sie dabei.«

«Das ist super, doch gibt es bei dem Angebot nicht einen Haken?« »Nun ja, einschränkende Bedingungen sind schon zu beachten«, gibt die Reisebüro-Kauffrau zu verstehen. »So muß der Aufenthalt in den USA mindestens 14 Tage dauern, und wenn ich ihnen den Flug jetzt buche, müssen Sie ihn auch sofort bezahlen. Spätere Umbuchungen sind dann nur noch gegen eine Gebühr möglich. Zum Flugpreis kommen auch noch Einreise-, Beförderungs- und Luftsicherheits-Gebühren von ca. 45 DM hinzu.« Darüber nicht sonderlich überrascht meint der junge Mann: »Das habe ich mir schon gedacht, aber buchen Sie bitte trotzdem für zwei Personen den USA-Jugend-Tarif.« Wenig später hält der Mann bereits zwei *Tickets* in der Hand und verläßt freudestrahlend das Reisebüro.

Sondertarife, natürlich mit besonderen Bedingungen verknüpft, gibt es mittlerweile auf nahezu allen Flugstrecken, man muß eben nur danach fragen. Schon so mancher Fluggast hat es später bereut, daß er sich nicht genau erkundigt hat. Wenn dann der Nebensitzer im Flugzeug erzählt, wieviel er für den Flug bezahlt hat, ist es ziemlich frustrierend festzustellen, daß man selber für die gleichen Leistungen einiges mehr »hingeblättert« hat. Eigentlich sollte sich jeder die kleine Mühe machen, vor dem Flug einen kurzen Blick in ein Tarifverzeichnis zu werfen, das viele Fluggesellschaften kostenlos herausgeben.

Neben einem Linienflug gibt es auch die Möglichkeit, einen Charterflug zu buchen. Die sogenannten Charterflug-Gesellschaften bieten zwar meistens keine so guten Service-Leistungen an, fliegen dafür jedoch billiger. So kostet beispielsweise ein Nordatlantikflug von Deutschland nach New York je nach Reisezeit zwischen 998 und 1098 Mark.

Eine ganz andere Möglichkeit, billig zu verreisen, sind die *Last Minute*-Angebote. Auf diesem Gebiet haben sich inzwischen unzählige Agenturen spezialisiert, die ihr Büro meistens auf dem Flughafen eingerichtet haben. Kann ein Reiseveranstalter nicht alle angebotenen Reisen aus den Katalogen verkaufen, bietet er die verbliebenen Restplätze oft noch ganz kurzfristig zu stark verbilligten Preisen an. Bucht man eine Reise bei einem der Veranstalter, ist das fast immer eine Pauschalreise, bei der neben dem Flug auch der Hotelaufenthalt im Reisepreis enthalten ist. Daneben gibt es vielerorts auch Flugbörsen, in denen man günstig zu einem bisher unverkauften Restplatz, auch in einem Linienjet, kommen kann.

Wer sich etwas Mühe macht und die Preise vergleicht, wird bald feststellen, daß Fliegen nicht immer teuer sein muß. Ein bißchen Eigeninitiative ist aber schon nötig.

Charter oder Linie?

Bestimmt haben sich schon viele Passagiere gefragt, worin eigentlich die Unterschiede zwischen dem Charter- und dem Linienflugverkehr liegen. Tatsache ist zunächst, daß es ein ziemlich großer Unterschied ist, ob man an Bord einer Chartermaschine oder in einem Linienflugzeug seinem Ziel entgegenfliegt.

Einerseits gibt es *Airlines*, die regelmäßige Liniendienste durchführen, und andererseits welche, die, vereinfacht ausgedrückt, nur bei Bedarf fliegen. Da selbstverständlich der Kundenkreis sowie die Anforderungen der beiden Verkehrsarten nicht identisch sind, versuchen die Fluggesellschaften diese so gut wie möglich voneinander zu trennen. Das geschieht ganz einfach dadurch, daß Gesellschaften wie die Lufthansa oder die Swissair Tochtergesellschaften gegründet haben, die sich im Charterflugverkehr betätigen, aber bei Engpässen schon einmal der Muttergesellschaft aushelfen.

So startet heute die Balair-CTA von der Schweiz und die Condor von Deutschland aus zu beliebten Ferienorten fast überall auf der Welt. Wie gesagt, die Charterflüge sind vorwiegend für Touristen gedacht. Geschäftsleute dagegen sind auf regelmäßige Flüge zu günstigen Zeiten angewiesen und bevorzugen deshalb Linienflüge.

An diese Gegebenheit haben sich die Charter-Flug-Gesellschaften natürlich angepaßt und ihre Flugzeuge schon von vornherein mit nur einer Klasse, vergleichbar mit der Touristen-Klasse in einem Linienjet, ausgerüstet. Die Preise sind dabei allgemein niedriger als bei Linienflügen, was vielen Urlaubern doch sehr entgegen kommt. Einige Charter-Gesellschaften haben in letzter Zeit jedoch ihre Flugzeuge mit einer weiteren Klasse ausgerüstet. Hier werden, gegen einen Aufpreis, die etwas anspruchsvolleren Touristen mit einem besseren Service verwöhnt.

Was die Leistungen beim Bordservice anbelangt, muß man allerdings gewisse Abstriche machen. Der Sekt zum Frühstück ist deshalb meistens extra zu bezahlen.

Als das Verreisen im Charterjet in den 70er Jahren ständig populärer wurde, setzte die deutsche Condor sogar als erste Charter-Flug-Gesellschaft der Welt zwei Boeing 747-Jumbo-Jets ein. Die liebevoll auf die Namen »Fritz« und »Max« getauften Flugzeuge sind aber mittlerweile durch drei Jets vom Typ DC-10 ersetzt worden.

Gefragt sind inzwischen nicht mehr nur die vielen Ferienziele rund ums Mittelmeer, die Urlauber zieht es immer stärker in die Ferne. Länder wie die USA, Nepal, Neuseeland oder die Karibik und die Malediven sind zur Zeit der Renner. Immerhin beginnen die Bundesbürger ihre Privat-flugreisen zu etwa 70 Prozent an Bord eines Charterjets. Hier wird deutlich, welchen enormen Marktanteil die *Charter-Airlines* im Bereich der privaten Reisen bei uns haben. Ein Blick über den großen Teich zeigt dagegen ein ganz anderes Bild. In den USA gibt es so gut wie keinen Charter-Flugverkehr, jeder fliegt dort Linie.

Ganz bestimmte Charterflüge bringen alljährlich zur Urlaubszeit sowie vor Weihnachten Gastarbeiter in die Türkei und nach Griechenland, damit sie in ihrem Heimatland die zurückgebliebenen Familien besuchen können.

Dann gibt es noch die Pauschaltouristen, die zahlenmäßig den größten Anteil der Charter-Fluggäste bilden. Diese Urlauber haben bei einem Reiseveranstalter pauschal irgend ein Angebot gebucht. Dieser wiederum hat nun bereits ein ganzes Flugzeug gechartert, oder in einem Jet auch nur ein bestimmtes Sitzplatz-Kontingent gekauft. Jetzt versucht der Veranstalter, seine sogenannten »Pauschal-Arrangements« an den Mann bzw. an die Frau zu bringen.

Die Nachfrage an Pauschalreisen mit Charter-Flug-Gesellschaften ist aber nicht überall gleich groß, da gibt es zum Teil beträchtliche regionale Unterschiede. So kommt es, daß sich Flughäfen, wie Düsseldorf, regelrecht zu einem Charterflughafen gemausert haben. Besonders während der Urlaubszeit müssen die Passagiere deshalb des öfteren Abflugverspätungen in Kauf nehmen. Ein richtiger *Charterboom* setzte ein. Besonders deutlich wird dies auf dem Flughafen Salzburg. Dort landen rund 70 Prozent aller Fluggäste in einem Charterjet.

153

Tickets, ihr Aufbau und ihre Abrechnung

Im Gegensatz zu Fahrausweisen für Züge ist so ein *Ticket* (Flugschein) weit mehr als nur eine Karte, die zum Einsteigen in ein Flugzeug berechtigt. Vielmehr stellen Flugscheine richtige Dokumente dar, deren Inhalt und Form international geregelt ist. Sie geben Auskunft über den Fluggast, den Flugpreis, die Beförderungsklasse, Abflugsdaten- und zeiten, das Gepäck, die Gültigkeitsdauer und vieles mehr. Daneben gilt ein *Ticket* auch als Versicherungsschein, denn kommt jemand bei einem Unfall zu Schaden, ist er über die Fluggesellschaft versichert. Da ein Flugschein eben nicht nur zum Fliegen berechtigt, hat er oft einen großen materiellen Wert. Natürlich werden aus diesem Grund an ein solches

Dokument hohe Anforderungen gestellt.

Das fängt schon beim Papier an. Wie Banknoten oder Aktien druckt man die *Tickets* deshalb nur auf fälschungssicherem Spezialpapier. Nach der Fertigstellung werden sie bis zum Gebrauch sogar in Panzerschränken aufbewahrt. Auf der ganzen Welt sind deshalb nur wenige Druckereien in der Lage, die hohen Anforderungen zur Herstellung von Flugscheinen zu erfüllen. Besondere Präzisionsarbeit ist schon beim Aufeinanderkleben der einzelnen Blatteinlagen gefordert. Andernfalls kann es leicht passieren, daß beim Ausstellen eines *Tickets* der Computer die Daten in eine falsche Spalte schreibt. Mehr als 80 Prozent der in Mitteleuropa auszustellenden *Tickets* werden mittlerweile vom Computer »ausgespuckt«.

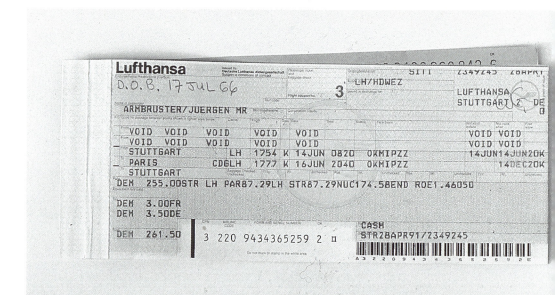

Je nachdem, wo eine Flugreise gebucht wird, wird das Ticket entweder direkt von einer Fluggesellschaft ausgestellt, oder der Fluggast erhält einen Flugschein der IATA, in dem lediglich die befördernde Fluggesellschaft aufgeführt ist.

Nun zum *Ticket* selber. Bis zu vier soge- nannte Flugcoupons sind in den Flug- schein eingeklebt, wovon jeder einzelne wiederum zum Abfliegen einer bestimm- ten Teilstrecke berechtigt. Geht die Flug- reise einmal mit vielen Zwischenstops gleich um die halbe Welt, muß eben eine entsprechende Anzahl an *Tickets* ausge- stellt werden.

Da ja bekanntlich so ein Flugschein nicht gerade sehr groß ist, aber trotzdem möglichst viele Informationen enthalten soll, muß man Abkürzungen verwenden. Außerdem wird er auf Englisch geschrie- ben, damit das *Ticket* auch international lesbar ist.

Zunächst steht ganz oben einmal der Name des Passagiers. Herr Hans Maier erscheint so im *Ticket* kurzerhand als Maier/H.Mr. Fliegt er zu einem Sondertarif mit Altersbeschränkung, so erscheint ne- ben seinem Namen noch das Geburtsda- tum als *DOB (Date of Birth)*. Im oberen Teil des Flugscheins ist darüberhinaus noch das Ausstellungsdatum sowie der Ausgabeort vermerkt. Bei innerdeutschen Flügen ist hier auch der Hinweis ange- bracht, daß im Flugpreis die gesetzliche Mehrwertsteuer enthalten ist.

Im Mittelteil findet nun der Passagier alle für seinen Flug wichtigen Daten. Da sind die Teilstrecken mit *from* und *to* ebenso vermerkt, wie der Code der Fluggesell- schaft, mit der man fliegt, die gebuchte Klasse und natürlich die Flugnummer. Letztere sollte man sich zusammen mit den Abflugzeiten besonders gut merken. In der nächsten Spalte ist es ganz wichtig darauf zu achten, daß da ein *O.K.* steht.

Nur dann ist der Flug auch wirklich fest gebucht. Hinweise auf den gebuchten Tarif sowie der Vermerk, innerhalb welchen Zeitraumes das *Ticket* gültig ist, runden die Eintragungen ab.

Steigt man unterwegs nicht um und be- nötigt deshalb nicht den ganzen Platz für Eintragungen, wird dieser mit dem Wört- chen *void,* was soviel wie »ungültig« heißt, entwertet.

Im unteren Teil des Flugscheines er- scheint jetzt der *Fare,* also der Preis, den man für den Flug bezahlen muß. Begleicht der Passagier sein *Ticket* mit einem Euro- oder Reisescheck, so druckt der Compu- ter unter den Tarif ebenso ein *cash* hin, wie wenn mit Bargeld bezahlt wird.

Immer, wenn sich bei einer *Airline* ein Stoß abgeflogener Flugcoupons ange- häuft hat, werden diese zunächst mit Hilfe einer EDV-Anlage erfaßt und dann in ei- nem Rechenzentrum ausgewertet. Dabei halten die Fluggesellschaften auch fest, wie ihre Maschinen auf den einzelnen Strecken ausgelastet waren, und wie viele »Fremdcoupons«, also Flugabschnitte von anderen *Airlines,* noch mit abgerech- net werden müssen. Erträge aus den sel- ber ausgestellten Coupons schreibt sich die betreffende Fluggesellschaft gleich gut, andere dagegen wandern zuerst zur zentralen IATA-Verrechnungsstelle.

Dort wird der Wert jedes einzelnen Flug- abschnittes ermittelt und zwischen den einzelnen Gesellschaften aufgerechnet. Es besteht ja die Möglichkeit, auf dem Rückflug mit einer anderen Gesellschaft zu fliegen, als auf dem Hinflug. So wird eben der Wert der erbrachten Leistung den Konten der beiden Fluggesellschaften je zur Hälfte gutgeschrieben.

Am Ende eines jeden Monats steht dann die große Endabrechnung ins Haus. Hier entscheidet es sich, ob eine Gesellschaft etwas ausbezahlt bekommt oder aber zum

Ausgleich noch draufzahlen muß.

Ist alles abgerechnet, werden die Unmengen an Coupons nicht mehr gebraucht. Bevor sie nun endgültig durch den Reißwolf gelassen und somit vernichtet werden, speichert man ihre Daten noch auf einem Mikrofilm ab.

Inzwischen wurde sogar ein maschinenlesbares *Ticket* entwickelt, das die herkömmlichen Flugscheine nach und nach ablösen soll. Wer auf dem Flughafen Zürich bucht, bekommt schon heute das neue *Ticket* in die Hand. Flugschein und Bordkarte sind zusammen auf einem dünnen Karton untergebracht. Auf der Rückseite speichert ein Magnetstreifen alle wichtigen Daten. Beim Einchecken braucht die Dame von der Abfertigung das *Ticket* deshalb nur noch in ein Lesegerät stecken, was wesentlich schneller geht.

Vielflieger-Programme: Meilensammeln leicht gemacht

Wer hat nicht schon einmal davon geträumt, einen Freiflug zu bekommen? Zu unwahrscheinlich denken viele, und doch gibt es neuerdings Mittel und Wege, die diesen Wunsch durchaus in greifbare Nähe rücken lassen. Fast alle großen Fluggesellschaften haben in den letzten Jahren Bonus-Programme eingeführt, mit denen sie besonders treue Kunden belohnen möchten. Klangvolle Namen wie *Frequent Flyer, Qualiflyer, Miles & More,* oder wie sie alle heißen, sind seither in aller Munde.

Nun stellt sich also die Frage, wie diese Vielflieger-Programme funktionieren und selbstverständlich auch, wie lange es dauert, bis man sein erstes Freiflug-*Ticket* in Händen hält. Um es gleich vorwegzunehmen, wer jedes Jahr nur ein- oder zweimal in Urlaub fliegt, der braucht sich keine allzu großen Hoffnungen machen, daß er dieses Ziel jemals erreichen wird. Wer jedoch öfter reist und vielleicht auch noch geschäftlich unterwegs ist, für den wird es jetzt interessant.

Zunächst ist es wichtig zu überlegen, mit welcher Gesellschaft man denn fliegen möchte. Mögliche Zielorte, Flugfrequenzen und natürlich der Service einer Fluggesellschaft können bei der Entscheidungsfindung eine große Hilfe sein.

Nachdem der Kunde den Aufnahmeantrag bei »seiner« *Airline* eingereicht hat, bekommt er wenig später eine Kundenkarte zugeschickt, und die Gesellschaft richtet für ihn ein Bonuskonto ein. Jetzt kann es also losgehen.

Bei jeder Buchung schreibt die Fluggesellschaft nun die zurückzulegende Entfernung in Meilen oder entsprechende Punkte gut. Bei *Miles & More,* dem Bonus-Programm der Lufthansa, ist beispielsweise die Höhe der Gutschrift auch davon abhängig, in welcher Klasse man fliegt. Bei Passagieren in der *Business-Class* verdoppeln sich so die geflogenen Meilen, während sie sich in der *First-Class* sogar verdreifachen. Regelmäßige Kontoauszüge informieren nun über das »Guthaben«. Stück für Stück rückt so das Ziel eines Freifluges näher. Allerdings einen Haken gibt es noch bei der Sache; bei den meisten *Airlines* verfallen die angesammelten Meilen nach zwei oder drei Jahren, wenn man bis dahin nicht ausreichend viele Meilen für einen Bonus auf dem Konto hat.

Ein Vorteil ist jedoch, daß viele Vielflieger-Programme von Partnerfirmen unterstützt werden. Einerseits kann es sich dabei um andere Fluggesellschaften handeln, oder aber um große Hotels und Mietwagenfirmen. Hier lohnt es sich dann ebenfalls, seine Kundenkarte vorzulegen.

Nachdem sich im Laufe der Zeit das Konto langsam aber sicher gefüllt hat, sollte man sich nun um einen entsprechenden Bonus bemühen. Wie hoch das Guthaben dabei sein muß, kann man aus einer Tabelle ersehen, die jede Fluggesellschaft herausgibt. Neben Freiflügen gibt es meist auch Prämien wie zum Beispiel eine Heißluftballon-Fahrt, einen JU 52-Rundflug und anderes mehr. Von Vorteil ist oft, daß es viele *Airlines* erlauben, einen Bonus auf Familienangehörige zu übertragen.

Für einen innerdeutschen Freiflug in der Touristenklasse benötigt man zum Beispiel bei Lufthansa 25 000 Meilen. Ein einziger Flug in der *Business-Class* nach Miami würde genügen, um einen solchen Freiflugschein zu bekommen. Wer die Meilen dagegen etwas anspart, kann bei einem Kontostand von 120 000 bereits in den Osten der USA oder nach Kanada fliegen. 200 000 Meilen sind schließlich nötig, um ein *Ticket* zu bekommen, mit dem die ganze Welt offensteht.

Wenn man einmal überlegt, daß man, um in den Genuß eines einzigen Freifluges von Frankfurt nach New York zu kommen, vorher etwa fünfmal in der *Business-Class* nach Miami fliegen müßte, relativieren sich die Bonus-Programme für viele schon etwas. Es sind eben, wie der Name schon sagt, Vielflieger-Programme, und ob es sich letztendlich also lohnt, daran teilzunehmen, muß jeder für sich selbst entscheiden.

Luftfracht: Wirtschaftszweig der Zukunft

Die Luftfracht und ihr Umschlag

Soeben setzt ein Jumbo-Jet ganz sanft auf der Landebahn auf und rollt sofort in den Westteil des Frankfurter Flughafens. Aufmerksame Beobachter auf der Zuschauerterrasse haben schon bemerkt, daß es mit diesem Flugzeug etwas Besonderes auf sich haben muß, da es keine Fenster hat. In der Tat sind keine Passagiere an Bord, sondern Luftfracht.

Kaum ist die Boeing 747 F, wie diese Frachtversion genannt wird, auf dem riesigen Frachthof angekommen, steht dort schon ein ganzes Heer von Bodenfahrzeugen bereit, um den »Riesenvogel« zu empfangen. Darunter sind auch fahrbare Hebebühnen zum Entladen der Fracht.

Plötzlich klafft ein Schlitz unter dem Cockpitfenster, der sich sehr schnell vergrößert. Langsam wird jetzt die ganze Flugzeugnase Stück für Stück nach oben geklappt, um das Ausladen zu erleichtern. Ist nun eine Hebebühne herangefahren, spuckt der Jumbo-Jet kurz darauf schon die ersten Frachtstücke aus. Frachtexperten überwachen jetzt, daß alles ordnungsgemäß vonstatten geht.

Ist einmal besondere Eile geboten, so

Nachdem der Bug des Fracht-Jumbos nach oben geklappt wurde, kann die Beladung von vorne beginnen. Die große Hebebühne befördert die Frachtstücke auf die richtige Höhe, bevor diese im Rumpf des Flugzeuges verschwinden. Nicht selten gehen so auch andere Flugzeuge, oder wie hier ein Hubschrauber, bereits in die Luft, noch bevor sie selber flügge geworden sind.

schaffen sie es, eine Boeing 747 F in nur einer Stunde zu entladen und wieder mit neuer Fracht zu füllen. Eine großartige Leistung, wenn man bedenkt, daß ein solcher Jumbo-Jet bis zu 100 Tonnen Fracht befördern kann. Selbst Großcontainer, wie sie in der Schiffahrt zum Einsatz kommen, finden im Bauch der großen Jets mühelos Platz. Daneben gibt es noch eine Vielzahl von kleineren und größeren Containern. Stückgüter sind dagegen auf Paletten gestapelt und fest verschnürt.

Nach und nach gelangen die Frachtstücke nun mit Hilfe der in den Flugzeugboden eingelassenen Rollen nach vorne, wo sie auf die Hebebühne hinausrollen. Sofort senkt sich die hydraulische Bühne auf den Boden ab, wo bereits ein weiteres Spezialfahrzeug darauf wartet, die Fracht zu übernehmen. Ist das geschehen, setzt sich das Fahrzeug umgehend in Richtung Frachthallen in Bewegung. Hier werden nun die Container und Paletten entladen, während einige Zollbeamte unterdessen stichprobenweise Kontrollen durchführen. Für alle Güter muß ein ordnungsgemäßer Frachtbrief vorhanden sein, der genauen Aufschluß darüber gibt, was sich beispielsweise in einer Kiste befindet, was der Gegenstand wiegt und welchen Wert er ungefähr hat. Ist alles in Ordnung, kann eine Spedition die Fracht abholen.

Muß ein Frachtstück besonders behandelt werden, ist natürlich ein diesbezüglicher Hinweis in den Frachtpapieren nötig. Zu einem Großteil handelt es sich bei der Luftfracht um irgendwelche Ersatzteile für Maschinen, optische Geräte oder um Güter, die möglichst schnell zu ihrem Bestimmungsort gelangen müssen. Unter die letztgenannten fallen hauptsächlich Zeitungen und Zeitschriften, sowie einige

Chemikalien und Medikamente. Nicht zu vergessen die landwirtschaftliche Erzeugnisse wie Obst, Gemüse, Fleisch und Blumen.

Im Laufe eines Jahres häufen sich so in Frankfurt alle beförderten Güter zu über einer Million Tonnen Luftfracht an, die erst einmal zusammengestellt, palettiert und verladen werden muß. Interessant ist auch, daß die Güter keineswegs nur in reinen Frachtmaschinen transportiert, sondern zu rund 60 Prozent den Passagier-Flugzeugen beigeladen werden.

Insbesondere bei schnell verderblichen Waren müssen besondere Vorkehrungen getroffen werden, denn sie sollen ja noch frisch an ihrem Bestimmungsort eintreffen. Zu diesem Zweck stehen auf dem Flughafen auch Kühl- und Tiefkühlfahrzeuge zur Verfügung. Gehen Gegenstände von besonderem Wert auf die Reise, gelangen diese in einem Tresorwagen zum Flugzeug. Handelt es sich bei der Fracht gar um radioaktives Material, wird dieses in einem abgeschirmten Spezialfahrzeug herangefahren.

Es ist eigentlich schon erstaunlich, was da alles in die Luft geht. Hin und wieder werden ganze Fabrikanlagen, wertvolle Autos sowie sperrige Maschinenteile von einem Kontinent zum anderen geflogen.

Wie groß dabei die Nachfrage an Frachtflügen ist, zeigt sich leicht an einem Beispiel. Alleine zwischen Hongkong und Deutschland verkehren Woche für Woche etwa zehn Jumbofrachter. Die Nachfrage an Flügen nach Tokio und Singapur nimmt ebenfalls stark zu.

So unglaublich das klingt, für viele Firmen ist es einfach wirtschaftlicher, ihre Produkte mit dem Flugzeug gleich zum Empfänger zu schicken, als im Ausland ein Lager zu unterhalten, das, so gesehen nur Geld kostet und totes Kapital darstellt.

Wir Mitteleuropäer profitieren hauptsächlich im Winterhalbjahr von den vielen Frachtflügen, die uns tagtäglich frische Früchte und Gemüse aus Südamerika, Florida, Afrika oder Fernost bringen. Außerdem gewinnen israelische Agrarprodukte ständig an Bedeutung, weshalb regelmäßig Frachtjumbos auch in Richtung Tel Aviv starten. Weiterhin werden in der kalten Jahreszeit große Mengen an Blumen aus Nairobi, Bogota und Bangkok eingeflogen.

Durch die leistungsstarken Einrichtungen für alle Arten von Luftfracht sowie die guten Verkehrsverbindungen hat sich der Flughafen Frankfurt mittlerweile zu einer richtigen »Frachtdrehscheibe« gemausert. Rund drei Viertel aller Güter, die hier ankommen, werden umgeladen und verlassen Frankfurt im Bauch eines anderen Flugzeuges meistens bald wieder. Interessant ist dabei auch die Tatsache, daß die verladene Fracht durchschnittlich etwa 3500 Kilometer weit befördert wird.

Schließlich tragen aber auch die innereuropäischen Flüge dazu bei, das starke Frachtaufkommen zu bewältigen. Hier kommen oft Typen wie die Boeing 727 und die Boeing 737 in einer Frachtausführung zum Einsatz. Daneben gibt es noch sogenannte *Quick-Change-Jets,* die tagsüber Passagiere und nachts Luftfracht befördern können. Diese Flugzeuge sind derart eingerichtet, daß sich die Inneneinrichtung in kurzer Zeit ausbauen läßt, und sie verfügen dazu noch über ein großes Frachttor, das das Be- und Entladen erleichtert.

Nicht zuletzt auch durch die europäischen Frachtverbindungen zählt Frankfurt zu den größten Frachtflughäfen der Welt. Der Trend zeigt jetzt wieder nach oben, nachdem sich auch der Luftfracht-Verkehr von den Auswirkungen des Golfkrieges erholt hat.

Tierstation auf dem Flughafen

Die Frachtabfertigung ist gewiß nicht einfach, besonders wenn es sich dabei auch noch um schnell verderbliche Waren handelt. Noch viel größere Anforderungen müssen aber an die Beförderung von Tieren gestellt werden. Man kann sie ja nicht kurzerhand in eine Kiste packen und irgendwo zwischen Container und Paletten verstauen.

Einige Fluggesellschaften erlauben es, kleinere Hunde und Katzen mit in die Kabine zu nehmen. Allerdings wird darauf geachtet, daß in jedem Fluggastabteil nicht mehr als ein Haustier mitfliegt. Vor dem Abflug muß »Herrchen« aber seinen Hund erst einmal dazu bewegen, in eine spezielle Box zu kriechen. Dort fühlt sich das Tier auf einer weichen Unterlage, mit Futter und Wasser bestens versorgt, meistens aber doch ziemlich wohl. Selbst in einem 70 Meter langen Jumbo-Jet darf »Herrchen« natürlich mit seinem Hund nicht einfach »Gassi« gehen. Aus hygienischen Gründen muß das Tier bis nach der Landung in seinem Transportkäfig bleiben.

Was passiert nun aber mit den Tieren, die nicht mit in die Fluggastkabine dürfen, oder dafür gar viel zu groß sind? Ganz einfach, sie finden auf dem Frachtdeck ihren Platz.

Einiges kosten lassen müssen es sich die Fluggäste schon, wollen sie ihr Tier mit in den Urlaub nehmen. Da Tiere als Übergepäck gelten, beträgt der Preis pro Kilogramm Gewicht dafür bekanntlich ein Prozent vom Erste-Klasse-Flugpreis. Allerdings kann das Gewicht des Tieres auf das Freigepäck angerechnet werden.

Ebenso wie Kinder reisen oft auch Tiere alleine, und sie werden auch liebevoll betreut und umsorgt. Um das zu ermöglichen, gibt es auf vielen größeren Flughäfen, so auch in Frankfurt und Zürich, eine Tierstation. Hier betreuen Tierhelfer ihre Schützlinge von deren Ankunft bis zum Weiterflug. Wenn Frankfurt für die Tiere Endstation ist, kann sie der Besitzer auch in der Tierstation abholen. Für längere Aufenthaltszeiten stehen dagegen zahlreiche Hundezwinger und Kleintierkäfige zur Verfügung. Daneben gibt es noch große Isolierzellen, in denen Tiere in Quarantäne genommen werden können, wenn sie an einer ansteckenden Krankheit leiden, oder es die Einfuhrbestimmungen vorschreiben.

In einer komplett eingerichteten Futterküche bereiten die Tierhelfer tagtäglich das abwechslungsreiche Futter vor. Eine interessante Aufgabe, die umfangreiches Fachwissen voraussetzt.

Kleintiere wie Hunde, Katzen und Vögel sind die häufigsten Besucher im Flughafentierheim, doch verreisen natürlich auch ganz andere Tiere. So werden inzwischen fast schon regelmäßig Pferde, Rinder, Schweine und Schafe »abgefertigt«. Haben Pferde einen längeren Aufenthalt auf Rhein-Main, können sie sich sogar in einer kleinen Koppel etwas austoben.

Besondere Aufmerksamkeit ist angesagt, wenn exotisches Getier in Frankfurt eintrifft. Ab und zu müssen die Tierpfleger dann mit Raubtieren, Affen, Elefanten und sogar Giftschlangen fertig werden, eine nicht immer angenehme Aufgabe. Verständlicherweise ist bei diesen Tieren eine stabile »Verpackung« besonders wichtig.

Obwohl zum Beispiel junge Elefanten an sich friedliche und liebenswerte Geschöpfe sind, werden sie wie Pferde während des Fluges meistens doch von einem Pfleger betreut. Sicher ist eben sicher. Beim Einladen der Tiere muß auch streng darauf geachtet werden, daß wohlweislich die Boxen der Stuten immer hinter denen der Hengste zu stehen kommen.

Manchmal gibt es einen richtig großen »Bahnhof«, wenn besonders wertvolle Tiere in die Luft gehen. So ist ein ganzer Fracht-Jumbo nötig, um die Wettbewerbspferde der Deutschen Nationalmannschaft zu Turnieren zu fliegen. Natürlich müssen bei einem langen Flug genügend Futtermittel mit an Bord sein, damit sich die Tiere auch richtig wohl fühlen.

Zum Wohlbefinden der Tiere im Flugzeug trägt wesentlich die jeweils richtige Temperatur bei. Elefanten und Pferde lieben Temperaturen zwischen 15 und 18 Grad Celsius, während sich Affen bei 20 bis 22 Grad Celsius am wohlsten fühlen. Sind Fische an Bord, so muß ständig darauf geachtet werden, daß das Wasserbecken richtig temperiert ist. So gibt es mittlerweile kaum eine Tierart mehr, die noch nicht in die Luft gegangen ist.

Die Beförderung von Tieren unterliegt teilweise strengen gesetzlichen Vorschriften. Einerseits sind da die seuchenrechtlichen Bestimmungen und andererseits auch das Washingtoner Artenschutzgesetz zu beachten. Selbst wer nur seine Katze oder seinen Hund mit in den Urlaub nehmen möchte, muß einen vom Staatlichen Veterinäramt beglaubigten Impfschein vorweisen können, eine nur vom Tierarzt ausgestellte Bescheinigung ge-

Voller Erwartung sehen diese Pferde dem Verladen ins Flugzeug entgegen. Bei den »VIPs« der Tiere ist dann immer auch ein Tierpfleger in der Nähe, der sie liebevoll umsorgt.

nügt in diesem Fall nicht. Außerdem sollte man sich vor dem Urlaub erkundigen, ob das Tier im Zielland überhaupt willkommen ist. Sonst kann es passieren, daß »Struppi« den Urlaubsaufenthalt ohne »Herrchen« in Quarantäne verbringen muß.

Das Washingtoner Artenschutzgesetz regelt unter anderem auch, welche Tiere überhaupt gefangen und transportiert werden dürfen. Trotz der strengen Kontrollen kommt es immer wieder vor, daß exotische Tiere illegal eingeführt werden. Um den Transport zu tarnen, müssen die Tiere oft unsägliche Qualen erleiden und sterben manchmal noch bevor sie ihr Ziel erreichen.

Viele Urlauber meinen auch, daß sie aus Afrika oder sonstwoher unbedingt ein seltenes Tier oder Tierprodukte wie Elfenbein mit nach Hause bringen müssen, und wundern sich dann noch, wenn es ihnen bei der Zollkontrolle auf Nimmerwiedersehen abgenommen wird. Nicht selten folgt dann ein Bußgeldbescheid. Das gleiche gilt natürlich ebenso für bereits tote Tiere. Die Einfuhr solcher geschützter Tiere ist, soweit sie nicht für einen Zoo bestimmt sind und offiziell erlaubt ist, verboten.

Postabfertigung, Nachtluftpostnetz

Für die Beförderung von Luftpost spielt der Frankfurter Flughafen mittlerweile eine ziemlich wichtige Rolle. Auf dem Flughafenareal ist deshalb auch die größte Luftpostleitstelle der Deutschen Bundespost untergebracht. Hier sorgen Hunderte von Mitarbeiter Tag und Nacht dafür, daß Briefe und Pakete so schnell wie möglich weitergeleitet werden. Unterstützt von elektronischen Sortiermaschinen, gilt es, tonnenweise Luftpost zu sortieren und für die einzelnen Flüge zusammenzustellen.

In Postsäcken gut verpackt, verschwindet die Luftpost bald darauf im Bauch der Verkehrs-Flugzeuge, die zusätzlich diese besondere Fracht mitnehmen. Dadurch kann ein Brief spätestens nach zwei Wochen jeden Punkt auf der Erde erreichen.

Was viele nicht wissen, selbst unsere Inlandspost wird zu einem großen Teil ebenfalls auf dem Luftweg befördert. Ein regelrechtes Nachtluftpostnetz macht es möglich, daß beispielsweise ein am Spätnachmittag in München eingeworfener Brief schon am nächsten Morgen von einem Briefträger in Hamburg zugestellt werden kann.

Um Mitternacht treffen so Lufthansa-Jets aus elf deutschen Flughäfen zu ihrem nächtlichen »Rendezvous« auf dem Frankfurter Flughafen ein. Sie alle bringen Zigtausende von Briefen, Karten, Pakete und andere Luftpost aus allen Teilen Deutschlands nach Frankfurt. Zu später, besser gesagt zu früher Stunde, beginnt auf dem Vorfeld noch einmal emsiges Treiben.

Sind nach und nach alle Jets »eingetrudelt« werden sie nebeneinander aufgestellt. Zahlreiche Fahrzeuge schwirren nun umher, um das größtenteils in Containern untergebrachte Postgut auszutauschen. Dabei ist Eile geboten, denn bei einem Airbus A310 müssen dabei bis zu 14

Zu später Stunde heißt es auf dem Frankfurter Flughafen nochmals kräftig zupacken, wenn sich die »Postflieger« zu ihrem nächtlichen Rendezvous treffen.

164

Container aus- und wieder eingeladen werden, die insgesamt bis zu 13 Tonnen Post aufnehmen können.

Während nach und nach die Container aus den Unterflurladeräumen rollen, ist in der Fluggastkabine kräftiges Anpacken angesagt. Auf den Sitzen stapeln sich auch hier die Postsäcke, die alle von Hand ausgeladen werden müssen. Natürlich hat man vorher die Sitze mit speziellen Schutzbezügen abgedeckt, denn am nächsten Morgen möchten die Passagiere ja wieder saubere Flugsessel vorfinden.

Rund eineinhalb Stunden dauert es jetzt, bis die rund 150 Mitarbeiter alle Postsäcke ausgetauscht und wieder in ein anderes Flugzeug eingeladen haben. Kurz darauf schwärmen die Postflugzeuge aus und fliegen zu ihrem Ausgangsflughafen zurück. Nachdem sie dort alle noch vor 3.00 Uhr eingetroffen sind, kann die Verteilung an die örtlichen Postämter beginnen.

Ohne zusätzliches Porto kann montags bis freitags so jeder von diesem Sonderservice der Bundespost profitieren. Die Postflüge sind sogar vom sonst gültigen Nachtflugverbot ausgenommen. Die Lufthansa ist deshalb bemüht, möglichst leise Flugzeuge wie den Airbus A310/A320 oder die Boeing 737-500 einzusetzen, damit die Flughafenanrainer durch die nächtlichen Überflüge nicht aus dem Schlaf gerissen werden.

Der lange Weg Pilot zu werden

Pilotenausbildung

Pilot zu werden ist auch heute noch für viele Jugendliche ein erstrebenswerter Beruf. Dieses Ziel zu erreichen, ist dagegen aber alles andere als leicht. Bedingt durch wirtschaftliche Schwierigkeiten gingen viele Fluggesellschaften inzwischen dazu über, keine Piloten mehr auszubilden, oder sie nach Abschluß der Ausbildung nicht mehr zu übernehmen.

Ohne Arbeitsplatz ist ein Piloten-Leben jedoch nicht vorstellbar. Da die Fluglizenz verfällt, sobald keine ausreichende Praxis mehr nachgewiesen werden kann, stehen die jungen Piloten ständig unter dem Druck, irgendwie Flugstunden zu machen.

Wer trotz dieser Umstände Verkehrsflugzeugführer werden möchte und noch keine Vorkenntnisse besitzt, muß für diese Ausbildung derzeit zwischen 130 000 und 180 000 DM investieren, die Unterbringungskosten am Schulungsort nicht einmal eingerechnet. Für viele jungen Menschen kommt die Piloten-Laufbahn deshalb schon aus finanziellen Gründen nicht mehr in Betracht.

Diejenigen, die sich die Ausbildung leisten können und sich von dem langen und beschwerlichen Weg bis ins Cockpit nicht abschrecken lassen, können sich zum Beispiel bei der Verkehrsfliegerschule in Bremen bewerben.

Welche Voraussetzungen muß ein Bewerber mitbringen, um überhaupt eine Chance zu haben?

Zunächst ist einmal Bedingung, daß er das Abitur hat und bei der Einstellung mindestens 19 Jahre alt ist. Männliche Bewerber sollten im eigenen Interesse den Wehr- oder Zivildienst vor der Ausbildung ableisten. Was die Gesundheit betrifft, muß man die fliegerische Tauglichkeit von einer anerkannten Untersuchungsstelle bestätigen lassen. Gutes Sehvermögen (möglichst ohne Brille oder Kontaktlinsen), ein ausgeprägtes Farbsehvermögen sowie die volle Hörfähigkeit spielen für die Tauglichkeit ebenfalls eine große Rolle.

Vom Charakter her sollte man jedoch unbedingt ein nüchterner, kühler und sachlich denkender Mensch sein. Hitzköpfe und Draufgängertypen sind im Pilotenberuf nicht gefragt.

Bewerber, die alle oben genannten Voraussetzungen haben, werden jetzt zu einer fachlichen Eignungsprüfung eingeladen, die bei der Deutschen Forschungs- und Versuchsanstalt (DLR) stattfindet.

Diese Untersuchung, die die Bewerber übrigens selbst bezahlen müssen, dauert immerhin drei Tage, wobei zahlreiche Tests zu absolvieren sind.

Am ersten Tag stehen zunächst einmal schriftliche Prüfungen auf dem Programm, bei denen die Englischkenntnisse, technisches Verständnis, das Wahrnehmungsvermögen und vieles mehr getestet werden. Sind diese Tests erfolgreich verlaufen, werden die Bewerber am zweiten Tag mit sogenannten Gerätetests konfrontiert. Anhand zahlreicher Untersuchungen versuchen die Prüfer nun herauszufinden, ob die Kandidaten Mehrfachbelastungen in ausreichendem Maße ertragen können.

Ist auch das überstanden, finden zum Schluß noch Einzelgespräche mit den erfolgreichen Bewerbern statt.

Glücklich können sich jetzt jene Bewerber schätzen, die alle Hürden genommen haben und bald mit der Ausbildung beginnen können.

In der zweijährigen Ausbildung erwerben die Nachwuchspiloten nach und nach fundierte Kenntnisse auf den Gebieten Flugzeugtechnik, Navigation, Wetterkunde und Funksprechverkehr, die sie später tagtäglich im Berufsleben brauchen werden.

Neben der Theorie kommt die fliegerische Ausbildung jetzt auch nicht zu kurz. In zahlreichen Flugstunden werden die Flugschüler zunächst auf zweimotorigen Schulflugzeugen vom Typ Piper Cheyenne ausgebildet. Dabei lernen sie das Flugzeug zu beherrschen und sammeln erste Erfahrungen, wie es sich in den verschiedensten Fluglagen verhält.

Ein Großteil der fliegerischen Ausbildung findet jedoch nicht in der heimatlichen Verkehrsfliegerschule in Bremen, sondern im fernen Phoenix im US-Bundesstaat Arizona statt. Das schöne Wetter und die geringe Siedlungsdichte machen dort ein ungehindertes Übungsfliegen möglich.

Wieder zurück in Bremen, beginnt schon die Endphase der Ausbildung. Jetzt heißt es lernen und nochmals lernen. Neben theoretischem Unterricht sind nun auch vermehrt Übungen im Flugsimulator angesagt.

Endlich, nach zwei Jahren intensiver Ausbildung haben es die angehenden Piloten geschafft. Zahlreiche Lizenzen können sie jetzt ihr eigen nennen. So besitzen die jungen Piloten neben dem Privat- und

Berufsflugzeug-Führerschein auch noch eine Linienflug-Berechtigung sowie das allgemeine Funksprechzeugnis. Selbst eine Lizenz zur Durchführung von Langstreckenflügen haben die Nachwuchspiloten in der Tasche.

Wer nach erfolgreichem Abschluß eine Anstellung gefunden hat, beginnt jetzt mit einer mehrmonatigen Typeneinweisung, um sich mit den technischen Einrichtungen und Besonderheiten des betreffenden Flugzeugtyps vertraut zu machen. Schon alleine wegen der Reise-Geschwindigkeit ist es ein großer Unterschied, ob man ein Propellerflugzeug oder einen Jet fliegt.

Nach dieser Einweisung lernen die Nachwuchspiloten zum ersten Mal »ihr« Flugzeug im täglichen Einsatz kennen, wobei sie zunächst während gut 100 Flugstunden als »Zweite Offiziere« den Piloten über die Schultern schauen.

Mit der Musterberechtigung, meistens für kleinere Flugzeugtypen wie den Airbus A320 oder die Boeing 737, wird der junge Pilot schließlich als voll verantwortlicher Copilot im Liniendienst eingesetzt. Der Lernprozeß ist aber auch jetzt noch nicht abgeschlossen. Nach zehn bis zwölf Jahren besteht die Möglichkeit, die Kapitänslizenz zu erwerben. Zusätzliche Umschulungen machen es möglich, einmal auch einen anderen Flugzeugtyp zu fliegen. Wer dann nach vielleicht 20 Berufsjahren auf dem Airbus A340 oder einem Jumbo-Jet Flugkapitän wird, der hat es wirklich geschafft.

Ausbildung von Kabinenpersonal

Immer mehr junge Menschen reizt es, die Welt zu bereisen und fremde Länder kennenzulernen. Um sich solche Wünsche zu erfüllen, reicht aber oftmals das Kleingeld nicht ganz aus. Also was tun? Wer denkt bei diesem Gedanken nicht sofort daran, Flugbegleiter zu werden und sein Geld »wie im Flug« zu verdienen? Bis zum Rückflug verbleiben ja in einem fernen Land meistens noch zwei Tage Zeit, um die dortigen Sehenswürdigkeiten anzuschauen. Durch immer schnellere Flugverbindungen verringert sich die Aufenthaltsdauer allerdings zusehens.

Bedingt durch wirtschaftliche Schwierigkeiten bilden viele *Airlines* nur noch in begrenztem Umfang Flugbegleiter aus. Auch die Verdienstmöglichkeiten und Aufstiegschancen haben sich in diesem Beruf in den letzten Jahren etwas verschlechtert.

Gemessen an der Bewerberzahl sind es trotzdem nur wenige, die den Sprung in die Fluggastkabine schaffen, denn die Anforderungen sind ziemlich hoch.

Für eine erfolgreiche Bewerbung sollte man daher mindestens 20 Jahre, aber noch keine 33 Jahre alt sein. Zwar reicht ein mittlerer Bildungsabschluß aus, doch braucht man sehr gute Englischkenntnisse, die eine fließende Unterhaltung möglich machen. Fundierte Grundkenntnisse in einer weiteren Sprache, möglichst in Französisch oder Spanisch, sind sehr erwünscht. Wie bei den Piloten sollte auch bei den Flugbegleitern Größe und Gewicht zueinander passen. Außerdem müssen die Bewerber mindestens 160 cm groß sein, um an Bord alle Arbeitsgeräte erreichen zu können. Weiterhin ist natürlich eine gute Gesundheit wichtig, wozu, wie bei den Piloten, auch eine entsprechende Sehleistung gehört. Wer schon in einem Service-orientierten Beruf wie in der Ga-

Jeder Handgriff muß sitzen, wenn sich die Besatzung zum Sicherheitstraining im Schwimmbad trifft. Eine Gruppe Flugbegleiter übt hier gerade das Aufbauen eines Rettungsbootes.

stronomie oder in einem Reisebüro gearbeitet hat, der hat noch bessere Chancen.

Neben diesen Voraussetzungen sind auch ein hohes Maß an Verantwortungsbewußtsein, Bereitschaft zu Teamarbeit sowie die Freude am Umgang mit anderen Menschen sehr wichtig. Schließlich sind es nicht zuletzt die Flugbegleiter, die eine *Airline* nach außen hin verkörpern.

Meistens stellt man sich unter einem Flugbegleiter eine weibliche, nette und selbstverständlich gutaussehende Stewardeß vor und vergißt dabei ganz, daß Män-

ner diesen Beruf genauso ausüben können. Immerhin sind rund 15 Prozent der bei der Lufthansa eingesetzten Flugbegleiter Stewards.

Viele Anwärter erhalten bereits eine Absage, weil sie die geforderten Voraussetzungen nicht erfüllen. Die einen sprechen nicht gut genug Englisch, die anderen sind entweder zu klein, zu dick oder haben einfach das Höchstalter schon überschritten.

Die grundsätzlich geeigneten Bewerber werden jetzt nach Frankfurt eingeladen und dort einen Tag lang in mehreren Ge-

168

sprächen und Gruppenarbeiten auf ihre Servicebereitschaft und auf ein freundliches Auftreten hin getestet. Das Ergebnis der Einstellungs-Untersuchung wird den Bewerbern noch am selben Tag mitgeteilt. Hat man diesen ziemlich stressigen Tag erfolgreich hinter sich gebracht, kann sich der angehende Steward oder die Stewardeß auf ihre bald beginnende Ausbildung freuen. Die Ausbildungsdauer ist je nach Fluggesellschaft sehr verschieden (zwischen einem und sechs Monaten), da jeweils nach Bedarf und späteren Einsatzmöglichkeiten ausgebildet wird.

Gleich zu Beginn der Ausbildung steht ein Schnupperflug auf dem Programm, bei dem die »Neuen« die ersten Einblicke in ihren künftigen Arbeitsplatz bekommen. Gut motiviert geht es danach in der lufthanseigenen Flugbegleiterschule in Frankfurt richtig los.

In einem ersten Ausbildungsabschnitt stehen zunächst Fächer wie Erste Hilfe, Arbeitssicherheit, Tips für Uniform und Kosmetik auf dem Stundenplan. Grundkenntnisse in den Serviceabläufen werden erst einmal in einer Flugzeugattrappe eingeübt.

Nach diesem Unterricht steht dann der erste Block der praktischen Ausbildung an, wobei die angehenden Flugbegleiter das bisher Erlernte gleich im täglichen Flugbetrieb üben können. Erfahrene Trainings-Flugbegleiter unterstützen sie dabei.

Unterrichts-Einheiten in Theorie und Praxis wechseln sich nun ab. Ein Großteil der Ausbildung ist dem Sicherheitstraining vorbehalten. Die Flugbegleiter werden dabei mit allen möglichen Notsituationen vertraut gemacht und lernen, die Passagiere über die Notrutschen zu evakuieren, Brän-

de zu löschen oder eine Notwasserung vorzubereiten. In einem extra Schwimmbecken wird realitätsgetreu der Umgang mit Schlauchbooten und Schwimmwesten geübt. Hinzu kommen Erklärungen für die richtige Benutzung von Funkgeräten, Rauchkerzen und Notlampen. Schließlich wird alles durchgespielt und geübt, jeder einzelne Handgriff muß auch unter Streßbedingungen sitzen. Selbst im späteren Einsatz finden regelmäßig praktische Sicherheitsübungen statt, damit man das einmal Erlernte nicht wieder vergißt.

Nach erfolgreichem Abschluß der Ausbildung zum Flugbegleiter sehen nun die frischgebackenen Stewardessen und Stewards ihrem ersten richtigen Einsatz entgegen. Allerdings läßt die große weite Welt vorerst noch auf sich warten, da die Lufthansa alle Nachwuchs-Flugbegleiter zunächst auf innerdeutschen Flügen einsetzt.

Finanziell brauchen sich die jungen Flugbegleiter zwar keine großen Gedanken machen, doch gehören sie mit einem monatlichen Anfangsgehalt von etwa 2400 DM auch nicht gerade zu den Besserverdienenden. Im Laufe der Dienstjahre steigt selbstverständlich auch das Gehalt; bildet man sich dazu weiter, kann man sich zum Ersten Flugbegleiter hocharbeiten. Nach mindestens sieben Dienstjahren kann man sogar zum *Purser,* also zum Vorgesetzten einer Kabinencrew, befördert werden.

Wem der Umgang mit Menschen gefällt, und wer die ganze Welt sein Zuhause nennt, der kann seinen »luftigen Beruf« bis zum 55. Lebensjahr ausüben. Allerdings wechseln die meisten Stewardessen und Stewards schon nach ein paar Jahren zum Bodenpersonal. Ständig unterwegs zu

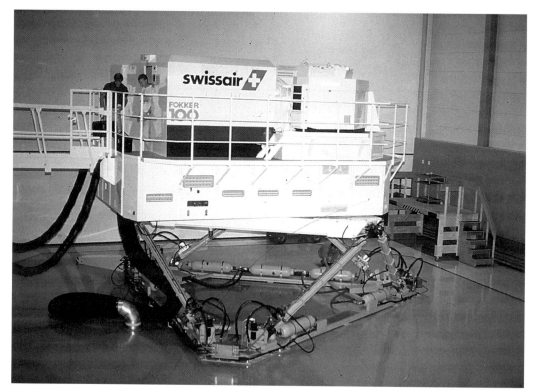

Deutlich ist hier die Hydraulikanlage zu sehen, die den Flugsimulator für den Fokker 100 so perfekt bewegt, daß die Flugschüler kaum einen Unterschied zur Wirklichkeit wahrnehmen.

sein, bedeutet eben auch, daß die Familie daheim oft zu kurz kommt.

Training im Flugsimulator

Die Aus- und Weiterbildung von Piloten oder deren Umschulung auf einen anderen Flugzeugtyp geschieht heute zu einem großen Teil im Flugsimulator. Täuschend echt können nahezu alle Bewegungen und Fluglagen simuliert werden, die während eines richtigen Fluges vorkommen. Doch noch etliche andere Vorteile machen das Training in Simulatoren so beliebt.

Zum einen ist der Einsatz von Flugsimu-latoren viel kostengünstiger als das Üben in einem richtigen Jet; die Anschaffungskosten für den »Flugzeugersatz« von bis zu 30 Millionen Mark machen sich da relativ schnell bezahlt. Andererseits belasten Übungsflüge unseren sowieso überlasteten Luftraum über Europa nicht noch zusätzlich, und die Umwelt wird auch nicht beeinträchtigt.

So ein Flugsimulator sieht aus wie ein vom Flugzeugrumpf abgetrenntes Cockpit, an dessen hinterer Seite ein kleiner Raum angebaut ist. Diese tonnenschwere Konstruktion ist auf einer Plattform montiert, die wiederum auf drei Stelzen mit je zwei Hydraulikbeinen steht. Sie läßt sich mit Hilfe von Zylindern um alle drei Achsen bewegen. Eine Klimaanlage sorgt für eine ausreichende Belüftung des Simulators.

Sehr schwierig ist es nun, in der Simulatortechnik die Bewegungen eines Flugzeuges so realitätsgetreu wie nur möglich nachzuahmen. Glücklicherweise kommt in diesem Fall eine menschliche Schwäche der Technik sehr entgegen. Der Mensch besitzt nicht die Fähigkeit, zwischen dem Zustand der Ruhe und dem einer gleichmäßigen Bewegung unterscheiden zu können. Seine Sinne registrieren daher vor allem Beschleunigungskräfte, die ihn aus der Ruhe in Bewegung versetzen oder eine Bewegung verändern. Das hört sich zwar ziemlich kompliziert an, ist es aber gar nicht.

Dieses menschliche Unvermögen macht sich der Simulator zunutze. Das geschieht wiederum mit einem Trick, denn er steht ja in einer Halle und kann sich deshalb nicht groß bewegen. Sehr schnelle und kurze Bewegungen des Flugsimulators, ausgelöst von den Hydraulikbeinen, lassen nun den Eindruck entstehen, als bewegte er sich tatsächlich über eine längere Strecke. Ruckartig neigt sich der Simulator nach links und rechts und ahmt so einen Kurvenflug nach, die Bewegungen nach vorne oder hinten vermitteln dagegen den Eindruck, als würde man gerade bei der Landung abbremsen oder starten. Sobald nun ein solcher Bewegungseindruck vermittelt worden ist, gleitet der Flugsimulator ganz langsam, ohne daß es die Insassen bemerken, in seine Ausgangsstellung zurück, um wieder genügend Spielraum für das nächste Täuschungsmanöver zur Verfügung zu haben. Währenddessen haben die Piloten immer noch das Gefühl der Beschleunigung, obwohl sich überhaupt nichts mehr bewegt.

Gesteuert werden alle Bewegungen der Hydraulikanlage von einem zentralen Rechner, der ständig die Position der Steuerorgane des Simulators abfragt. Die gewonnenen Daten wandelt er sofort in Steuerbefehle um und gibt diese an die Hydraulikzylinder weiter, die die erforderlichen Bewegungen umgehend ausführen. Das ist nun aber noch lange nicht alles, so ein Flugsimulator kann noch einiges mehr.

Schaut man aus dem Fenster, so sind Wolkenfelder und eine unter dem Flugzeug dahinziehende Landschaft zu sehen. Möglich machen dies sogenannte Sichtsimulatoren, sechs Bildschirme und Spiegel, die den Eindruck entstehen lassen, als könnte man unendlich weit blicken. Früher wurden die Bilder mit einer Kamera auf einer überdimensionalen Modell-Landschaft aufgenommen und auf die Bildschirme projiziert, heute hat das, wie so manches in der Luftfahrt, ein Computer übernommen.

Computer-Spezialisten haben bei einer großen Anzahl von Flughäfen deren Umgebung technisch so perfekt aufgearbeitet, daß kaum von der Wirklichkeit zu unterscheidende Computerbilder entstanden sind. Natürlich wirken diese etwas künstlich, doch daran gewöhnen sich die Piloten schnell.

Was wäre jetzt aber eine noch so gelungene Simulation ohne die dazugehörigen Geräusche? Selbstverständlich hat man auch daran gedacht. Kaum sind die Triebwerke angelassen, so dröhnt es bereits aus den versteckten Lautsprechern im Cockpit, und ein leichtes Vibrieren wird spürbar. Alles ist so perfekt nachgemacht, daß selbst das typische Geräusch, das beim Ausfahren des Fahrwerks entsteht, zu hören ist.

Letztendlich unterscheidet sich die ganze Simulationsanlage von einem richtigen Flugzeugcockpit nur durch den hinten angebauten Raum, der für den Fluglehrer reserviert ist. Von hier aus kann er die beiden Piloten bestens beobachten und überwachen.

Der Flugsimulator dient aber nicht nur zum Erlernen des Fliegens an sich, sondern vorwiegend auch dazu, das Beherrschen von möglichen Notsituationen zu üben. Mit Hilfe seiner Instrumente kann der Fluglehrer deshalb gleich einige hundert Notsituationen per Knopfdruck herbeizaubern, die dann die Piloten sicher meistern müssen. Natürlich wäre es ja viel zu leicht, alles nur bei schönem Wetter zu üben. Der Fluglehrer kann da etwas nachhelfen und das Wetter kurzerhand einfach schlechter einstellen. Nebel und tiefhängende Wolken wirken jetzt täuschend echt.

Fliegen im Saal auf Höhe 0

Wer einmal den Meistertitel bekommen hat, hat ihn für sein Handwerk auf Lebenszeit inne. Ganz anders sieht es dagegen bei Piloten aus. Während ihres gesamten Berufslebens müssen sie immer wieder beweisen, daß sie topfit sind und ihr »Handwerk« ohne Einschränkungen in jeder Situation beherrschen. Sind sie nicht fit genug oder unsicher in Entscheidungen, steht sofort die Lizenz für die Linienflug-Berechtigung auf dem Spiel.

Etwa alle sechs Monate müssen deshalb die Piloten für zweimal dreieinhalb Stunden in den Flugsimulator. Einmal zum sogenannten *Refresher Training,* um die Kenntnisse wieder aufzufrischen, und meist gleich tags darauf zum »Checkflug«, also zu einer Art Prüfung. Fällt diese nicht zur Zufriedenheit aus, wird an den folgenden Tagen so lange geübt und nochmals geübt, bis der Pilot seiner Sache wieder sicher ist. Keineswegs wird er aber gleich entlassen, wenn er den hohen Anforderungen nicht gerecht wird, denn seine Ausbildung hat die Fluggesellschaft ja viel Geld gekostet. Allenfalls bekommt der betreffende Pilot nun ein vorläufiges Flugverbot auferlegt.

Die Flugsimulatoren sind so fast ständig belegt und nicht selten bis zu 20 Stunden am Tag in Betrieb, übrigens ein weiterer Vorteil gegenüber einem Flugzeug. Auch der Fluglehrer ist aktiver Pilot. Er fliegt jedoch ein Viertel seiner Dienstzeit im Simulator auf Höhe 0.

Heute steht nun für zwei Piloten wieder einmal der Checkflug auf dem Programm. Ab 9.00 Uhr ist für sie deshalb der Flugsimulator des Fokker 100 im Trainingszentrum der Swissair, nahe dem Zürcher Flughafen, reserviert. Bereits um 8.00 Uhr treffen die beiden Piloten dort ein, wo sie auch schon von ihrem Fluglehrer erwartet werden. Ohne Verzug geht es sofort zur Sache.

Zuerst steht, wie bei jedem richtigen Flug, die Vorbesprechung, das sogenannte *Briefing,* an. Der Fluglehrer erläutert jetzt, was er heute mit seinen Prüflingen vorhat, und worauf er dabei besonderen Wert legt. »Nun«, beginnt er, »wir wollen heute einmal in Salzburg starten und nach Linz fliegen. Von dort gehts dann wieder zurück nach Salzburg, und später möchten wir noch einen kleinen Abstecher nach München machen«. »Oje«, denkt der Copilot, »ausgerechnet nach Salzburg, der Flughafen ist doch wegen der Berge ziemlich schwierig anzufliegen.«

Nach weiteren Instruktionen durch den Fluglehrer machen sich die drei auf den Weg in die riesige Simulatorhalle, die einer Sporthalle zum Verwechseln ähnlich sieht. Dort angekommen, geht es über eine kleine Brücke unverzüglich auf die Simulatorplattform, die frei im Raum steht. Noch während der Fluglehrer die Türe aufschließt, klappt auch schon der Steg mit einem leisen Surren zurück. Sogleich begeben sich die Piloten auf ihre Plätze und beginnen mit den Vorbereitungen für den Start.

Zunächst speichert der Copilot die Streckendaten in den Bordcomputer ein und stellt den Autopiloten gleich einmal auf 4000 Fuß ein. Jetzt noch schnell die Streckenkarte auf die Halterung an der Steuersäule stecken, anschnallen und es kann losgehen.

Inzwischen hat sich natürlich auch der Fluglehrer, in diesem Fall der Checkpilot, vorbereitet. Dabei hat er sich gleich ein paar Komplikationen ausgedacht, die er jetzt in seinem Computer abspeichert. Daraufhin stellt der Checkpilot die Verhältnisse von Salzburg ein und »macht« das Wetter. »Ach«, denkt er, »vorerst lasse ich heute mal die Sicht gut, allerdings stelle ich auf Nacht«.

Sofort fangen die Bildschirme vor den Cockpitfenstern an zu flimmern, die ersten Bilder werden sichtbar, es ist fast wie bei einem wirklichen Flug. Das Flughafengebäude mit der leuchtenden Aufschrift »Salzburg« und der charakteristische *Tower* ist kristallklar zu sehen.

Vom *Tower* – genauer gesagt, vom Checkpiloten – kommt jetzt die Freigabe zum Anlassen der Triebwerke. Sofort

dringt ein gedämpftes Geräusch ins Cockpitinnere. Wenig später folgt bereits die Erlaubnis zum Anrollen, woraufhin der Pilot die beiden Leistungshebel für die Triebwerke etwas nach vorne schiebt. Dumpfe Töne sind in regelmäßigen Abständen zu hören, als der Jet über die Fugen der Rollbahn holpert, der Simulator macht seine Arbeit wirklich perfekt.

Kurz darauf ist die Startbahn erreicht. Links davon erscheint jetzt das flimmernde Lichtermeer von Salzburg, dahinter stehen drohend, im letzten Abendlicht leuchtend, die Berge. Die Piloten wissen genau, daß sie diese Berge direkt von der Startbahn aus nicht überfliegen können, sie sind einfach zu hoch. Wie die Piloten aus den Flughafenunterlagen gesehen haben, müssen sie gleich nach dem Start eine starke Linkskurve einleiten, um im Talkessel drehen zu können.

Jetzt gibt der Checkkapitän die Startfreigabe: »*Cleared for take off*«, brummt er in sein Mikrofon und lehnt sich mit einem leisen Lächeln in seinen Sessel zurück. Er weiß ja genau, daß die ersten Probleme nicht lange auf sich warten lassen, und ist gespannt, wie sich seine Prüflinge in den simulierten Flugsituationen verhalten werden.

Der Pilot schiebt die Leistungshebel weit vor, die Triebwerke entfesseln ihre volle Kraft, und der Geschwindigkeitsmesser beginnt sich schon zu bewegen. Sofort zeigt auch die Beschleunigung Wirkung, wie bei einem reellen Start preßt es die Piloten in ihre Sitze. Immer schneller, so erscheint es zumindest, rasen die Startbahn-Begrenzungslichter und die Mittellinien-Befeuerung auf den Jet zu, auch die Berge rücken gefährlich näher. Die minimale Fluggeschwindigkeit ist nun erreicht, weshalb der Pilot die Steuersäule sofort langsam zu sich heranzieht. Daraufhin hebt sich gleich die Flugzeugnase in den nachtschwarzen Himmel, und das Lichtermeer der Stadt scheint nach unten wegzutauchen.

Der Höhenmesser beginnt sich zu bewegen, während der künstliche Horizont ordnungsgemäß die Lage des Flugzeuges anzeigt.

Plötzlich, der Jet ist gerade erst 100 Fuß hoch, durchbricht ein schriller Alarmton die angespannte Ruhe. Überall leuchten rote Warnlampen auf. »Feuer, Feuer«, ruft der Pilot, »unser linkes Triebwerk brennt.« »Jetzt nur die Nerven behalten«, schießt es ihm durch den Kopf. Es gibt kein Zurück mehr, das Startbahnende ist bereits überflogen, die Berge kommen immer näher. Reflexartig unterbricht der Kapitän die Treibstoffzufuhr für das Triebwerk eins, die automatische Feuerlöscheinrichtung arbeitet schon auf vollen Touren, um den Brand zu löschen. Umgehend setzt der Copilot eine Notfallmeldung ab und kündigt eine Notlandung an. Sofort wird der Flughafen gesperrt und nur noch für die brennende Fokker 100 freigehalten.

Mit nur einem Triebwerk ist die Steigleistung jetzt sehr gering. »Schnell die Linkskurve fliegen, sonst zerschellen wir an den Bergen«, brüllt der Pilot. Steil legt sich das Flugzeug in die Kurve und dreht zurück. Der Autopilot führt den Jet dabei auf die voreingestellte Höhe von 4000 Fuß und aus dem Gefahrenbereich der Berge heraus. Inzwischen hat es die Löschanlage glücklicherweise geschafft, den Triebwerksbrand zu löschen. Die Besatzung arbeitet konzentriert und fehlerfrei, der Checkpilot sieht sofort, daß die beiden ein eingespieltes Team sind; darauf kommt es letztendlich ja auch an.

Wieder ist es höchste Zeit, eine Linkskurve zu fliegen. Kurz darauf kommt auch schon die vollbeleuchtete Landebahn in Sicht. Das elektronische *Display* für die Triebwerksanzeigen zeigt bereits seit geraumer Zeit den Defekt an, während auf dem *Notfalldisplay* angezeigt wird, welche Maßnahmen dagegen zu treffen sind.

Mittlerweile ist der Jet genau auf Landekurs. Weil die Piloten bisher so bravourös gehandelt haben, erscheint dem Checkpiloten eine glatte Landung, wenngleich auch mit nur einem Triebwerk, als zu einfach für das eingespiele Team. Er überlegt sich eine neue schwierige Situation, die er heraufbeschwören könnte. Etwa ein kräftiger Seitenwind. Auf einen Knopfdruck hin macht sich auch schon die erste kräftige Böe bemerkbar und läßt den Jet seitwärts abdriften. Die Piloten reagieren prompt, um ihr Flugzeug sofort wieder auf Landekurs zu bringen.

Während die Landebahn immer näher kommt, leitet der Pilot den Sinkflug ein, und der Copilot fährt unterdessen stufenweise die Landeklappen und wenig später auch das Fahrwerk aus. Noch zwei Meilen bis zum Aufsetzen, noch eine, der Pilot nimmt die Triebwerksleistung etwas zurück. Das Flugzeug sinkt weiter, jetzt den Jet noch einmal gerade richten. Daraufhin bemerkt der Copilot: »Alles klar, wir sind genau auf Kurs«.

Wie aus heiterem Himmel ruft der Pilot plötzlich: »*Missed approach«,* gibt dem noch funktionierenden Triebwerk vollen Schub und zieht sofort die Steuersäule zu sich heran. Blitzschnell reagiert auch der Copilot. Umgehend fährt er das Fahrwerk ein, um den Luftwiderstand etwas zu verringern. Kurz darauf, nachdem sich die

Geschwindigkeit wieder etwas erhöht hat, fährt der Copilot auch die Landeklappen nach und nach wieder ein.

«Was machen die denn da unten«, sagt nun der Pilot, »warum hat uns der *Tower* nicht gewarnt?« Ein Feuerwehrfahrzeug hatte sich etwas voreilig direkt neben der Landebahn, und ausgerechnet auch noch im Aufsetzbereich, postiert. Der Prüfungspilot, der diese Situation ganz spontan insziniert hat, freut sich sichtlich über die gelungene Darstellung des Feuerwehrfahrzeuges und die Überraschung seiner beiden Prüflinge.

Inzwischen ist der Durchstart abgeschlossen und der Autopilot bringt die Fokker 100 erneut auf eine sichere Flughöhe. Wieder beginnt ein neuer Landeversuch in Salzburg. Da sich die Piloten mittlerweile schon darauf eingestellt haben, daß gleich wieder etwas Überraschendes passieren wird, geben sie dem Autopiloten sicherheitshalber schon mal die Flughöhe 6000 Fuß vor, man kann ja nie wissen.

Gespannt steuern die Piloten der Landebahn entgegen und warten auf die Dinge, die da kommen werden. Nur auf die Landung konzentriert, achten die beiden kaum auf die Autobahn, die sie gerade überfliegen. Kleine Lichtkegel der Scheinwerfer bewegen sich dort unten so perfekt, daß man wirklich keinen Unterschied mehr zwischen Simulation und Wirklichkeit feststellen kann.

Immer noch ist nichts passiert, alles verläuft planmäßig, das intakte Triebwerk arbeitet gut. Auf einmal tönt die vertraute Computerstimme aus dem Lautsprecher: »200 Fuß«, 100 Fuß.« Kurz darauf setzt der Jet zur Landung an und rollt aus. Glücklich am *Terminal* angekommen, gibt es erst mal eine kleine Verschnaufpause.

Danach geht es unverzüglich weiter, diesmal aber wirklich in Richtung Linz. Unterdessen hat der Checkpilot schnell noch das defekte Triebwerk »repariert«, besser gesagt, wieder eingeschaltet.

Der Start verläuft ohne Probleme. Wenig später dringt die Fokker 100 in die nachtschwarzen Wolken ein, die in regelmäßigen Abständen durch die Flugzeug-Begrenzungslichter blitzartig aufleuchten. Als die Reiseflughöhe von 8000 Fuß erreicht ist, leuchtet über den Wolken der Horizont noch immer in einem schwachen Rot. Der Autopilot hat inzwischen längst die Steuerung übernommen, und führt den Jet auf der kürzesten Route seinem Ziel entgegen. Mittlerweile sind es nur noch 52 Meilen bis nach Linz.

Plötzlich kommt ein Funkspruch herein, der die Piloten über die aktuelle Wetterlage auf dem Zielflughafen informiert. »Das mußte ja so kommen«, sagt jetzt der Copilot, »mich wundert es sowieso, daß so lange nichts passiert ist«. Wie aus heiterem Himmel hat sich in Linz urplötzlich Nebel gebildet, der die Sicht nun sehr stark beeinträchtigt. »Ja, das stimmt, bereiten wir uns auf eine automatische Landung vor«, erwidert der Kapitän. Schon seit geraumer Zeit haben die beiden Piloten vergessen, daß sie eigentlich in keinem richtigen Flugzeug sitzen und sich immer noch auf dem Boden befinden.

Beim Abstieg durch die Wolken ist alles grau in grau und absolut nichts zu sehen. Das Flugzeug sinkt ständig tiefer und tiefer, das ILS arbeitet einwandfrei.

Dann ist der Augenblick gekommen, in dem sich der Kapitän entscheiden muß, ob er den Landeanflug fortsetzen oder ihn sicherheitshalber doch lieber abbrechen soll. Die Entscheidungshöhe für die erforderliche Bodensicht ist erreicht. Sekunden der Entscheidung verstreichen, bis auf einmal der Nebel aufreißt und die Landebahn schlagartig schemenhaft zu sehen ist. Weitere Sekunden später setzt die Automatik den Jet sanft auf der Landebahn auf. Während der letzten zehn Sekunden vor der Landung zeigt der Bordcomputer etwaige Fehler nicht mehr an, da es dann für ein Durchstartmanöver sowieso zu spät ist.

Am *Terminal* angekommen, beglückwünscht der Checkpilot seine beiden Schützlinge für die richtige Entscheidung, daß sie in diesem Fall doch gelandet sind. Nach dem Auftanken geht es sofort zurück nach Salzburg. »Diesmal so schnell wie möglich«, gibt der Prüfer zu verstehen, »wir sind spät dran«. Daraufhin tippt der Pilot kurz auf dem Tastenfeld für den Autopiloten herum, und schon spuckt der Computer die schnellste Route nach Salzburg aus. Auf dem *Display* für die Streckenführung wird sichtbar, daß die Automatik eine Abkürzung vorschlägt.

Wie nicht anders zu erwarten, die Fokker 100 befindet sich schon wieder im Landeanflug auf Salzburg, quakt die vertraute Stimme des Checkpiloten aus dem Kopfhörer: »Minimal erforderliche Landebahnsicht soeben unterschritten, Flughafen Salzburg geschlossen«. Blitzschnell reagiert der Pilot, bricht den Anflug ab und fragt sofort die nächstgelegenen Ausweichflughäfen über einen Bildschirm ab. Sofort erscheinen hier Innsbruck, Linz, München und Graz. Jetzt wohin? Da Innsbruck bekanntlich ebenfalls in den Bergen liegt und in Linz die Sicht ja bereits sehr schlecht ist, entscheidet sich der Pilot kurzerhand für München und programmiert den Bordcomputer gleich mit dem neuen

Kurs.

Kaum auf Reiseflughöhe, muß auch schon wieder mit dem Landeanflug auf München begonnen werden. Jetzt schnell die Klappen ausfahren. »Was ist das? Sie klemmen, es geht nicht«, ruft der Copilot. Da hilft nur noch die Luftbremse. Ohne lange zu zögern, fährt er diese zusammen mit dem Fahrwerk sofort aus. Andernfalls wäre das Flugzeug bei der Landung viel zu schnell.

Jetzt tauchen die Lichter der Landebahn in der Ferne auf. Noch Minuten der Anspannung vergehen, bis die Fokker 100 sicher auf der Piste aufsetzt. Als die Triebwerke abgestellt sind, lösen die Piloten ganz erleichtert ihre Schultergurte. Endlich, das wars.

Während der Checkpilot seinen beiden Prüflingen zu den sicher gemeisterten Notfällen gratuliert, steht diesen die nervliche Anspannung noch immer im Gesicht geschrieben. Kleine Schweißperlen stehen ihnen auf der Stirn. Zum Schluß gibt der Prüfer noch ein paar Tips und Anregungen.

Am darauffolgenden Tag können die beiden Piloten dann wieder auf Linie gehen, wo es, verglichen mit den heutigen Prüfungsflügen, bestimmt ruhiger zugeht. Gleichzeitig wissen die Fokker-100-Piloten aber auch, daß sie gerade noch einmal glimpflich davongekommen sind, denn der Checkpilot hätte seinem Computer noch weit schwierigere Situationen entlocken können.

Zum Beispiel könnten plötzlich die Navigationsinstrumente ausfallen, wobei nur noch ein Notkompaß für die Orientierung übrigbliebe. Außerdem kann im Flugsimulator sogar ein Cockpitbrand herbeigezaubert werden. Dicke Qualmwolken dringen ins Cockpit, und die Besatzung muß ihre Sauerstoffmasken aufziehen.

Natürlich kann auch die Stromversorgung defekt sein, worauf nur noch eine Batterie Notstrom liefert. Kommen dann gleich einige Probleme zusammen, heißt es wirklich kühlen Kopf zu bewahren, um auch das Schlimmste, was einer Cockpitcrew passieren kann, noch sicher zu meistern.

Auf eines können sich die Piloten aber auf jeden Fall verlassen, im Simulator stürzen sie nie ab. Der Fluglehrer paßt da sehr genau auf, denn seine Schüler könnten in einem solchen Fall vielleicht einen psychischen Schock davontragen. Ist es erforderlich, kann der Checkpilot eine bestimmte Situation »einfrieren«, um sie dann in allen Einzelheiten durchzusprechen.

Wie auch immer, auf jeden Fall ist das Fliegen auf Höhe 0 völlig ungefährlich. Aber das richtige Handeln in Gefahrenmomenten kann da geübt werden, was mit einem richtigen Flugzeug, wenn überhaupt, dann oft nur unter Lebensgefahr möglich wäre.

Airbus Industrie, Flugzeugbau in Europa

Ein Flugzeug entsteht

Wer hätte gedacht, daß der europäische Flugzeugbau einmal solche Erfolge zeitigen würde? Der Grundstein zu diesem Erfolg wurde bereits 1970 in Paris gelegt, als die Airbus Industrie gegründet wurde. Zu dieser Zeit konnten die traditionsreichen Flugzeugfirmen in Europa mit den großen Herstellern in den USA einfach nicht mehr Schritt halten. Gegen Boeing, McDonnell Douglas und Lockheed, die praktisch die gesamte Produktion ziviler Flugzeuge beherrschten, hatten sie überhaupt keine Chance.

Aus dieser fast schon verzweifelten Situation heraus setzten sich Vertreter aus Deutschland und Frankreich, später auch aus Großbritannien sowie Spanien zusammen und berieten darüber, wie man in Europa eine eigenständige Flugzeugindustrie aufbauen könnte. Ihr Ziel war zunächst die Verwirklichung eines Mittelstrecken-Großraumflugzeuges für etwa 300 Passagiere. Der Airbus A300 war geboren.

Heute besteht nun Airbus Industrie, eine Gesellschaft französischen Rechts mit Sitz in Toulouse, aus vier europäischen Partnerfirmen. Nachstehendes Schaubild zeigt die Beteiligungsverhältnisse der einzelnen Firmen und macht auch deutlich, wie auf deutscher Seite der Daimler-Benz-Konzern über die Deutsche Aerospace Airbus GmbH an Airbus Industrie beteiligt ist.

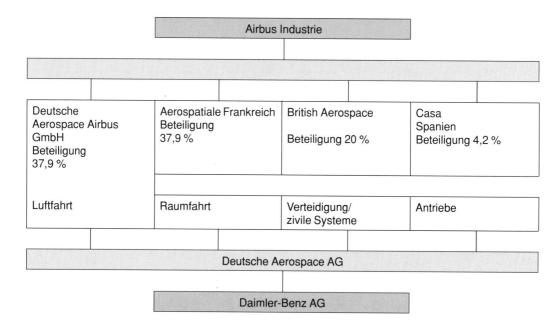

Airbus Industrie			
Deutsche Aerospace Airbus GmbH Beteiligung 37,9 %	Aerospatiale Frankreich Beteiligung 37,9 %	British Aerospace Beteiligung 20 %	Casa Spanien Beteiligung 4,2 %
Luftfahrt	Raumfahrt	Verteidigung/ zivile Systeme	Antriebe
Deutsche Aerospace AG			
Daimler-Benz AG			

Kaum war der Airbus A300 flügge geworden, wurden im Laufe der Jahre immer neue Serien und Typen entwickelt, was schließlich eine Kapazitätsausweitung notwendig machte. So wurde 1990 beschlossen, die Endmontage des neuen Kurz- und Mittelstreckenjets A321, eine um sieben Meter verlängerte Variante des A320, nach Hamburg auszulagern.

Dazu mußte die Deutsche Aerospace Airbus GmbH auf ihrem Werkflughafen Hamburg-Finkenwerder jedoch zuerst eine Montagehalle errichten. In der 314 Meter langen und 110 Meter breiten Halle finden nun elf A321 Platz. Ist die Fertigung einmal voll angelaufen, können 550 Mitarbeiter bis zu fünf Flugzeuge pro Monat fertigstellen.

Nachdem auch die letzten Planungen abgeschlossen sind (seit dem Programmstart 1991 sind inzwischen mehrere Jahre vergangen), können es die meisten Mitarbeiter gar nicht mehr erwarten, bis die ersten Bauteile eintreffen und die Montage endlich beginnen kann.

Nach und nach treffen jetzt die einzelnen Komponenten des A321 in Hamburg ein. Nicht weit haben es dabei die Teile für den Rumpf, sie werden größtenteils von der Deutschen Aerospace Airbus GmbH hergestellt. Ebenso die aus kohlefaserverstärktem Kunststoff gefertigten Landeklappen und das Seitenleitwerk, auch sie kommen aus Deutschland. Die französische Aerospatiale liefert Cockpit und vorderen Rumpf, während die British Aerospace das mittlere Rumpfsegment sowie die Querruder beisteuert. Die spanische CASA zeichnet sich dagegen für den Bau des Höhenleitwerks verantwortlich.

Kaum sind die Bauteile in Hamburg angekommen, verschwinden sie auch schon in der Montagehalle. Auf den acht Arbeitsstationen, in jeder bleiben die Flugzeuge vier Tage, werden sie nun Stück für Stück montiert.

Als erstes machen sich jetzt ein paar Monteure ans Werk, bauen die einzelnen Rumpfsegmente zusammen und stellen die Verbindungen der Systeme her, da das vordere Rumpfteil bereits voll ausgerüstet angeliefert wurde. Nach den ersten vier Tagen »wandert« der Flugzeugrumpf eine Station weiter, wo er das Fahrwerk und die Flügel erhält. Immerhin 1025 Schraubnietverbindungen sind nötig, um die Tragflächen anzubauen, eine der kompliziertesten Arbeiten bei der Endmontage überhaupt.

Noch während das Höhen- und Seitenleitwerk montiert wird, baut eine weitere Gruppe schon die Bordküchen und Gepäckablagefächer sowie die Toiletten ein. Die jeweils erforderlichen Funktionstests der Flugzeugsysteme werden parallel zu den Montagearbeiten erledigt.

Auf den weiteren Stationen kommen jetzt nach und nach die Decken, Teppiche und die Sitze hinzu. Auch außerhalb des Flugzeuges tut sich wieder etwas, als Techniker die Triebwerke installieren. Nach weiteren Tests und Reinigung der Kabine hat der Jet auch die letzte Station hinter sich gebracht und kann die Montagehalle verlassen.

Nachdem das neue Flugzeug betankt wurde, stehen zunächst die Triebwerks-Testläufe auf dem Programm. Verlaufen diese ohne Beanstandungen, gibt es »grünes Licht« für den Erstflug. Spätestens jetzt stellt sich heraus, ob alle Systeme ordnungsgemäß funktionieren und die Monteure gute Arbeit geleistet haben.

Ist der A321 schließlich noch lackiert, steht der Auslieferung an eine Gesellschaft nichts mehr im Wege. Wieder ein-

Stück für Stück werden die A321 im Airbus-Werk Hamburg-Finkenwerder zusammengebaut. Je nach Auftragslage sind dabei unterschiedlich viele Flugzeuge in der Endmontagehalle.

mal erscheint ein neues Flugzeug am Himmel.

Mit dem Verkauf eines Flugzeuges ist das Engagement der Airbus Industrie aber noch lange nicht zu Ende. Bereits vor der Indienststellung eines Flugzeuges werden die betreffenden Piloten in Toulouse auf den neuen Typ umgeschult, damit sie gut vorbereitet auf Linie gehen können. Der Service geht sogar noch weiter, da die Kunden ja auch betreut werden müssen, wenn einmal dringend Ersatzteile benötigt werden. Um die Gegenstände zu lagern, hat die Airbus Industrie in Hamburg ein riesiges Ersatzteillager eingerichtet. Kundennähe und Präsenz sind eben wichtig im Luftfahrt-Geschäft, denn die Konkurrenz schläft nicht.

Airbus A320 und Fly-by-wire

Mit der Indienststellung des Airbus A320 im Jahr 1988 gab es auf dem Markt seit langem wieder ein von Grund auf völlig neu konstruiertes Flugzeug. Im Gegensatz zu seinen »Brüdern« A310 und A340 ist dieser Jet aber kein Großraumflugzeug, da er einen viel schmaleren Rumpf hat. So kommt der A320 auf Kurz- und Mittelstrecken zum Einsatz, wobei in der Fluggastkabine bis zu 150 Passagiere Platz nehmen können. Sind auch die Frachträume bis zum Rand gefüllt, bewältigt das Flugzeug *nonstop* 5600 Kilometer.

Inzwischen ist der A320 bei den Fluggesellschaften ziemlich beliebt. Bereits vor der ersten Auslieferung haben sie dem Jet großes Vertrauen geschenkt. Unglaubliche 439 feste Bestellungen standen bereits in den Auftragsbüchern von Airbus Industrie, bevor der Jet überhaupt zu seinem

Erstflug startete. Noch bei keinem Flugzeug zuvor hatte es zu diesem Zeitpunkt solche Erfolge gegeben, wodurch der A320 jetzt auf dem besten Weg dazu ist, eines der erfolgreichsten Flugzeuge der zivilen Luftfahrt zu werden. Experten schätzen, daß bis zum Jahre 2000 etwa 3000 Flugzeuge von der Größenordnung des A320 benötigt werden.

Jetzt stellt sich natürlich die Frage, was an diesem Flugzeug denn so besonders ist. Zunächst ist da einmal der Rumpf zu nennen. Obwohl als Schmalrumpf-Flugzeug konzipiert, bietet der Jet mehr Platz als die Boeing 737, was den Passagieren natürlich sehr zugute kommt. Beiderseits des Gangs sind zwar ebenfalls jeweils drei Sitze eingebaut, doch ist der Rumpfdurchmesser insgesamt 16 Zentimeter größer als bei dem Boeing-Jet. Sogar die Kabine des A320 ist gegenüber der Boeing 737 zehn Zentimeter höher, wodurch auch der Stauraum in den Gepäckablagen zugenommen hat. Der etwas verbreiterte Rumpf bietet außerdem noch die Möglichkeit, in fast denselben Containern, wie sie auch bei den Großraumflugzeugen zum Einsatz kommen, in den Unterflurladeräumen erheblich mehr Fracht unterzubringen.

Durch einen völlig neu konstruierten Flügel hat der A320 sehr gute aerodynamische Eigenschaften erhalten und kommt mit einer etwa halb so großen Tragfläche aus wie der »große Bruder« A310. Allerdings mußte die Spannweite ein wenig verlängert werden.

Zur hervorragenden Wirtschaftlichkeit trägt auch das geringere Gewicht bei. Dies konnte hauptsächlich durch den Einbau vieler Verbundwerkstoffe erreicht werden. So bestehen das Höhenleitwerk und die

Seitenflosse fast vollkommen aus kohlefaserverstärkten Kunststoffen. Teile aus diesen Materialien lassen sich darüber hinaus sehr gut warten, Korrosion kann nicht entstehen. Wer weiß, vielleicht werden in nicht allzuferner Zukunft sämtliche Flugzeuge aus Kunststoff gebaut.

Auf den ersten Blick nur unwesentlich erscheinende technische Änderungen haben nicht selten eine große Wirkung. So auch die für die Stromversorgung an Bord wichtige, ganz neu entwickelte Hilfsturbine. Sie verbraucht immerhin rund 30 Prozent weniger Sprit als vergleichbare Aggregate in anderen Flugzeugen, und das bei einer ähnlichen Leistung.

Jetzt einmal zum Innenleben des Airbus A320, genauer gesagt, zur Elektronik. Zum einen ist das von Grund auf neu gestaltete Cockpit, zum anderen die weitreichendste Änderung überhaupt, das System *Fly-by-wire,* zu nennen. Zuerst zum Cockpit. Selbstverständlich können die beiden Piloten alle Instrumente bedienen und überwachen, ein Flugingenieur ist nicht mehr nötig. Betritt man die Kanzel, fallen die sechs großen Bildschirme im Frontarmaturenbrett sofort auf.

Auf ihnen können die Piloten alle zur Bedienung des Flugzeuges erforderlichen Informationen darstellen und abrufen. In der Mitte sind, wie übrigens auch im Fokker 100, die *Displays* für die Triebwerksdaten angeordnet. Die Autopiloten dagegen finden in der breiten Mittelkonsole Platz, während die Sicherungen sowie die Schalter der Versorgungseinrichtungen an der Decke angebracht sind. Ein kleines, ausfahrbares Tischchen ermöglicht es den Piloten, Streckenunterlagen auch während des Fluges zu bearbeiten.

Doch was ist das – die charakteristischen Steuerhörner fehlen ja? Genau, das ist bestimmt eine der größten Neuheiten des A320. Zum Steuern dienen nur noch kleine Steuergriffe auf den seitlichen Ablagen. Unglaublich, aber mit diesen sogenannten *Sticks* läßt sich das Flugzeug genauso gut fliegen wie mit den herkömmlichen Steuerknüppeln.

Der A320 ist so das erste Verkehrsflugzeug, bei dem die Signale für die Steuerung nicht mehr wie bisher mechanisch, sondern voll elektronisch an die Hydraulikzylinder und Motoren übertragen werden. *Fly-by-wire* (wörtlich übersetzt: das Fliegen mit dem elektrischen Draht), heißt die digitale Flugzeugsteuerung, die jegliche mechanische Kraftübertragung überflüssig macht. Je nachdem, wie die Piloten den *Stick* bewegen, rechnet ein Computer die Stellungen sofort in entsprechende elektronische Signale um. Über Kabel erreichen die Signale dann die Hydraulikanlagen und Elektromotoren, die nun umgehend die Steuerflächen bewegen.

Selbstverständlich wird auch die Triebwerksleistung per Computer gesteuert, der gleichzeitig in allen Fluglagen den optimalen Treibstoffverbrauch berechnet. Die Leistungshebel für die Triebwerke benötigen deshalb nur noch drei Positionen, eine für den Start und zwei andere für den Reise- und Sinkflug, alles weitere übernimmt der Computer.

Ein großer Vorteil der Computertechnik besteht gerade darin, daß ein gefährlicher Flugzustand, beispielsweise ein zu langsames Fliegen, praktisch durch die Technik verhindert wird.

Jetzt drängt sich aber die Frage auf: »Kann das Flugzeug überhaupt noch gesteuert werden, falls die Elektronik einmal ausfallen sollte?« Trifft dieser Fall ein, stürzt das Flugzeug trotzdem nicht ab, da sich sofort ein Ersatzsystem einschaltet. Höchst unwahrscheinlich ist auch ein Totalausfall der gesamten elektronischen Steuerung. Selbst dann könnte der Jet über die Flossentrimmung und das Seitenruder notdürftig noch gesteuert werden, eine nach wie vor mechanische Verbindung zwischen den Trimmrädern im Cockpit und dem Heck der Maschine macht dies möglich.

Zusammenfassend gesagt, das *Fly-by-wire* ist mit Sicherheit die Flugzeugsteuerung der Zukunft, obwohl die amerikanischen Hersteller dieser Entwicklung derzeit noch etwas skeptisch gegenüberstehen und auch viele Piloten von dieser Technik noch nicht völlig überzeugt sind.

Nicht zuletzt ist die Elektronik nahezu wartungsfrei und nimmt den Piloten eine Menge Entscheidungen ab. Das ist ein großer Vorteil, denn der Mensch ist, das zeigen Flugzeugabstürze immer wieder, einer der unsichersten Faktoren in der Luftfahrt.

Der neue Langstreckenjet A340

Bereits Mitte der 80er Jahre verstärkte sich der Trend zu immer längeren *Nonstop*-Verbindungen bei gleichzeitig höheren Frequenzen. Das ließ bei Airbus Industrie die Entscheidung reifen, die bisherige Flugzeugfamilie nach oben abzurunden und ein Flugzeug zu entwickeln, das diesen Anforderungen gerecht werden konnte. Unterstützt wurde diese Entscheidung insbesondere von Lufthansa, Swissair und der skandinavischen SAS, die damals auf der Suche nach einem Nachfolgemodell

für die nun doch etwas in die Jahre gekommene DC-10 waren.

Während sich Swissair und die SAS letztlich für die MD-11 entschieden, da dieser Jet früher verfügbar war, kam die Lufthansa zu dem Schluß, daß der europäische A340 langfristig technisch und wirtschaftlich vorteilhafter sei.

Als Erstkunde hat jetzt die deutsche Fluggesellschaft den Vorteil, bei der Auslegung und Entwicklung des neuen Langstreckenjets mitreden zu können. So hat die Lufthansa inzwischen über 30 000 Ingenieurstunden investiert und Hunderte von Verbesserungsvorschlägen gemacht, um ein ihren Vorstellungen entsprechendes Flugzeug zu bekommen. Eine gute Zusammenarbeit zwischen Flugzeughersteller und den ersten Kunden eines neuen Jets ist also immer von Vorteil. Nicht zuletzt deshalb ist der Langstrecken-Airbus A340 bereits heute ziemlich erfolgreich, über 200 Festbestellungen und Optionen lagen Ende 1993 vor.

Wodurch besticht nun der neue Airbus-Flieger, der zusammen mit dem zweistrahligen A330 gebaut wird?

Allein schon seine technischen Daten beeindrucken. So schafft es der A340-200 selbst bei einer mit 228 Passagieren vollbesetzten Kabine noch, 12 800 Kilometer weit zu fliegen. Auch die zweite Version, die um vier Meter längere A340-300, bewältigt immerhin noch 11 600 Kilometer, bietet dafür aber auch 260 Passagieren Platz.

Im Cockpit gibt es auf den ersten Blick gegenüber dem Airbus A320 nicht viel Neues. Und doch verbergen sich zahlreiche Veränderungen hinter den Instrumenten. Der vierstrahlige Jet verfügt über einen hochmodernen Flugdatenrechner, der

Cockpit eines Airbus A340-200. Sechs große Bildschirme haben zahlreiche Einzelanzeigen und Instrumente ersetzt. Auch die Steuerhörner fehlen; an ihre Stelle traten die sogenannten Sidesticks auf beiden Seiten des Cockpits, die wie eine Gangschaltung aussehen.

den kompletten Ablauf eines Fluges überwacht und kontrolliert. Außerdem sorgt der Rechner auch für eine optimale Schwerpunktlage, indem er den Treibstoff aus dem über 5000 Liter fassenden Tank in der Höhenflosse bei Bedarf automatisch in die Haupttanks umpumpt.

Auch an ein Kollisionswarnsystem ist gedacht, das die Piloten frühzeitig vor einer gefährlichen Begegnung warnt, und sogar einen Vorschlag macht, wie sie am besten ausweichen können.

Ganz neu ist beim A340 auch, daß nicht nur die Leistungs-Daten der Triebwerke aufgezeichnet werden, sondern Meßwerte der Klimaanlage und der Flugzeugstruktur ebenfalls elektronisch festgehalten und in die Wartungszentrale übertragen werden können. Dieses Verfahren hilft mit, das

Flugzeug immer in einem technisch einwandfreien Zustand zu halten, indem man Wartungsarbeiten frühzeitig plant.

In der Fluggastkabine hat sich ebenfalls einiges getan. Wegen der hohen Reichweite des Jets und der damit verbundenen Flugzeit von bis zu 16 Stunden kommt natürlich auch dem Passagier-Komfort eine große Bedeutung zu. Neue ergonomische Flugsessel und ein vergrößerter Sitzabstand machen es den Passagieren in allen drei Klassen bequemer. Die Lufthansa achtet auch auf Kleinigkeiten, wie eine Garderobe sowie eine freundliche Farbgestaltung der Kabine, was das Reisen im A340 noch angenehmer macht.

Die richtige Temperatur an Bord regelt eine Klimaanlage, die den unterschiedlichen Verhältnissen in den einzelnen Klassen Rechnung trägt. Dazu ist das Flugzeug in sechs »Klimazonen« eingeteilt, die ganz individuell temperiert werden können. Für den Chef der Kabinen-Crew wurde deshalb ein Steuerpult eingerichtet, mit dem er alle wichtigen Funktionen in der Fluggastkabine voll im Griff hat.

Von hier aus steuert der *Purser* auch das Unterhaltungsprogramm an Bord. Passagiere in der *First* und in der *Business Class* können jedoch selber unter sechs Videoprogrammen auswählen. An jedem ihrer Sitze ist in der Armlehne ein kleiner ausklappbarer Flüssigkristallmonitor untergebracht. Die Lufthansa bietet ihren Passagieren stündlich auch aktuelle Nachrichtenmeldungen an, die in ein Programm der Bordunterhaltung eingespeist werden. Egal, ob das Flugzeug gerade über Asien oder Südamerika fliegt, jeder wird über das Weltgeschehen bestens informiert.

Selbst die Anschlüsse für Telefon und Telefax sind schon vorhanden, so daß für die Passagiere in absehbarer Zeit weltweite Kommunikation von Bord aus möglich sein werden.

Beim A340-300 dachten die Konstrukteure auch an eine Gruppe von Fluggästen, die bei der Auslegung von Fluggastkabinen bisher überhaupt nicht berücksichtigt wurde. Neben einem faltbaren Rollstuhl, der für die Verhältnisse an Bord ausgelegt ist, gibt es deshalb in dieser Airbus-Version neuerdings eine behindertengerechte Toilette.

Extreme Langstreckenflüge, wie sie mit dem A340 möglich sind, stellen an die Besatzung sowohl im Cockpit als auch in der Kabine hohe Anforderungen. Wer kann schon 13, 14 Stunden am Stück arbeiten und kurz vor der Landung noch genauso topfit und freundlich sein, wie nach dem Start? Aus diesem Grund bekommt die Crew auf solchen Flügen personelle Verstärkung. Diejenigen Besatzungs-Mitglieder, die gerade dienstfrei haben, können es sich nun in einem der Ruheräume bequem machen.

Für die Cockpit-Mannschaft steht dazu gleich hinter der Kanzel ein kleiner Raum zur Verfügung. Für die Flugbegleiter hat die Lufthansa im Unterdeck des A340 jedoch einen extra Ruheraum mit sechs Liegen eingerichtet, der sich über eine kleine Treppe erreichen läßt. Zwar ist es dort unten ziemlich eng, doch um sich ein wenig hinzulegen und auszuruhen, reicht der Platz allemal.

Trotz aller Geräumigkeit kann es doch vorkommen, daß in einer Klasse einmal mehr Passagiere mitfliegen möchten, als Sitzplätze vorhanden sind. Aus diesem Grund wurde die Kabine so konstruiert, daß die Klassenaufteilung möglichst schnell der jeweiligen Buchungssituation angepaßt werden kann. Da sich Strom und Sauerstoff überall im Flugzeug anzapfen lassen, ist es überhaupt kein Problem, die Küchen zu verschieben. Selbst die Toiletten verlegt ein kleines Mitarbeiter-Team kurzerhand an einen anderen Ort, sollte dies die Buchungslage einmal erforderlich machen.

Flexibilität und Passagierkomfort sind also die Markenzeichen des neuen europäischen Langstrecken-Jets, der in zunehmendem Maße auf den extrem langen Flugstrecken zum Einsatz kommt. Die Chancen stehen nicht schlecht, daß dieser Jet, nach einer Erhöhung der Reichweite, eines Tages auch am Himmel über Australien auftauchen wird und *Nonstop*-Flüge zum anderen Ende der Welt ermöglicht.

Flugerprobung, ein modernes Abenteuer?

Lange bevor ein neuentwickeltes Flugzeug zu seinem ersten Linienflug mit Passagieren an Bord abheben kann, beginnt ein umfangreiches Testprogramm. Der Jet muß erst seine Alltagstauglichkeit beweisen und benötigt die Zulassung der Luftfahrt-Behörden.

Ob Techniker, Piloten oder Kunden, alle fiebern sie zunächst dem Erstflug des neuen Flugzeug-Typs entgegen. Danach können die zahllosen Tests am Boden und in der Luft begonnen und erste Erfahrungen mit dem neuen Jets gesammelt werden.

Beim Langstrecken-Flugzeug A340 waren über 2000 Stunden Flugtests vorgesehen, die von sechs Maschinen absolviert wurden. Doch was müssen die Testpiloten dem Flugzeug dabei alles abverlangen?

In einer ersten Phase gilt es zunächst, das Verhalten des Jets bei allen Geschwindigkeiten und in allen möglichen Höhen zu testen. Zweifellos stellt dies für die Testpiloten den interessantesten Teil der Flugerprobung dar, können sie doch jetzt auch Flugmanöver fliegen, die im späteren Einsatz undenkbar wären. Im langsamen Tiefflug mit ausgefahrenem Fahrwerk übers Mittelmeer, im extremen Steigflug bis auf die maximal zulässige Flughöhe, Notabstieg im Sturzflug und vieles andere mehr steht dabei auf dem Programm.

Die gewonnenen Daten der Flugmanöver werden mittels einer direkten Datenübertragung umgehend ins Kontrollzentrum nach Toulouse gesendet. Der A340 ist dazu mit Meßinstrumenten nur so vollgestopft.

Während die Testpiloten auf den folgenden Flügen untersuchen, wie sich der Jet beim Ausfall der verschiedenen Systeme verhält, geht es in der dritten Testphase darum, exakte Daten für den Triebwerk-Schub, die Startstrecken sowie für das Verhalten bei niedrigen Geschwindigkeiten zu erhalten.

Inzwischen sind am Boden auch die statischen Versuche angelaufen, bei denen die Struktur des Flugzeuges auf Herz und Nieren geprüft wird. Dabei muß der Jet ein Mehrfaches der Belastungen aushalten, die im Flugbetrieb überhaupt möglich sind. So biegen zahlreiche Hydraulikzylinder die beiden Flügel des A340 über vier Meter nach oben, bis schließlich die ersten Schäden auftreten. Ein weiteres Flugzeug wird einer noch viel härteren Tortur unterzogen. Vibrationen, Landestöße und Druckwechsel werden so lange simuliert, bis sie dem zweieinhalbfachen eines Flugzeuglebens entsprechen. Doch damit noch nicht genug. In einer weiteren Versuchsreihe fügen die Ingenieure dem Flugzeug gezielte Schäden zu, testen die Auswirkungen von Vogelschlag auf die Cockpitscheiben und vieles mehr.

Erst nachdem alle Tests bestanden sind, gehen die Ingenieure zum »gemütlicheren« Teil des Testprogramms über. Es schließt sich das *Route Proving* an, wie die Streckenerprobung genannt wird. Während des dreiwöchigen Flugprogramms hat jetzt auch die Lufthansa als Erstbesteller des A340 ausreichend Gelegenheit, das neue Flugzeug kennenzulernen. Obwohl immer noch Meßgeräte an Bord installiert sind, hat man den vorderen Teil der Kabine schon voll eingerichtet. Auf den Erprobungsflügen sind nun *Airline*-Kunden und Medienvertreter mit dabei.

So fliegt der Jet kreuz und quer durch Europa und Südamerika. Zwar haben dabei immer noch die Testpiloten von Airbus das Kommando an Bord, doch werden nach und nach auch Piloten der Lufthansa mit dem neuen Jet vertraut gemacht. Die Techniker sind unterdessen damit beschäftigt, die Klimaanlage eingehend zu überprüfen sowie Temperatur, Zugluft und Geräuschpegel zu messen, um gegebenenfalls noch etwas verbessern zu können.

Einen besonderen Höhepunkt des *Route Provings* stellt jedoch der 12 000 Kilometer lange *Nonstop*-Flug von Frankfurt nach Honolulu dar. Noch nie zuvor hat ein Flugzeug unter Linienbedingungen eine solche Strecke ohne Landung geschafft. Und kaum zu glauben, nach der Landung auf Hawaii ist immer noch genügend Treibstoff in den Tanks, um fast bis nach Fidschi weiterfliegen zu können. Überall, wo der Langstrecken-Airbus während den Erprobungsflügen Station macht, wird ihm deshalb größte Aufmerksamkeit entgegengebracht.

Nachdem alle Testergebnisse ausgewertet sind und die Flugerprobung abgeschlossen ist, kann die Musterzulassung erteilt werden. Dannach dauert es nicht mehr lange, und die erste Maschine wird an die Lufthansa ausgeliefert.

In den verbleibenden sieben Wochen bis zur Aufnahme des Liniendienstes gibt es jetzt noch einiges zu tun, denn schließlich soll vom ersten Tag an ja alles wie am Schnürchen klappen. Zunächst fliegen die angehenden A340-Piloten nach Sharja am Persischen Golf und absolvieren dort ein ausgedehntes Flugtraining. Natürlich haben die Piloten im Flugsimulator vorher schon kräftig geübt, doch müssen sie ein Minimum an tatsächlichen Flügen nachweisen können. Da alle A340 Piloten vorher den kleinen A320 geflogen haben, bekommen sie nun die Typenberechtigung für beide Flugzeugmuster.

Wieder zurück in Frankfurt, werden noch die Ausrüstungs-Gegenstände des Airbus ergänzt und die Mechaniker der Wartungs-Basis mit dem Jet vertraut gemacht. Schließlich sind noch ein paar Tage für die Notfallübungen der Kabinen-Besatzungen eingeplant. Zum guten Schluß darf natürlich ein Fototermin nicht fehlen, wobei auch die Dreharbeiten zu den Sicherheitshinweisen für die Passagiere erledigt werden.

Um die letzten Kinderkrankheiten des neuen Flugzeuges auszuräumen, wird der A340 in den folgenden Wochen zunächst auf Kurz- und Mittelstrecken eingesetzt, wobei alle am Fluggeschehen Beteiligten noch weitere Erfahrungen sammeln können. Dann ist es endlich soweit, der A340 hebt zu seinem ersten regulären Flug in Richtung New York ab.

Waren Testflüge in früheren Zeiten auch bei Passagier-Flugzeugen ein kleines Abenteuer, so haben sie heute dank genauer Planungen und Berechnungen viel von ihrer Unberechenbarkeit verloren. Und doch haben die Testpiloten bei einem Erstflug stets auch Fallschirme mit an Bord, man kann ja nie wissen.

Neue Technologien und Entwicklungen

Flugzeuge der Zukunft

Heute benutzen mehr Menschen denn je das Flugzeug als Verkehrsmittel. Deshalb muß sich auch die Flugzeugindustrie darauf einstellen, ihre Produktionsmenge, wenn möglich, vergrößern und neue Flugzeugtypen entwickeln. Weltweit sollen so im Jahre 2000 etwa 10 000 Jets bei den *Airlines* zum Einsatz kommen.

Um überhaupt konkurrenzfähig zu bleiben, müssen sich die Flugzeugfirmen laufend an die jeweilige Marktsituation anpassen. Einmal sind gerade Kurz- und Mittelstrecken-Flugzeuge, ein anderes Mal dagegen eher Langstreckenjets gefragt. Allerdings wird der Aufwärtstrend durch wirtschaftliche Schwierigkeiten der Gesellschaften ab und zu auch gebremst. Dann kommt es schon vor, daß die Auslieferung bestellter Flugzeuge hinausgezögert wird und die Herstellerfirmen ihre Produktion dadurch drosseln müssen. Die drei größten Flugzeughersteller der westlichen Welt, Boeing, McDonnell Douglas und Airbus Industrie sind gerade wieder dabei, Neuentwicklungen und verbesserte Versionen aus ihrem bestehenden Programm auf den Markt zu bringen.

Der neueste Jumbo-Jet aus dem Hause Boeing, die Boeing 747 der Serie 400 ist schon sein ein paar Jahren »flügge« und wird bereits von zahlreichen Gesellschaften eingesetzt. Dieser Jet zeichnet sich hauptsächlich durch den Einsatz neuer Techniken und Einrichtungen aus, was ihn für viele Fluggesellschaften besonders attraktiv und wirtschaftlich macht.

Mit diesem Flugzeug ist jedoch die Ära der Giganten der Lüfte, wie die Jumbo-Jets ab und zu genannt werden, noch lange nicht zu Ende. Im Hause Boeing sind Ingenieure schon dabei, Details für einen neuen und noch größeren Jumbo-Jet auszutüfteln. Eines steht dabei heute schon fest. Das Oberdeck soll einmal bis zum Heck verlängert werden. Wieviel Passagiere werden wohl in den zwei Stockwerken des »Super-Jumbos« Platz finden?

Ein weiteres Projekt, die Boeing 777, befindet sich derzeit ebenfalls in der Entwicklung und soll ab 1995 an die *Airlines* ausgeliefert werden. Dieses Flugzeug, das bis zu 400 Passagiere fassen und dabei 9000 Kilometer weit fliegen kann, wird von nur zwei Triebwerken angetrieben und ist das bisher größte dieser Art. Das Besondere an diesem neuen Großraum-Jet sind die Flügel, die an den Enden jeweils um sechs Meter hochklappbar sind. So kann man die Flugzeuge platzsparend auch an den bisherigen Abstellpositionen unterbringen. Interessanterweise haben alle *Airlines* die B 777 bisher aber ohne die »faltbaren« Flügel bestellt. In Long Beach, Kalifornien, sind die Techniker bei McDonnell Douglas unterdessen auch nicht untätig. Ständig verbessern sie den Kurz- und Mittelstreckenjet mit der ursprünglichen Bezeichnung DC-9 und legen neue MD-80-Serien auf. Auch das Nachfolgemodell mit der Bezeichnung MD-90 und zahlreichen Verbesserungen ist schon in der Fertigung. Was die Langstreckenflugzeuge betrifft, so denkt man in Kalifornien mittlerweile bereits an eine Weiterentwicklung der MD-11. Der Entwurf für ein durchgängig zweistöckiges, von vier Triebwerken angetriebenes Flugzeug liegt bereits vor. Über 500 Passagiere könnten bei einer Drei-Klassen-Bestuhlung der Kabine untergebracht werden. Wann das Projekt mit der Bezeichnung MD-12 verwirklicht werden kann hängt nicht zuletzt auch davon ab, wie sich die Wirtschaftslage und damit auch die Passagierzahlen entwickeln werden. Airbus Industrie ist derzeit vorwiegend mit der Modifizierung der bereits eingesetzten Jets beschäftigt, hat aber auch schon Studien angefertigt, wie die Flugzeuge des 21. Jahrhunderts aussehen könnten. Unter der Projektbezeichnung Airbus A2000 macht man sich Gedanken über ein Flugzeug, das bei einer Länge von 79 Metern und einer Spannweite von 84 m über 600 Fluggäste aufnehmen könnte. Für die nähere Zukunft ist geplant, eine kleinere Version des Airbus A320, den A319, herauszubringen.

Kleinere Flugzeugfirmen legen weltweit ebenfalls Neuentwicklungen vor. Man denke dabei nur an die Firma Fokker. In kurzer Zeit ist der von ihr entwickelte und gebaute Kurzstreckenjet Fokker 100 erfolgreich eingeführt worden. Unter der Bezeichnung Fokker 70 baut diese Firma derzeit ein Flugzeug, das, was die Passagier-Kapazität betrifft, die Lücke zwischen dem Fokker 50 und Fokker 100 schließen soll.

Ein Boom ganz besonderer Art erlebt zur Zeit der Markt für Regionalflugzeuge. Verstärkt kommen dabei neueste Techniken zum Einsatz, die auch in den großen Passagierjets zu finden sind. Mit ein wenig Anstrengung kann da jede Firma ihre Chance nutzen und neue Absatzmärkte erschließen.

Kraftpaket Triebwerk

Um Krafstoff einzusparen und den Lärmpegel zu verringern, versuchen Spezialisten immer wieder, Triebwerke entsprechend zu verändern oder neu zu konstruieren. Die großen Hersteller Pratt & Whitney, Rolls Royce, GE Aircraft Engines, sowie MTU und Snecma bieten aus diesem Grund ständig verbesserte Triebwerke an.

Erstaunliche Entwicklungen sind auf diesem Gebiet gerade im Gange, um ein völlig neues Antriebsaggregat zu entwickeln, das im Gegensatz zu den heutigen Triebwerken um einiges wirtschaftlicher arbeiten kann. Der Grundgedanke dabei war »zurück zum Propeller«. Ziel ist es, damit eine Reisegeschwindigkeit ähnlich jener der Flugzeuge mit Strahltriebwerken zu erreichen und dabei auch noch rund 30 Prozent an Kraftstoff einzusparen. Wirklich keine leichte Aufgabe, aber dennoch entstanden mit der Zeit umsetzbare Vorstellungen.

Geplant wurde eine Art Luftschraube, die jedoch nicht nur drei oder vier, sondern mindestens acht bis zehn Propellerblätter besitzen soll. Diese sehr kurzen, wie Türkensäbel gekrümmten Propeller überlappen sich dabei gegenseitig und greifen ineinander. Weil diese recht ungewöhnliche Anordnung mehr einem *Fan* (Gebläse) als einem Propeller gleicht, wird dieses Triebwerk kurzerhand *Propfan* genannt.

Die hohen Kräfte, die an diesem Triebwerk zerren, machen es erforderlich, daß andere Materialien verwendet werden müssen. Nun drängt sich natürlich die Frage auf, wie ein *Propfan* überhaupt funktioniert. Wie bei einem herkömmlichen Triebwerk wird zunächst Luft angesaugt und zusammen mit dem Treibstoff in einer Brennkammer verbrannt. Der entscheidende Unterschied liegt aber darin, daß die freiwerdende Energie in Form einer Rückstoßwirkung nicht einfach am hinteren Ende des Triebwerkes abgelassen wird, sondern die dort angebrachten Ringe mit den Propellern antreibt. Allerdings müssen die Drehzahlen der einzelnen Propeller ganz exakt synchronisiert sein, da es sonst »Propellersalat« gibt.

Wie bei fast jeder neuen Entwicklung tauchen dabei schon die ersten Probleme auf. Die Propeller nehmen sehr viel Leistung auf und machen einen riesigen Lärm. Dadurch ist es undiskutabel geworden, die *Propfans* unter den Flügeln aufzuhängen. Man müßte die Fluggastkabine so stark isolieren, daß die bessere Wirtschaftlichkeit der Triebwerke durch das Mehr an Gewicht schon fast wieder ausgeglichen wäre. Aus diesem Grund bleibt nichts anderes übrig, als die Triebwerke aus dem Bereich der Fluggastkabine zu verbannen und am Heck der Maschine anzubringen. Auf jeder Seite kann dort jeweils ein *Propfan* installiert werden, womit zumindest das Lärmproblem für die Passagiere gelöst ist. Vorerst kommen hierfür allerdings nur Flugzeugtypen wie die MD-80 oder die Fokker 100 in Frage.

Die Firma GE Aircraft Engines hat auch schon versucht, ein ganz neues Konzept zu verwirklichen, ein mantelloses Gebläse, den sogenannten *Unducted Fan (UDF)*.

Bei dieser Auslegung werden die gegenläufigen Propeller direkt durch die Turbine angetrieben, weshalb ein Getriebe nicht mehr nötig ist. Um den Propellerdurchmesser aber so gering wie möglich

zu halten, muß man die Drehzahl erhöhen, um die gleiche Leistung herausholen zu können. Das hat wiederum zur Folge, daß die Belastungen der Propeller bei einem *UDF* fast doppelt so hoch sind wie bei einem normalen *Propfan*.

Ob letztendlich alle theoretischen Grundlagen auch in der Praxis funktionieren und gut genug umgesetzt werden können, ist allerdings eine ganz andere Sache. Um das herauszufinden, haben die Techniker inzwischen mit einem umfangreichen Versuchs- und Erprobungsprogramm begonnen. Zu diesem Zweck hat man eine MD-80 mit dem Prototyp eines *UDF*-Triebwerkes ausgerüstet. Allerdings haben die Ingenieure auf der anderen Heckseite sicherheitshalber doch lieber noch das herkömmliche Strahltriebwerk belassen, man kann ja nie wissen.

Der erste Testflug über der kalifornischen Mojave-Wüste verlief sehr vielversprechend. Theorie und Praxis stimmen also überein. Jetzt gilt es nur noch, die neuen Triebwerke irgendwie zu verfeinern, damit sie optimal arbeiten. Einer der neuralgischen Punkte ist sicherlich das noch nicht zur Zufriedenheit gelöste Lärmproblem. Die *Propfans* werden allerdings wohl den Kurz- und Mittelstreckenflugzeugen vorbehalten bleiben, da bei den Langstreckenjets mit ihrer hohen Reisegeschwindigkeit und den unter den Flügeln aufgehängten Triebwerken ein sinnvoller Einsatz derzeit nicht denkbar ist. Außerdem hat die Planung immer größerer Flugzeuge in den vergangenen Jahren die Entwicklung von alternativen Triebwerken etwas überrollt. Gefragt sind heute zunehmend sehr leistungsstarke Mantelstrom-Triebwerke mit einem hohen *Bypass*-Verhältnis.

Hinweise und Anschriften

Besuchsmöglichkeiten auf Flughäfen

Wer sich für einen Flughafen interessiert und darüber gerne mehr wissen möchte, dem bieten sich dazu eine ganze Reihe Möglichkeiten. Am besten ist es jedoch, wenn man seine Wünsche in einem kur- zen Brief zusammenfaßt und an die jeweilige Pressestelle des Flughafens sendet. Viele *Airports* verfügen außerdem über Broschüren, Flughafen-Zeitschriften und zahlreiches Informationsmaterial, das sie kostenlos abgeben. Aus den Flugplänen lassen sich auch die Anschriften der Fluggesellschaften entnehmen, die den betreffenden Flughafen anfliegen.

Öffnungszeiten Besucherterrasse, Führungen *	
Deutschland	
Berlin Brandenburg Flughafen Holding GmbH Flughafen Berlin-Schönefeld 12529 Berlin	Tegel: täglich von 10.00 bis 19.00 Uhr (Eintritt) Schönefeld: täglich von 10.00 bis 18.00 Uhr (Eintritt) Führungen für angemeldete Gruppen
Flughafen Bremen GmbH Postfach 105747 28199 Bremen	täglich von 06.00 bis 23.00 Uhr (Eintritt frei) Nach Absprache sind Führungen möglich
Flughafen Dresden GmbH Postfach 800164 01101 Dresden	täglich von 08.00 bis 20.00 Uhr (Eintritt) Führungen nach Absprache (Gebühr)
Flughafen Düsseldorf GmbH Postfach 300363 40403 Düsseldorf	täglich von 06.15 bis 21.00 Uhr (Eintritt) Führungen montags bis freitags für Gruppen von 20 bis 40 Personen (Anmeldung erforderlich)
Flughafen Frankfurt/Main AG Postfach 60547 Frankfurt/Main	täglich von 08.00 bis 20.30 Uhr, im Winterhalbjahr bis 18.00 Uhr, Oldtimerausstellung auf Terrasse (Eintritt) Rundfahrten für Jederman täglich, Abfahrt auf Terrasse Führungen für Gruppen ab 20 Personen nach Absprache, Abfahrt vom Busparkplatz (Kosten je nach Dauer)
Flughafen Hamburg GmbH Postfach 630100 22335 Hamburg	April-Oktober täglich von 07.00 Uhr bis Dämmerung November-März täglich von 08.30 bis 16.30 Uhr (Eintritt) Vorführungen des Flughafen-Modells täglich von 10.00 bis 16.00 Uhr (Eintritt)
Flughafen Hannover-Langenhagen GmbH Postfach 420280 30669 Hannover	Terrasse täglich geöffnet Führungen ab 15 Personen täglich von 08.00 bis 17.00 Uhr (Kosten je nach Dauer/Leistung)

Öffnungszeiten Besucherterrasse, Führungen *	

Deutschland	
Flughafen Köln/Bonn GmbH Postfach 980120 51129 Köln	täglich bei Tageslicht (kostenlos) Führungen montags bis freitags um 11.00, 13.00, 15.00 oder 16.00 Uhr, Anmeldung (kostenlos)
Flughafen Leipzig-Halle GmbH Postfach 1 04029 Leipzig	Terrasse unterhalb des Towers, täglich zugänglich Führungen nach schriftlicher Anmeldung möglich
Flughafen München GmbH Postfach 231755 85326 München	Besucherhügel mit Freiluft-Ausstellung täglich geöffnet (Eintritt) Führungen für Einzelbesucher täglich ab 09.30 bzw.11.30 Uhr Anmeldung für Gruppen ab 20 Personen erforderlich (Eintritt)
Flughafen Münster/Osnabrück GmbH Postfach 1364 48252 Greven	Fluggeschehen kann vom Restaurant aus beobachtet werden Führungen veranstaltet Verkehrsverein Greven (Anmeldung)
Flughafen Nürnberg GmbH Postfach 900145 90268 Nürnberg	Terrasse auf dem Dach des Terminals, täglich geöffnet Führungen Montag bis Freitag nach Anmeldung für Schulen und Vereine (kostenlos)
Flughafen Saarbrücken GmbH Postfach 66131 Saarbrücken	Besucherterrasse täglich von 5.30 bis 22.30 Uhr (Eintritt) Kostenlose Führungen für Gruppen (Anmeldung)
Flughafen Stuttgart GmbH Postfach 230461 70624 Stuttgart	Terrasse mit Flugzeugschau und Ausstellung täglich von 08.00 bis 21.00 Uhr (Eintritt) Führungen Montag bis Freitag für Gruppen nach Anmeldung (kostenlos)

Österreich	
Flughafen Graz Betriebsges. mbH Postfach 8073 Feldkirchen	täglich von 06.00 bis 23.30 Uhr geöffnet Führungen nach Termin-Vereinbarung möglich
Tiroler Flugbetriebsges. mbH Fürstenweg 180 6026 Innsbruck	täglich geöffnet (kostenlos) Führungen nach Absprache möglich (kostenlos)
Kärnter Flughafenbetriebsges. mbH Postfach 9020 Klagenfurt-Flughafen	Terrasse nach Voranmeldung zugänglich (kostenlos) Führungen nach Terminabsprache (kostenlos)
Flughafen Linz Betriebsges. mbH Postfach 11 4063 Hörsching	täglich von 06.00 bis 23.00 Uhr (kostenlos) Während den Wintermonaten geschlossen Führungen nach Terminvereinbarung kostenlos möglich
Salzburger Flughafen Betriebsges. mbH Innsbrucker Bundesstraße 95 5020 Salzburg	täglich kostenlos zugänglich Führungen Montag bis Freitag nach Voranmeldung (kostenlos)
Flughafen Wien AG Postfach 1 1300 Wien-Flughafen	täglich von 07.00 bis 18.00 Uhr (Eintritt) Vorfeldrundfahrten nach Anmeldung (Eintritt)

* Kein Anspruch auf Vollständigkeit. Es wurden jeweils die größten Verkehrsflughäfen ausgewählt.

Schweiz	
Flughafen Basel/Mulhouse Postfach 4030 Basel	Montag/Dienstag/Donnerstag/Feitag von 13.00 bis 19.00 Uhr Mittwoch von 10.00 bis 19.00 Uhr Samstag von 11.00 bis 17.00 Uhr Sonntag von 10.00 bis 20.00 Uhr (Eintritt) Führungen für Gruppen nach Voranmeldung (wochentags)
Aéroport de Genève Case postale 319 1215 Genève 15	täglich von 09.00 bis 19.00 Uhr Führungen für Gruppen ab 15 Personen nach Vereinbarung
Flughafendirektion Zürich Postfach 8058 Zürich-Flughafen	täglich geöffnet (Eintritt) Rundfahrten: Mittwoch ab 13.00 Uhr, Wochenende ab 11.00 Uhr. An allen anderen Tagen sowie von November bis März nur für angemeldete Gruppen

* Kein Anspruch auf Vollständigkeit. Es wurden jeweils die größten Verkehrsflughäfen ausgewählt.

Kleines Luftfahrt-ABC

Airline	Fluggesellschaft
Apron	Flughafen-Vorfeld
Arrival	Ankunft
Aviation	Luftfahrt
Baggage	Gepäck
Baggage-claim	Gepäckausgabe
Boarding	Einsteigen der Passagiere
Boarding pass	Einsteige- oder Bordkarte
Briefing	Besprechung der Besatzung vor dem Flug
Business-Class	Zweite Klasse in Flugzeugen
Cabin Crew	Kabinenbesatzung
Cancellation	Annullierung
Cargo	Fracht
CAT	Turbulenz in klarer Luft
Catering	Bereitstellung von Bordverpflegung und Serviceartikel
Charterflug	Gelegenheitsflug, meistens für Reiseveranstalter
Ckeck-in	Aufgabe des Gepäcks und Erhalt der Bordkarte
Cockpit	Flugzeugkanzel
Commuter Airline	Regional-Fluggesellschaft
Connection Flight	Anschlußflug
Counter	Fluggast-Schalter
Cruising Level	Reiseflughöhe
Crew	Flugzeugbesatzung
Delay	Verspätung
Departure	Abflug
Destination	Zielort
DFS	Deutsche Flugsicherung GmbH
Domestic Flight	Inlandsflug
Economy-Class	Touristenklasse
Emergency Exit	Notausgang
Engine	Triebwerk
Exit	Ausgang
Flight-Dispatch	Flugdienstberatung
Follow-me	Leitfahrzeug, das Flugzeuge zur Abstellposition lotst
Frequent Traveller	Vielflieger
Fuel	Flugzeugtreibstoff (Kerosin)
Galley	Küche in einem Flugzeug
Gangway	Fluggasttreppe

Gate	Flugsteig
Handling	Abfertigung
Hub	Drehkreuz einer Fluggesllschaft
IATA	Internationale Luftfahrt-Vereinigung
ILS	Instrumenten-Landesystem
Inflight Entertainment	Unterhaltungsprogramm an Bord
Jet	Düsenflugzeug
Load Sheet	Beladungsdokument für ein Flugzeug
Lost and Found	Fundbüro
Lounge	Aufenthaltsraum für berechtigte Fluggäste
Maintenance	Instandhaltung
Nonstop-Flight	Flug ohne Zwischenlandung
Pax	Fluggast
Pre-Boarding	Einen Fluggast vor anderen an Bord bringen
Routing	Flugstrecke
Runway	Start- und Landebahn
Security Check	Sicherheitskontrolle
Standby	Flug ohne Buchungsmöglichkeit
Stopover	Flugunterbrechung an einem Zwischenlandeort
Take-off	Start
Taxiway	Rollbahn zwischen Vorfeld und Start- und Landebahn
Time lag	Unwohlsein wegen einer Zeitverschiebung
Timetable	Flugplan
Tower	Kontrollturm
Touch-down	Moment des Aufsetzens auf der Landebahn
Turboprop	Propeller-Flugzeug
Transfer	Umsteigen
Transit	Durchgang, Zwischenlandung
Type Rating	Musterberechtigung der Piloten für einen Flugzeugtyp
VIP	Wichtige oder berühmte Person
Waiting List	Warteliste
Widebody Jet	Großraumflugzeug